"十四五"职业教育国家规划教材

职业教育会计类专业创新教材

企业财务会计

主　编　翟龙珍

参　编　徐陈超　李改苹　张四兴

　　　　马　蕾　贺小霞

机械工业出版社

本书是中等职业学校会计专业骨干课程教材，也是财经专业基础课程教材。本书以教育部颁布的《中等职业学校专业教学标准（试行）（财经商贸类）》为导向，以财税法规新要求为依据，依托河北省中等职业学校教学及就业现状编写而成。

本书为适应现代化教学方式的要求，贯彻"做中学、学中做"的教学思路，将内容设置为灵活多变的教学任务和师生活动，以便于夯实学生的财务会计基础知识，锤炼学生的财务会计操作技能。本书涵盖了财务会计的主要内容，具体包括企业财务会计的基本概念、货币资金、债权核算、存货、固定资产、无形资产、流动负债、所有者权益、收入费用和利润、生产成本、财务报表等。

本书为中等职业学校教学用书，也可作为五年制高职学校及中专院校财经专业教材，还可作为在职人员培训用书。

图书在版编目（CIP）数据

企业财务会计/翟龙珍主编. —北京：机械工业出版社，2019.3（2025.1重印）

ISBN 978-7-111-62068-6

Ⅰ．①企…　Ⅱ．①翟…　Ⅲ．①企业管理—财务会计—职业教育—教材　Ⅳ．①F275.2

中国版本图书馆CIP数据核字（2019）第034581号

机械工业出版社（北京市百万庄大街22号　邮政编码100037）

策划编辑：李　兴　　　责任编辑：李　兴

责任校对：李　杉　　　封面设计：鞠　杨

责任印制：单爱军

北京虎彩文化传播有限公司印刷

2025年1月第1版第7次印刷

184mm×260mm·15印张·376千字

标准书号：ISBN 978-7-111-62068-6

定价：45.00元

电话服务　　　　　　　网络服务

客服电话：010-88361066　　机　工　官　网：www.cmpbook.com

　　　　　010-88379833　　机　工　官　博：weibo.com/cmp1952

　　　　　010-68326294　　金　书　网：www.golden-book.com

封底无防伪标均为盗版　　机工教育服务网：www.cmpedu.com

关于"十四五"职业教育
国家规划教材的出版说明

为贯彻落实《中共中央关于认真学习宣传贯彻党的二十大精神的决定》《习近平新时代中国特色社会主义思想进课程教材指南》《职业院校教材管理办法》等文件精神，机械工业出版社与教材编写团队一道，认真执行思政内容进教材、进课堂、进头脑要求，尊重教育规律，遵循学科特点，对教材内容进行了更新，着力落实以下要求：

1. 提升教材铸魂育人功能，培育、践行社会主义核心价值观，教育引导学生树立共产主义远大理想和中国特色社会主义共同理想，坚定"四个自信"，厚植爱国主义情怀，把爱国情、强国志、报国行自觉融入建设社会主义现代化强国、实现中华民族伟大复兴的奋斗之中。同时，弘扬中华优秀传统文化，深入开展宪法法治教育。

2. 注重科学思维方法训练和科学伦理教育，培养学生探索未知、追求真理、勇攀科学高峰的责任感和使命感；强化学生工程伦理教育，培养学生精益求精的大国工匠精神，激发学生科技报国的家国情怀和使命担当。加快构建中国特色哲学社会科学学科体系、学术体系、话语体系。帮助学生了解相关专业和行业领域的国家战略、法律法规和相关政策，引导学生深入社会实践、关注现实问题，培育学生经世济民、诚信服务、德法兼修的职业素养。

3. 教育引导学生深刻理解并自觉实践各行业的职业精神、职业规范，增强职业责任感，培养遵纪守法、爱岗敬业、无私奉献、诚实守信、公道办事、开拓创新的职业品格和行为习惯。

在此基础上，及时更新教材知识内容，体现产业发展的新技术、新工艺、新规范、新标准。加强教材数字化建设，丰富配套资源，形成可听、可视、可练、可互动的融媒体教材。

教材建设需要各方的共同努力，也欢迎相关教材使用院校的师生及时反馈意见和建议，我们将认真组织力量进行研究，在后续重印及再版时吸纳改进，不断推动高质量教材出版。

机械工业出版社

为更好地适应会计领域的变革，满足中职学校在对口升学考试和全面素质教育等方面的需求，特在河北省组织了一批具有多年教学经验和优秀科研能力的一线中职教师，以教育部颁布的《中等职业学校专业教学标准（试行）（财经商贸类）》为导向，以财税法规新要求为依据，编写本书。

本书严格依据新的《企业会计准则》及相关的财会税法法规，以资产和成本为重点，全面系统地介绍了工业企业经济业务的会计核算理论和方法。本书语言简明，内容前沿，案例翔实，图表丰富，具有很强的实用性，是一本能够帮助读者学习和运用新准则的会计实务指导用书。同时，为贯彻党的二十大精神，落实立德树人的根本任务，本书在更新完善过程中还新增了拓展内容，如体现古代历史的"账和帐的由来"、体现法治精神的"依规办事，紧绷守法之弦"、体现行业新发展的"财务机器人""财务共享服务中心"等，在学习理论知识的同时，夯实学生的品德素养基础，培养德智体美劳全面发展的社会主义建设者和接班人。

本书具有以下特色：

1. 与社会同步，与政策同步。本书按照新颁布的各项政策法规，几易其稿，修订了固定资产和无形资产出售的账务处理，修订了营业外收支的范围，增加了"资产处置损益"账户的核算，完善了企业不设预收预付账款账户的账务处理。此外，对应付职工薪酬、增值税按照新准则规定及税率也进行了相应处理。

2. 贯彻"做中学、学中做"的教学思路。编者将内容设置为灵活多变的教学任务和师生活动，更注意同步培养学生的基础知识和操作技能，全面提高学生的职业素养和综合能力，以使其适应知识经济时代对会计人员的要求。

3. 本书在体现专业性和严谨性的同时，以"适度、够用"为原则，语言简洁，线条清晰，能更好地满足中职学生的学习要求。

4. 与教育改革相适应。教育改革强调以人为本，本书更加注重培养学生的自主学习能力，促进学生的个性化发展。

5. 校企合作。本书在编写过程中征询了大量企业财务人员及财务管理人员、会计师事务所从业人员、注册会计师以及高等院校同专业教授等的意见，得到多方倾情指导帮助。其中烟台市莱山区院林机械加工厂财务主管郝延军提供了项目二中的相关票据样章并对票据的使用给予了详细指导；张家口嘉城会计师事务所会计师郭海琳提供了项目四中有关存货单据，并对存货核算中涉及的一些问题、疑惑给予了详尽解答；张家口市四合会计师事务所注册会计师刘国富对项目九提供了典型案例供参考选用；河北科技师范学院教授郜秀菊和郭艳峥、东北大学秦皇岛分校贾圣武教授为整个教材的编写思路、项目设计、任务布置等给予建设性建议。对于以上人员的帮助，在此一并感谢。

本书配套教学资源可登录机工教育服务网（www.cmpedu.com）或加入教师交流群（QQ群号：124688614）免费获取。

本课程的总学时为139学时，课时分配如下表所示（供参考）。

课 程 内 容		学 时 数			
		合　计	讲　授	实　训	机　动
项目一	认识财务会计	8	4	4	
项目二	核算货币资金	10	5	5	
项目三	核算应收及预付款项	12	8	4	
项目四	核算存货	18	10	8	
项目五	核算固定资产	10	6	4	
项目六	学习无形资产及长期待摊费用	5	3	2	
项目七	核算流动负债	20	12	8	
项目八	核算所有者权益	8	4	4	
项目九	核算收入、费用和利润	16	8	8	
项目十	核算生产成本	10	5	5	
项目十一	编制财务会计报告	14	7	7	
机　　动		8			8
合　　计		139	72	59	8

本书由翟龙珍担任主编，负责拟定教材结构、框架，进行教材的审核定稿。本书项目一、项目七由翟龙珍编写，项目二、项目四由张四兴编写。项目三、项目五由徐陈超编写，项目六、项目十由李改苹编写，项目八、项目九由马蕾编写，项目十一由贺小霞编写。

由于编者水平所限，难免有疏漏和不足之处，敬请各位同行和读者批评指正。

编　者

Contents
目录

Contents
目录

Contents 目录

认识财务会计

知识目标

1. 了解财务会计的概念、特征、目标，以及会计要素的计量方式；
2. 熟悉会计要素及其确认条件；
3. 掌握会计基础、会计的基本前提及会计信息质量要求。

技能目标

1. 具备对要素的准确把握，对会计基础、基本前提及质量要求的准确理解和运用等会计人员的专业基本能力；
2. 会收集各项业务的原始凭证，会利用各种会计信息；
3. 具备对会计凭证的真伪鉴别、业务的合法合理性的判断等能力。

素养目标

1. 通过会计的发展及变革，引导学生关注国家经济发展、政策变更等，培养学生主人翁意识及职业自豪感；
2. 通过会计目标的理解，培养学生的社会责任感、职业使命感和职业担当；
3. 坚定文化自信，培养兼容并包的开阔胸怀。

项目导航

卓立有限责任公司为增值税一般纳税人，是一家专注于时尚行业，集研发、设计、物流、生产、营销、信息化于一体的现代化集团。

卓立有限责任公司为了进一步加强会计在企业管理中的基础性地位，加强和完善会计工作，强化会计部门的管理职能，决定组织财务人员重新认识财务会计，使其充分发挥应有的作用。

你能给他们说说财务会计的基础、对象、目标及基本前提和会计信息质量要求吗？

任务一　走进财务会计

任务描述

会计始终是服务于管理的，将现代会计划分为财务会计和管理会计两大分支是适应所有权与经营权相分离的结果。财务会计和管理会计两者是同源而分流的。你觉得财务会计和会计是一回事吗？你知道财务会计和管理会计有什么区别？而沿袭传统的财务会计在现阶段的目标又是什么呢？

知识储备

会计是以货币作为主要计量单位，对企业、行政事业单位的经济活动进行连续、系统、全面、综合的核算和监督，以提供经济信息和反映管理层受托责任履行情况为主要目的的一种经济管理活动。会计是一个总体范畴，随着商品生产、交换及社会分工的产生和发展，会计从最初的单式记账发展到复式记账，从最初的手工记账变成现在的会计电算化，从简单的计算发展成为用货币来综合核算和监督经济活动过程的管理工具，逐步形成了"财务会计"和"管理会计"两大分支。

一、财务会计与管理会计的区别

财务会计是通过对会计要素的确认、计量和报告，向会计信息使用者提供会计信息的一种管理活动。与管理会计相比，财务会计具有以下特征。

1. 其服务对象主要是企业的外部信息使用者

财务会计的主要目标是向会计信息使用者提供对决策有用的会计信息。它是以过去的交易或事项为基础，基于历史信息，主要服务于企业外部的信息使用者，因此又可称为"对外报告会计"。而管理会计的目标则侧重于规划未来，为企业内部的管理层提供信息，对企业的重大经营活动进行预测和决策，主要服务于企业本身，故又可称为"内部报告会计"。

与管理会计相比，财务会计虽然更侧重于满足企业外部信息使用者的需要，但并不排斥向企业内部的信息使用者提供信息。财务会计信息使用者主要包括企业的管理层、企业职工、投资者、债权人、政府机关、银行、证券监管机构、供应商、社会公众等。

2. 其核算的依据必须严格遵守《企业会计准则》和《企业会计制度》

财务会计侧重于满足企业外部有关方面的决策需要，须按《企业会计准则》的规定，采用统一的核算方法，提供可比的财务信息。《企业会计准则》和《企业会计制度》是企业进行会计核算的主要依据。而管理会计是企业进行内部管理的工具，在核算上比较灵活，不必执行统一的制度和规范，在核算原则、核算方法及核算内容等方面都可以依据企业管理的需要自行确定，不受会计准则和会计制度的约束。

3. 财务会计的工作程序比较固定

财务会计所使用的是历史形成的会计核算理论和方法，它是以账户和复式记账为核心，以会计凭证和账簿的组织为形式，经过序时记录、分类记录、试算平衡、调整分录和对账、结账等一系列步骤，最后形成会计报表，提供具有相关性和可比性等特点的会计信息。而管理会计虽然也有专门的方法和程序，但相对于财务会计而言，它没有统一的模式，所提供的信息一般不具有可比性。

4. 其工作重点反映过去已经发生或完成的经济业务

从报告的时间范围来看，财务会计主要是面向过去，根据账簿记录，按一定的期间（年度、季度、月度）来编制报表。而管理会计面向未来，不受期间限制，只要管理需要，可以按周、按月、按若干年来编制。它既可以编制过去期间的报表，也可以编制预测未来期间经济情况的报表。

二、财务会计目标

财务会计的目标就是财务会计工作要完成的任务或达到的目的和要求。

我国的财务会计报告的目标是向财务报告使用者提供与企业财务状况、经营成果和现金流量等有关的会计信息，反映企业管理层受托责任的履行情况，有助于财务报告使用者作出经济决策。

1. 向财务报告使用者提供决策信息

企业编制财务会计报告的主要目的是满足财务报告使用者的信息需要，以有助于财务报告使用者作出经济决策。企业外部信息使用者不能参与企业的生产经营活动，只能通过企业财务会计报告来获取会计信息。企业内部信息使用者可以通过会计信息调整经营决策，并借助会计信息提高企业的内部经营管理水平。

2. 反映企业管理层受托责任的履行情况

在企业所有权和经营权分离的现代公司制下，企业管理层受委托人之托经营管理企业，负有受托责任，应妥善保管并合理、有效地运用这些资产。因此，财务报告应当反映企业管理层受托责任的履行情况，以有助于评价企业的经营管理责任和资源使用的有效性。

三、财务会计的对象

财务会计的对象是指企业在生产经营过程中能以货币表现的资金及资金运动。资金运动是企业资金在企业经营过程不同阶段的循环和周转，具体包括以下三个方面，如图1-1所示。

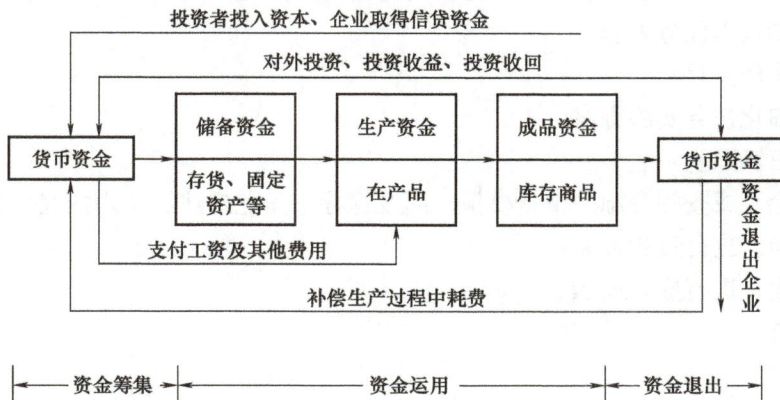

图 1-1　财务会计核算的内容示意图

（一）资金筹集

无论何种企业，要进行正常的生产经营就必须筹集和拥有足够的资金。一般而言，一个企业所需要的经营资金，除投资者的投入资本以外，还有企业所取得的银行信贷资金，以及企业在生产经营过程中所形成的各种负债资金。财务会计必须正确核算与反映不同渠道所筹集的资金，以确保其安全完整。

（二）资金运用

企业从各种渠道取得的资金，构成企业的各项资产。企业要开展正常的生产经营活动，需要有厂房、办公用房、设备、运输车辆等固定资产，需要有材料、商品、物资、用品等各种存货，还要有一定量的货币资金等。此外，企业在经营过程中还会形成一定的债权资产，这些资产是企业进行经营活动必要的物质基础。做好这些资产的记录、核算和监督工作，对管好、用好资产，提高资产的使用效能，确保企业经营活动的顺利开展，是十分必要的。

而在企业的资金筹集和运用过程中，必然会发生各种各样的资金耗费，从而构成企业的经营成本与费用；同时企业通过销售商品或劳务、实现经营收入而使原消耗的成本费用得以弥补；相应地，企业取得的经营收入扣除成本费用后还应形成经营利润。因此，对企业的经营成本、费用、收入、利润等业务事项，也必须严格认真地进行财务会计核算。

（三）资金退出

资金退出是指资金离开本企业，退出资金的循环与周转，主要包括偿还借款，缴纳各项税金以及向所有者分配利润等。

上述资金运动的三个环节是相互支撑、相互制约的统一体。没有资金的投入，就不会有资金的运用；没有资金的运用，就不会有债务的偿还、税金的缴纳和利润的分配等；没有这类资金的退出，就难有新一轮资金的投入，企业也难以得到进一步发展。

任务实施

1. 确定任务内容
   任务一　了解会计的历史沿革，区分财务会计与管理会计
   任务二　探讨财务会计的目标
   任务三　认识财务会计的对象，分析财务会计的资金运动环节
2. 全面深刻认识任务内容
3. 明确具体任务目标
4. 制订并细化任务实施方案
5. 创建学习氛围
6. 学生讨论（或查阅资源、情景模拟、问题探导、角色扮演、个别探究、手工实操等）
7. 结果导向，进行过程性评价
8. 任务达成，进行成果展示
9. 综合评价

知识拓展

财务会计和管理会计本是会计一家人，但各自的处事方向不一样。财务会计主要是"向后看"，总结过去；而管理会计执着于"向前看"，面向未来。财务会计强调信息的准确性，管理会计强调信息的相关性。财务会计与凭证打交道，管理会计与经营活动打交道。

课堂巩固

一、单选题

1. 会计对象在企业中具体表现为（　　）。
   A. 会计要素
   B. 会计科目
   C. 各种经济业务
   D. 以货币表现的经济活动

2. 下列不属于资金退出的是（　　）。
   A. 偿还短期借款
   B. 支付职工工资
   C. 缴纳税金
   D. 向投资人分配股利

二、多选题

1. 财务会计核算的内容包括（　　）方面。
   A. 资金筹集
   B. 资金运用
   C. 资金循环和周转
   D. 资金退出

2. 下列各项属于财务会计目标的是（　　）。
   A. 向财务报告使用者提供对决策有用的信息
   B. 借助会计信息提高企业的内部经营管理水平
   C. 评价企业的经营管理责任和资源使用的有效性
   D. 反映企业管理层受托责任的履行情况

三、判断题

1. 企业的所有经济活动均属于会计的对象。（　　）
2. 偿还短期借款属于资金退出。（　　）
3. 财务会计主要反映企业过去的信息，不能为企业内部管理提供数据。（　　）

✎ 小知识

"账"和"帐"的由来

"账"字本身与会计核算无关。据现有史料考察，"账"字引申到会计方面起源于南北朝时期。南北朝时，皇帝和高官显贵都习惯到外地巡游作乐。每次出游前，沿路派人张挂帷帐，帐内备有各种生活必需品及装饰用品，非常奢侈豪华，这种帷帐称之为"供帐"。由于帐内物品价值昂贵，为了维护这些财产的安全，由专门官吏掌管并进行核算。由于古人常把账目记于布帛上悬挂起来以利于保管，所以登记物品的账目称为"簿帐"或"帐"。后来，为了与帷帐区分，另造形声字"账"，表示与钱财有关，记录货币和货物出入的记载等，如账本、报账、借账等；而"帐"字只表示用布、纱、绸子等制成的遮蔽物，如蚊帐、帐篷、青纱帐等。

任务二　学习企业财务会计基础

任务描述

　　如果我本月收到了上个月销售服装的价款100万元，应该计入上月的收入还是本月的收入呢？相反，如果我本月支付上个月的电费1 000元，算哪个月的费用呢？你是如何考虑的？

当你了解了权责发生制和收付实现制这两种不同的会计基础后，你觉得哪种方法更适合营利性的企业？

知识储备

会计基础是指企业会计确认、计量和报告的基础，主要有权责发生制和收付实现制两种形式。营利性企业会计的确认、计量和报告应当以权责发生制为基础。

一、权责发生制

权责发生制是指收入、费用的确认应当以收入和费用的实际发生而非实际收支作为确认的标准。

权责发生制要求，凡是当期已经实现的收入和已经发生或应当负担的费用，无论款项是否收付，都应当作为当期的收入和费用；凡是不属于当期的收入和费用，即使款项已在当期收付，也不应当作为当期的收入和费用。权责发生制主要从时间上规定会计确认的基础，其核心是根据权责关系的实际发生期间来确认收入和费用。

例如，预收货款时，款项虽然收到，但本期商品尚未发出，销售并未实现，不能作为当期的收入。再如短期借款利息，即使本月并未支付，但利息费用已经产生，就应予以计提并作为本月的财务费用核算。

二、收付实现制

收付实现制是指以实际收到或支付现金作为确认收入和费用的标准。

收付实现制是与权责发生制相对应的一种会计基础，它是以实际收到或支付的现金作为确认收入和费用的依据。目前，政府会计由预算会计和财务会计构成。其中，预算会计采用收付实现制，国务院另有规定的，从其规定；财务会计采用权责发生制。

任务实施

活动一　探索权责发生制

活动二　讨论收付实现制

活动三　熟练应用权责发生制处理相关经济业务

课堂巩固

一、单选题

1. 我国企业通常采用（　　　）作为其会计核算基础。

　　A. 收付实现制　　　　B. 集中核算制　　　　C. 分散核算制　　　　D. 权责发生制

2. 下列有关会计处理的表述不符合权责发生制的是（　　　）。

　　A. 企业采用预收款销售商品的，收到款项时确认收入

　　B. 以赊销方式销售商品实现销售时确认收入，而不是收到款项时确认收入

　　C. 本期应付职工薪酬即使本期未付给职工，也应计入本期成本费用

　　D. 企业提取固定资产折旧

二、多选题

1. 属于会计基础的有（　　　）。

　　A. 持续经营　　　　　B. 权责发生制　　　　C. 会计主体　　　　D. 收付实现制

2. 在权责发生制下应予确认收入的业务有（　　　）。

　　A. 销售商品，款项收到并存入银行

　　B. 销售商品，款项未收

　　C. 销售商品，收到一张期限为三个月的商业汇票

　　D. 收到以前月份销售货款，存入银行

三、判断题

1. 权责发生制要求企业根据一定期间收入和费用之间存在的因果关系，来确认本期的收入和费用。　　　　　　　　　　　　　　　　　　　　　　　　　　　　　　　　　　　（　　　）

2. 我国行政单位会计采用收付实现制，事业单位会计除经营业务可以采用权责发生制外，其他大部分业务采用收付实现制。　　　　　　　　　　　　　　　　　　　　　　　（　　　）

四、业务分析题

分别按权责发生制和收付实现制处理下列问题：

1. 本月赊销产品，下月收款，应该计入本月收入还是下月收入？

2. 本月购买设备一台，价值5万元，预计能使用10年，如何计入费用？

任务三　学习会计基本前提

任务描述

你思考过这样几个问题吗？

1. 如果甲单位销售给乙单位100件服装，总价款1万元。你会如何记录这笔业务呢？你需要区分立场吗？

2. 当一个人濒临死亡时，他还会一如既往地做着平时所做的工作吗？当一个企业濒临倒闭时，它还会一如既往地经营业务吗？

3. 你知道一个人的寿命有多长吗？一个企业的寿命又是多长呢？

4. 三个人、两张桌子、8小时工作制、100万的房子，这些都可以计量吗？能说出应该运用什么计量方式吗？你经常用哪种计量方式呢？会计上如何运用计量方式呢？

知识储备

会计核算的基本前提，是指组织财务会计核算工作应具备的前提条件，是对会计核算所处时间、空间环境及计量方式等所做的合理假定，故又被称为会计核算的基本假设。它是企业会计准则规定企业会计确认、计量和报告要求适用的前提条件，是会计核算方法体系的基础，具体包括会计主体、持续经营、会计分期和货币计量四个方面。

一、会计主体

会计主体是指企业财务会计工作为之服务的特定组织和单位，是企业财务会计确认、计量和报告的空间范围。

在会计主体假设下，企业应当对其自身发生的交易或者事项进行会计确认、计量和报告，反映企业本身所从事的生产经营活动和其他相关活动，向财务报告使用者提供企业财务状况、经营成果和现金流量等对其决策有用的信息。财务会计核算和财务报告的编制应当集中于反映特定对象的活动，并将其与其他经济实体区别开来。

会计主体不同于法律主体，一般来说法律主体必然是一个会计主体，但是会计主体不一定是法律主体。例如，一个企业作为一个法律主体，应当建立财务会计系统，独立反映其财务状况、经营成果和现金流量，因此它是一个会计主体；但是，企业内部职能机构，其自身并不是法律主体，但如果它能独立核算则它也是一个会计主体。

明确会计主体前提，一是可以划定会计所要处理的各项交易或事项的范围，二是可以将会计主体的经济活动与会计主体所有者等其他个人的经济活动区分开来。所以，在企业的财务会计工作中，要严格区分企业的经营活动与投资者、职工个人、其他企业的经营活动之间的界限。

二、持续经营

持续经营是指在可以预见的未来，企业将会按当前的规模和状态持续经营下去，不会遭遇停业、清算、解散、破产等变故而不复存在，也不会大规模削减业务。

持续经营前提要求企业在进行财务会计核算时，要以企业持续正常的业务经营活动为前提，企业拥有的资产应按既定用途或预定目标耗用、出售、转让、折旧等，企业所承担的各种债务也要按原计划如期偿还。会计人员必须在此基础上选择会计原则和方法，并在财务报表中进行相应披露。

例如，某企业购买了一台设备，预计使用寿命15年，考虑到企业会持续经营下去，因此可以假定企业的固定资产会在持续经营的生产经营过程中长期发挥作用，并服务于生产经营过程，固定资产就可以根据历史成本进行记录，并采用正确的折旧方法将历史成本分摊到各个会计期间或相关产品的成本中。如果发生企业不会持续经营的情形，固定资产则不应采用历史成本进行记录并按期计提折旧。

三、会计分期

会计分期是指将一个企业持续经营的生产经营活动人为地划分为一个个连续的、首尾相接的、长短相同的期间。

会计分期的目的在于通过会计期间的划分，将持续经营的生产经营活动划分成连续、相等的期间，据以结算账目，按期编制财务会计报告，从而及时向财务报告使用者提供有关企业财务状况、经营成果和现金流量的信息。

会计期间通常分为年度和中期。中期是指短于一个完整会计年度的报告期间，一般分为月度、季度和半年度。在会计分期假设下，企业应划分会计期间，分期结算账目和编制财务报告，并据此结算盈亏，及时向财务报告使用者提供有关企业财务状况、经营成果和现金流量的信息。

会计分期以持续经营为前提，界定了会计核算的时间范围。由于进行了会计分期，才产生了本期与非本期的界定，产生了权责发生制的会计核算基础，进而出现了分期折旧、分期摊销等会计处理方法。

四、货币计量

货币计量是指会计主体在会计确认、计量和报告时以货币作为主要计量尺度来反映会计主体的生产经营活动。通常，计量尺度有实物量度、劳动量度和货币量度三种，只有选择货币这一共同尺度进行计量，才能全面、系统、综合、连续地反映企业的生产经营情况。

另外，在货币计量的背后还隐含着币值稳定不变的假设。

按照现行《企业会计准则》的规定，企业的会计核算应当以人民币作为记账本位币，业务收支以人民币以外的货币为主的企业，可以选定其中一种货币作为记账本位币，但在编制企业财务报表时应当折算为人民币。在境外设立的中国企业向国内报送的财务报表，也应当折算为人民币。

任务实施

活动一　认识并判断会计主体，分析哪些属于会计主体
活动二　理解持续经营，分析会计核算为什么要以持续经营为前提
活动三　确定会计分期，了解会计分期的种类
活动四　运用货币计量，分析货币计量前提及记账本位币

知识拓展

货币是商品的一般等价物，是衡量一般商品价值的共同尺度，具有价值尺度、流通手段、贮藏手段和支付手段等职能。利用货币单位进行全部经济业务的计量活动，计量结果可以相加、相减，进而得到会计报告，并能够对其做进一步的分析。其他计量单位，如重量、长度、容积等，只能从一个侧面反映企业的生产经营情况，无法直接进行汇总和比较，不便于会计计量和经营管理。同时，选择货币这一共同尺度进行计量，能够全面、综合反映企业的生产经营情况。

课堂巩固

一、单选题

1. 下列不属于会计基本前提的是（　　　）。
   A. 权责发生制　　　B. 会计主体　　　C. 会计分期　　　D. 货币计量
2. 会计政策和会计处理方法前提和基础是（　　　）。
   A. 会计主体　　　B. 持续经营　　　C. 会计分期　　　D. 货币计量
3. 规定了会计核算的空间范围的基本假设是（　　　）。
   A. 会计主体　　　B. 持续经营　　　C. 会计分期　　　D. 货币计量

二、多选题

下列可以作为一个会计主体进行会计核算的有（　　　）。
   A. 个人独资企业　　　　　　　　　B. 合伙企业
   C. 企业集团　　　　　　　　　　　D. 独立核算的生产车间和销售部门

三、判断题

1. 会计主体是进行会计核算的基本前提。一个企业可以根据具体情况，确定一个或若干个会计主体，作为会计核算的基础。（　　）

2. 在会计核算中，货币是唯一的一种计量方式。（　　）

3. 《企业会计制度》规定，我国境内的企业必须以人民币作为记账本位币进行会计核算。（　　）

4. 会计主体同法律主体是统一的，因此，会计主体只能是独立法人，不能是非法人。（　　）

5. 持续经营明确了会计核算的时间范围。（　　）

6. 会计核算基本前提之所以又称为会计假设，是由于其缺乏客观性及人们无法对其进行证明。（　　）

任务四　把握企业财务会计信息质量要求

任务描述

对企业财务报告所提供的会计信息质量的基本要求，是使财务报告中所提供会计信息对投资者等使用者决策有用应具备的基本特征。如果让你来考虑这个问题，你会想到哪些方面呢？会计制度又是如何规定的呢？

知识储备

会计信息质量要求是对企业财务报告中所提供会计信息质量的基本要求，主要包括可靠性、相关性、可理解性、可比性、实质重于形式、重要性、谨慎性和及时性等。

一、可靠性

可靠性要求企业应当以实际发生的交易或事项为依据进行确认、计量和报告，如实反映各项会计要素及其增减变动，保证会计信息真实可靠、内容完整。

符合会计要素定义及确认条件的资产、负债、所有者权益、收入、费用和利润，都要如实反映在财务报告中；不得根据虚构的、没有发生的、尚未发生的交易或事项进行会计要素的确认、计量和报告。

例如，某公司于2017年末发现公司销售萎缩，无法实现年初确定的销售收入目标，但考虑到在2018年春节前后，公司销售量可能会出现较大幅度的增长，公司为此提前预计库存商品销售，在2017年年末制作了若干存货出库凭证，并确认销售收入实现。公司这种处理不是以其实际发生的交易事项为依据的，而是虚构的交易事项，违背了会计信息质量要求的可靠性原则，同时也违反了《中华人民共和国会计法》（以下简称《会计法》）。

二、相关性

相关性要求企业提供的会计信息应当与使用者的经济决策需要相关，有助于他们对企业过去、现在或者未来的情况作出评价或者预测。在会计核算工作中坚持相关性要求，就是要求企业在收集、加工、处理和提供会计信息时，要充分考虑各方面会计信息使用者的需求，满足其预测和决策的需要。

相关性是以可靠性为基础的，两者并不矛盾，不应将两者对立起来。

三、可理解性

可理解性要求企业提供的会计信息应当清晰明了，便于财务报告使用者理解和使用。

四、可比性

可比性要求企业提供的会计信息应当相互可比。

具体来说，可比性包括两层含义，一是同一企业不同时期可比。可比性要求同一企业在不同时期发生的相同或类似的交易或事项，应当采用一致的会计政策，不得随意变更。二是不同企业相同期间可比。不同企业发生的相同或类似的交易或事项，应当采用统一规定的会计政策，按照一致的确认、计量和报告要求提供有关会计信息，确保会计信息口径一致，相互可比。

五、实质重于形式

实质重于形式要求企业按照交易或事项的经济实质进行确认、计量和报告，而不仅仅以交易或者事项的法律形式为依据。

企业发生的交易或事项在多数情况下其经济实质和法律形式是一致的，但有些情况下，也会出现不一致。例如，以融资租赁方式租入的固定资产，虽然从法律形式来讲企业并不拥有其所有权，但从其经济实质来看，企业能够控制该固定资产及其所创造的未来经济利益，故在会计确认、计量和报告上应将融资租赁固定资产视为企业自有资产，列入资产负债表中。再如，应收账款明细账如有贷方余额，在资产负债表中列示为负债。

又如，企业按照销售合同销售商品但又签订了售后回购协议，虽然从法律形式上实现了收入，但如果企业没有将商品所有权上的主要风险和报酬转移给购货方，没有满足收入确认的各项条件，即使签订了商品销售合同或者已将商品交付给购货方，也不应当确认销售收入。

六、重要性

重要性要求企业所提供的会计信息应当反映与企业财务状况、经营成果和现金流量有关的所有重要交易或者事项。

财务报告中提供的会计信息如果省略或者错报会影响信息使用者据此作出决策的，该信息就具有重要性。重要性的界定依赖于职业判断。企业可以根据所处环境和实际情况，从项目的性质和金额的大小等方面加以判断。例如，某类经济业务的金额在企业收入、费用或资产总额中所占比重较小时，就可以采用较为简单的方法和程序进行核算；反之，当经济业务的发生对企业的财务状况和损益影响较大时，就应当按照规定的会计方法和程序重点、详细地进行核算。

七、谨慎性

谨慎性要求企业在对交易或者事项进行会计确认、计量和报告时保持应有的谨慎，不应高估资产或者收益、低估负债或者费用。

在市场经济下，企业的生产经营活动面临着许多风险和不确定性，如应收款项的可收回性、固定资产的使用寿命、无形资产的使用寿命、售出存货可能发生的退货或者返修等。对于这些不确定性，需要企业管理者作出合理的判断，充分估计可能存在的风险和损失。

例如，依据谨慎性要求，企业对固定资产采取加速折旧；销售企业对实行"质量三包"的产品在包退期内暂不做销售收入；对存货、固定资产、应收账款等资产计提减值准备等。

但是谨慎性的应用并不允许企业设置秘密准备，对可能产生的收益也不得提前预计。

八、及时性

及时性要求企业对于已经发生的交易或者事项，应当及时进行确认、计量和报告，不得提前也不得延后。

及时性要求企业及时收集会计信息。即在经济交易或者事项发生后，及时收集整理各种原始单据或者凭证。同时，及时处理会计信息。即按照会计准则的规定，及时对经济交易或者事项进行确认或者计量，并编制财务报告。还要及时传递会计信息，即按照国家规定的有关时限，及时将编制的财务报告传递给财务报告使用者，便于其及时使用和决策。

任务实施

活动一　理解并举例说明可靠性要求，分析如果企业在财务报告中为了达到事先设定的结果或效果，通过选择或列示有关会计信息以影响决策和判断的，这样的财务报告信息是否可靠

活动二　理解并举例说明相关性要求，分析相关性和可靠性是否相互矛盾

活动三　理解并举例说明可理解性要求

活动四　理解并举例说明可比性要求，分析可比性要求的两层含义

活动五　理解并举例说明实质重于形式要求

活动六　理解并举例说明重要性要求

活动七　理解并举例说明谨慎性要求，分析谨慎性是否允许企业设置秘密准备

活动八　理解并举例说明及时性要求，分析我们是否需要在及时性和可靠性之间进行相应的权衡和取舍，以更好地满足投资者等财务报告使用者经济决策的需要

知识拓展

如果按照规定需要变更会计政策，或者会计政策变更后可以提供更可靠、更相关的会计信息，可以变更会计政策，但对于有关会计政策变更的情况，应当在附注中加以说明。

在融资租赁固定资产中，由于租赁合同中规定的租赁期相当长，接近于该固定资产的使用寿命，租约一般不能取消；支付的租金包括了设备的价款及租赁费和利息等，租赁期满时承租方有优先购买该固定资产的选择权；在租赁期内承租企业有权支配该固定资产并从中受益等，实质上同自有固定资产相似，因此，企业将融资租入资产作为一项自有资产计价入账。

课堂巩固

一、单选题

1. 根据企业会计准则，企业售后回购业务不能确认收入，其所遵循的会计核算的质量要求是（　　）。

A. 实质重于形式原则   B. 重要性原则

C. 权责发生制原则   D. 及时性原则

2. 会计核算上规定企业前后各期会计政策和会计处理方法应保持一致的质量要求是（   ）。

   A. 实质重于形式   B. 重要性   C. 可比性   D. 谨慎性

3. 会计信息质量要求中，（   ）是对会计工作的最基本要求。

   A. 可靠性   B. 实质重于形式   C. 可比性   D. 谨慎性

4. 会计信息的首要质量要求是（   ）。

   A. 可比性   B. 可靠性   C. 相关性   D. 可理解性

   E. 实质重于形式

二、多选题

1. 下列属于会计信息质量要求的是（   ）。

   A. 权责发生制   B. 持续经营   C. 重要性   D. 可理解性

2. 谨慎性要求会计人员在选择会计处理方法时（   ）。

   A. 不高估资产   B. 不低估负债

   C. 预计任何可能的收益   D. 确认很可能发生的损失

3. 甲公司下列做法，符合可比性原则的有（   ）。

   A. 因预计发生年度亏损，将以前年度计提的坏账准备全部转回

   B. 因客户财务状况好转，将坏账准备的计提比例从30%降至10%

   C. 根据新会计准则的规定，对长期股权投资由权益法改按成本法核算

   D. 鉴于某固定资产经改良后性能提高，决定延长其折旧年限

4. 下列各项中，体现会计核算的谨慎性要求的有（   ）。

   A. 对可供出售金融资产计提减值准备

   B. 固定资产预计使用年限由10年变为8年

   C. 固定资产大修期间符合资本化条件的支出计入固定资产成本

   D. 企业设置秘密准备

三、判断题

1. 谨慎性要求对可能发生的损失和费用以及收益应当合理预计。   （   ）

2. 某一会计事项是否具有重要性，在很大程度上取决于会计人员的职业判断。对于同一会计事项，在某一企业具有重要性，在另一企业则不一定具有重要性。   （   ）

3. 企业应当按照交易或事项的经济实质进行会计核算，而不应当仅仅按照它们的法律形式作为会计核算的依据。   （   ）

任务五   **了解会计要素的确认与计量**

任务描述

   会计要素是对会计对象进行的基本分类，是会计核算对象的具体化。会计要素的确认和计量

是会计需要掌握的基本专业技能。你能深刻理解会计六要素的定义及确认条件吗？你知道会计要素的计量方式吗？对比各种计量方式，你觉得基础会计中所做的核算主要运用了什么计量方式？

知识储备

会计要素是指对会计对象的基本分类，是会计报表的基本构成要素。我国企业会计准则将其划分为资产、负债、所有者权益、收入、费用、利润六大类。前三类反映企业的财务状况，在资产负债表中列示；后三类反映企业的经营成果，在利润表中列示。

一、资产的确认

（一）资产的定义及特征

资产是指企业过去的交易或者事项形成的、由企业拥有或控制的、预期会为企业带来经济利益的经济资源。根据资产的定义，资产具有以下特征。

1. 资产是由过去的交易或者事项形成的

只有过去的交易或者事项才能产生资产，企业预期在未来发生的交易或者事项不形成资产。例如，企业计划于未来购入一辆汽车，已签订了购买合同，但由于实际购买行为并未发生，不能把将来要购入的汽车作为企业的资产确认。

2. 资产是企业拥有或者控制的资源

资产作为一项资源，应当由企业拥有或者控制。但企业对资产不一定都拥有所有权。例如，某企业以融资租赁方式租入一项固定资产，尽管企业并不具有其所有权，但由于企业控制了该资产的使用及其所能带来的经济利益，故应当将其作为企业资产予以确认、计量和报告。

3. 资产预期会为企业带来经济利益

资产预期会为企业带来经济利益，是指资产直接或间接导致现金或现金等价物流入企业的潜力。例如，企业采购的原材料、购置的固定资产等可以用于生产经营过程，制造商品或者提供劳务，对外出售收回货款，货款即为企业获得的经济利益。如果一些项目预期不能为企业带来经济利益，如报废且无转让价值的设备，就不能再将其确认为企业的资产。

（二）资产的确认条件

将一项资源确认为资产，不仅需要符合资产的定义，还应同时满足以下两个条件：

（1）与该资源有关的经济利益很可能流入企业。

（2）该资源的成本或者价值能够可靠地计量。

二、负债的确认

（一）负债的定义及特征

负债是指企业过去的交易或者事项形成的、预期会导致经济利益流出企业的现时义务。根据负债的定义，负债具有以下特征。

1. 负债是由企业过去的交易或者事项形成的

只有过去的交易或者事项才能形成负债，企业将在未来发生的承诺、签订的合同等交易或者事项，不形成负债。

2. 负债是企业承担的现时义务

这是负债的一个基本特征。现时义务是指企业在现行条件下已承担的义务。未来发生的交易或者事项形成的义务，不属于现时义务，不应当确认为负债。这里所指的义务可以是法定义务，也可以是推定义务。

3. 负债预期会导致经济利益流出企业

这是负债的一个本质特征。在履行现时义务清偿负债时，导致经济利益流出企业的形式多种多样，例如负债可以用现金偿还，也可以以实物资产形式偿还，还可以以提供劳务的形式偿还。

（二）负债的确认条件

将一项现时义务确认为负债，不仅需要符合负债的定义，还应当同时满足以下两个条件。

（1）与该义务有关的经济利益很可能流出企业。如有确凿证据表明，与现时义务有关的经济利益很可能流出企业，就应当将其作为负债予以确认；反之，如果企业承担了现时义务，但是导致经济利益流出企业的可能性已不复存在，就不再符合负债确认的条件，不应再将其作为负债予以确认。

（2）未来流出的经济利益的金额能够可靠地计量。

三、所有者权益的确认

（一）所有者权益的构成

所有者权益是指企业资产扣除负债后由所有者享有的剩余权益，即所有者对企业资产的剩余索取权，公司制所有者权益又称为股东权益。

所有者权益是剩余权益，在数量上等于全部资产减去全部负债后的余额。它的来源包括所有者投入的资本、直接计入所有者权益的利得和损失、留存收益等。账务上通常由实收资本（或股本）、资本公积（含资本溢价或股本溢价、其他资本公积）、其他综合收益盈余公积和未分配利润等构成。

利得是指由企业非日常活动所形成的、会导致所有者权益增加的、与所有者投入资本无关的经济利益的流入。利得包括直接计入所有者权益的利得（其他综合收益贷方）和直接计入当期利润的利得（营业外收入）。损失是指由企业非日常活动所形成的、会导致所有者权益减少的、与向所有者分配利润无关的经济利益的流出。损失包括直接计入所有者权益的损失（其他综合收益借方）和直接计入当期利润的损失（营业外支出）。

留存收益是企业历年实现的净利润留存于企业的部分，主要包括累计计提的盈余公积和未分配利润。

（二）所有者权益的确认条件

所有者权益的确认、计量主要取决于资产、负债、收入、费用等其他会计要素的确认和计量。

四、收入的确认

（一）收入的定义及特征

收入是指企业日常活动中形成的、会导致所有者权益增加的、与所有者投入资本无关的经济利益的总流入。根据收入的定义，收入具有以下特征：

1. 收入是企业在日常活动中形成的

日常活动是指企业为完成其经营目标所从事的经常性活动以及与之相关的活动。例如，工业企业制造并销售产品、商业企业销售商品、商业银行对外贷款等，均属于企业的日常活动。日常活动是确认收入的重要判断标准，凡是日常活动所形成的经济利益的流入均应确认为收入；反之，非日常活动所形成的经济利益的流入不能确认为收入，而应当计入利得。例如，接受捐赠，政府补助均属于非日常活动，所形成的净利益就不应当确认为收入，而应当确认为利得。

2. 收入会导致所有者权益的增加

与收入相关的经济利益的流入应当会导致所有者权益的增加。不会导致所有者权益增加的经济利益的流入不符合收入的定义，不应确认为收入。例如，企业向银行借入款项也导致了企业经济利益的流入，但该流入并不导致所有者权益的增加，而是使企业承担了一项现时义务，因此不应将其确认为收入，而应确认为一项负债。

3. 收入是与所有者投入资本无关的经济利益的总流入

收入应当会导致经济利益的流入，从而导致资产的增加或负债的减少。但是经济利益的流入有时是所有者投入资本的增加所致，所有者投入资本的增加不应确认为收入，而应当将其直接确认为所有者权益。

另外，代收、暂收的款项也不构成企业收入。

（二）收入的确认条件

企业收入的来源渠道多种多样，不同收入来源的特征有所不同，其收入确认条件也往往存在一些差别，收入的确认除了应当符合定义之外，至少应当符合以下三个条件：

（1）与收入相关的经济利益应当很可能流入企业。

（2）经济利益流入企业的结果会导致资产的增加或者负债的减少。

（3）经济利益的流入额能够可靠计量。

五、费用的确认

（一）费用的定义及特征

费用是指企业在日常活动中形成的、会导致所有者权益减少的、与向所有者分配利润无关的经济利益的总流出。根据费用的定义，费用具有以下特征：

1. 费用是企业在日常活动中形成的

费用必须是企业在日常活动中所形成的。日常活动所产生的费用通常包括销售成本（营业成本）、管理费用、财务费用等。企业非日常活动所形成的经济利益的流出不能确认为费用，而应当计入损失。例如，对外捐赠，支付罚款均属于非日常活动，所形成的净损失就不应当确认为费用，而应当确认为损失。

2. 费用会导致所有者权益的减少

与费用相关的经济利益的流出应当会导致所有者权益的减少，不会导致所有者权益减少的经济利益的流出不符合费用的定义，不应确认为费用。

3. 费用导致的经济利益的总流出与向所有者分配利润无关

费用的发生应当会导致经济利益的流出，从而导致资产的减少或者负债的增加（最终也会导致资产的减少）。企业向所有者分配利润也会导致经济利益的流出，而该经济利益的流出属于投资者的投资回报，是所有者权益的直接抵减项目，因此不应当确认为费用。

（二）费用的确认条件

费用的确认除了应当符合定义之外，至少应当符合以下三个条件：

（1）与费用相关的经济利益应当很可能流出企业。

（2）经济利益流出企业的结果会导致资产的减少或者负债的增加。

（3）经济利益的流出额能够可靠计量。

六、利润的确认

（一）利润的构成

利润是指企业在一定会计期间的经营成果。

利润包括收入减去费用后的净额、直接计入当期利润的利得和损失等。其中，收入减去费用后的净额反映企业日常活动的经营业绩；直接计入当期利润的利得和损失是企业非日常活动取得的。

（二）利润的确认条件

利润反映收入减去费用、利得减去损失后的净额。利润的确认主要依赖于收入和费用以及利得和损失的确认，其金额的确定也主要取决于收入、费用、利得及损失金额的计量。

七、会计计量

会计计量是为了将符合确认条件的会计要素登记入账并列报于财务报表而确定其金额的过程。企业应当按照规定的会计计量属性进行计量，确定相关金额。会计计量方式主要包括历史成本、重置成本、可变现净值、现值和公允价值等。

（一）历史成本

历史成本（又称为实际成本），就是取得或制造某项财产物资时实际支付的现金或现金等价物。在历史成本计量下，资产按照其购置时支付的现金或者现金等价物的金额，或者按照购置资产时所付出的对价的公允价值计量；负债按照因承担现时义务而实际收到的款项或者资产的金额，或者承担现时义务的合同金额，或者按照日常活动中为偿还负债预期需要支付的现金或者现金等价物的金额计量。

（二）重置成本

重置成本（又称现行成本），是指按照当前市场条件，重新取得同一项资产所需支付的现金或现金等价物。在重置成本计量下，资产按照现在购买相同或者相似资产所需支付的现金或者现金等价物的金额计量；负债按照现在偿付该项债务所需支付的现金或者现金等价物的金额计量。在实际工作中，盘盈固定资产的计量多采用重置成本。

（三）可变现净值

可变现净值（又称为结算价值），是指在正常生产经营过程中，以资产的预计售价减去进一步加工预计成本和销售所需的预计税金、费用后的净值。在可变现净值计量下，资产按照其正常对外销售所能收到现金或者现金等价物的金额扣减该资产至完工时估计将要发生的成本、销售费用以及相关税费后的金额计量。在实际工作中，可变现净值通常应用于存货减值情况下的后续计量。

（四）现值

现值是指未来现金流量按照一定的折现率折成当前的价值。在现值计量下，资产按照预计从其持续使用和最终处置中所产生的未来净现金流入量的折现金额计量；负债按照预计期限内需要偿还的未来净现金流出量的折现金额计量。

（五）公允价值

公允价值是指市场参与者在计量日发生的有序交易中，出售一项资产所能收到或者转移一项负债所需支付的价格。即在公平交易中，熟悉情况的交易双方自愿进行资产交换或者债务清偿的金额。在公允价值计量下，资产和负债按照在公平交易中熟悉市场情况的交易双方都能够接受的价格计量。

企业会计准则规定，企业在对会计要素进行计量时，一般应当采用历史成本。在某些情况下，为了提高会计信息质量，实现财务报告目标，企业会计准则允许采用重置成本、可变现净值、现值、公允价值计量的，应当保证所确定的会计要素金额能够取得并可靠计量。

任务实施

活动一　探讨会计六要素的特征及确认条件，讨论无形资产出租所取得的租金收入是否应当确认为收入

活动二　讨论会计的计量方式，分析各种计量方式的适用范围及哪种计量方式是最基本的计量方式

知识拓展

如果企业实现了利润，表明企业的所有者权益将增加，业绩得到了提升；反之，如果企业发生了亏损，表明企业的所有者权益将减少，业绩下降。利润是投资者等财务报告使用者进行决策时的重要参考，也是评价企业管理层业绩的指标之一。

课堂巩固

一、单选题

以下不属于会计计量属性的是（　　　）。

    A. 历史成本　　　　　B. 重置成本　　　　　C. 公允价值　　　　　D. 成本计算

二、多选题

1. 下列各项中，属于企业资产的有（　　　）。

    A. 委托代销商品　　　　　　　　　　B. 受托加工物资

    C. 盘亏的存货　　　　　　　　　　　D. 尚待加工的半成品

2. 下列属于甲公司资产的有（　　　）。

    A. 报废的固定资产

    B. 融资租入的设备

    C. 从乙公司处购买产品，货款已付，发票已收，由于仓库周转问题，产品仍存放在乙公司处

    D. 以经营方式租出的设备

三、判断题

1. 《企业会计准则》规定，企业在对会计要素进行计量时，一般采用历史成本计量。（　　　）

2. 融资租赁固定资产，因没有取得所有权，故不能作为固定资产入账。（　　　）

3. 如果某项资产不能再为企业带来经济利益，即使是由企业拥有或者控制的，也不能作为企业的资产在资产负债表中列示。（　　　）

4. 负债一般有确切的偿还期限，而所有者权益在企业持续经营期间无须偿还，除非终止经营，不得减少所有者权益。（　　　）

5. 企业预期经济业务将发生的债务，也应当作为负债处理。（　　　）

四、业务分析题

2019年4月，卓立有限责任公司发生经济业务如下。

1. 销售儿童服装一批，售价100 000元，增值税13 000元，款项已经收存银行。

2. 销售女装一批，售价200 000元，增值税26 000元，款项约定下月收取。

3. 收回客户上月所欠货款348 000元。

4. 按合同约定，预收客户购货款50 000元。

5. 以银行存款支付本季度短期借款利息9 000元。

6. 以500元现金购买办公用品。

7. 以银行存款预付下一季度报纸杂志费3 000元。

8. 计提本月管理部门设备折旧费2 000元。

要求：按照权责发生制和收付实现制分别计算本月收入、费用和利润。

Project 2

项目二

核算货币资金

知识目标

1. 了解货币资金的概念、分类；
2. 熟悉现金结算和银行转账等各种结算方式及相应的业务流程；
3. 熟悉其他货币资金的账务处理；
4. 掌握库存现金、银行存款的使用范围和方法；
5. 掌握库存现金、银行存款的账务处理；
6. 掌握货币资金清查的核算。

技能目标

1. 正确登记库存现金和银行存款日记账；
2. 熟练填制和使用各种常见原始凭证：借款单、差旅费报销单及各种结算凭证等。

素养目标

1. 培养学生建立正确的金钱观，取之有道、用之有度；
2. 培养学生对会计职业的敬畏感和法律意识；
3. 培养学生今日事、今日毕的良好职业习惯和生活态度。

项目导航

某职业学校二年级会计班的学生进行分岗位会计模拟实训。小明、小丽、小英、小强四个同学被安排到了货币资金岗位上，小明为组长。经过同学们热烈的讨论，他们列举出了亟须弄清的几个问题：

1. 什么是货币资金？除了企业保险柜里和在银行存放的"钱"外，还有其他货币资金形式吗？

2. 差旅费、运费、货款用什么来支付？现金还是存款？全部用现金支付合适吗？签发支票支付方便吗？还有哪些支付方式？

3. 如果本公司和贸易伙伴是长期合作关系，签有长期供货合同，而且供销双方均为信誉良好的企业，优先选择什么结算方式？

4. 如果本公司和某贸易对象是第一次合作，双方不是十分了解，为稳妥起见，适合采用哪种结算方式？

5. 如果公司所订立的合同为先预付部分货款后发货，你觉得该如何运作？

任务一　走进货币资金的世界

任务描述

货币资金按用途和存放地点不同可分为库存现金、银行存款和其他货币资金，是流动性最强、控制风险最高的资产，必须采用严格的内部控制和管理制度。

有人将现金管理总结为"四个不"，即"有钱不能随便放；有钱不能随便花；出纳管钱不管账；不坐（坐支现金）私借白手套。"你知道这是什么意思吗？

有人将其他货币资金的分类概括为"外投本汇两信用"，即外埠存款、存出投资款、银行本票存款、银行汇票存款、信用卡存款、信用证保证金存款等。

有人把货币资金管理控制的原则概括为"三分两严轮收账"。"三分"是指严格收支分开、岗位分工和职务分离；"两严"是指支出款项的严格授权批准程序和实施严格的内部稽核；"轮"是指定期轮岗制度；"收账"是指收款入账。

亲爱的同学们，你们怎么看？

知识储备

货币资金是资金的原始形态，既是企业资金运动的起点，又是资金运动的终点。企业货币资金流量和拥有量，标志着企业的经营能力、偿债能力与支付能力的强弱，是投资者分析判断企业财务状况的重要指标。

一、货币资金及其管理

1. 货币资金

货币资金是指企业在生产经营过程中处于货币形态的那部分资金，按其用途和存放地点不同可分为库存现金、银行存款和其他货币资金。

库存现金是指存放于企业财务部门主要用于满足日常零星开支的现金。

银行存款是指存放于银行或其他金融机构的货币资金。

其他货币资金是指除库存现金和银行存款以外的其他各种货币资金，即存放地点和用途均与库存现金和银行存款不同的货币资金，主要包括外埠存款、银行汇票存款、银行本票存款、信用卡存款、信用证保证金存款、存出投资款等。

货币资金是企业流动性最强、控制风险最高的资产，是企业生存与发展的基础。贪污、诈骗、挪用公款等违法乱纪的行为大多都与货币资金有关，因此，必须加强企业货币资金的管理和控制，建立健全货币资金内部控制制度，确保经营管理活动合法而有效。

2. 货币资金的管理

一般来说，货币资金的管理和控制应当遵循以下原则：

（1）岗位分工和职务分离。涉及货币资金内部控制的不相容职务分别由不同人员担任，如出纳不得兼任债权债务账目的登记工作。

（2）严格收支分开及收款入账。将现金支出业务和现金收入业务分开处理，收入现金应及时存入银行；一切货币资金收入都必须入账。

（3）实行支出款项的严格授权批准程序。严禁擅自挪用、出借以及其他不按规定支出货币资金的行为。

（4）实施内部稽核。设置内部稽核部门和人员，建立内部稽核制度，通过稽核及时发现和纠正货币资金管理中存在的问题，以改进货币资金的管理。

（5）实行定期轮岗制度。对涉及资金管理和控制的人员实行定期轮岗制度，防止或减少人为舞弊行为的发生。

建立健全货币资金内部控制制度对于保证会计资料的真实可靠，减少工作差错，加强工作人员责任心，维护财经纪律和经营秩序，防止或抑制营私舞弊行为发生以及事后审计工作，都具有重要作用。

二、库存现金的管理

现金是企业流动性最强的货币资金，是最具有通用性也是最容易受到侵吞和挪用的资产。企业必须加强对库存现金日常收支的管理，严格执行《现金管理暂行条例》及其实施细则，建立和完善库存现金内部管理制度，确保库存现金的安全完整。

1. 库存现金的开支范围

库存现金包括库存人民币和外币。根据《现金管理暂行条例》及其实施细则，企业可以在以下范围内使用现金支付：

（1）职工工资、各种工资性津贴；

（2）个人劳务报酬；

（3）支付给个人的各种奖金；

（4）各种劳保、福利费用以及国家规定的对个人的其他支出；

（5）向个人收购农副产品和其他物资的价款；

（6）单位预借给出差人员必须随身携带的差旅费；

（7）转账结算起点（1 000元）以下的零星开支；

（8）中国人民银行确定需要支付现金的其他支出。

企业与其他单位之间的经济往来，除在规定的范围内可使用现金外，必须通过开户银行进行转账结算。上述八项中除第（5）、（6）项外，开户单位支付给个人的款项，超过使用现金限额的部分，应当以支票或者银行转账支付；确需全额支付现金的，经开户银行审核后，予以支付现金。

2. 库存现金限额

库存现金限额是指企业保留库存现金的最高数额。根据我国《现金管理暂行条例》及其实施细则规定，企业日常零星开支所需库存现金数额，由开户银行根据企业的规模大小、日常现金开支的多少、企业距离银行的远近以及交通是否便利等实际情况来核定。库存现金限额一般为3~5天的日常零星开支，边远地区和交通不便地区的企业，限额可以多于5天，但最多不得超过15天的日常零星开支。库存现金限额一经开户银行核定，企业必须严格遵守。库存现金不足限额时应及时补足，超过限额规定的现金应及时存入银行。

3. 库存现金管理的内部控制——钱账分管制度

（1）为了加强库存现金管理，企业要配备专职出纳人员，非出纳人员不能经管现金。

（2）出纳人员除负责现金和银行存款日记账的登记工作外，不能兼管稽核、会计档案保管以及收入、费用、债权、债务等账目的登记工作。

通过钱账分管制度，可以使出纳人员和会计人员相互牵制，互相监督，从而有效地加强现金收付存的管理，防止现金收支差错及偷盗、贪污、挪用等行为。

4. 库存现金管理的其他规定

（1）不得"坐支"现金。坐支现金是指企业用经营业务收入的现金直接支付自身的支出的行为。按照《现金管理暂行条例》及其实施细则的规定，企业支付现金时，可以从本企业的库存现金限额中支付，也可从银行存款账户中提取现金支付，但不能用经营业务收入的现金直接支付，即不得坐支现金。企业的经营业务收入的现金应及时送存银行，因特殊情况需要坐支现金的，应事先报经开户银行审查批准，在审核范围内适当坐支。

（2）不得白条抵库。所谓"白条"，是指没有审批手续的凭据，"白条"不能作为记账的依据。白条抵库即以不符合财务手续的原始凭证抵充现金。

（3）不得公款私存，即不能将单位收入的现金存入个人储蓄账户。

（4）不得私设小金库，企业一切现金收入都必须入账，不得保留账外现金。

（5）不得挪用现金，不准私人借用公款。

（6）单位之间不得转借现金。

（7）不准编造、谎报用途套取现金。

（8）不准用银行账户代其他单位、个人收入或支取现金等。

企业应当定期或不定期地进行库存现金盘点，确保库存现金账面余额与实际库存现金数额相符。

小案例

细节决定成败

中职毕业生张同学应聘到某工厂任出纳。此工厂经常有零星的收购和销售业务，客源不稳定。一天，一位办事人员拿着一张发票前来办理业务，张同学接过来看了发票金额为3 000元，二话不说，拿出3 000元现金直接支付给了对方，对方拿上现金便离开了。月底对账的时候发现，这张发票是一张销售发票，而不是购进发票，张同学应该收取3 000元现金而不是支付3 000元现金。虽然最后追回了这笔款项，避免了给企业造成损失，但张同学粗心大意、失责渎职的表现还是被领导狠狠的批评了一番。

作为一名会计人员，除了要有过硬的专业知识和技能，还要树立爱岗敬业、严谨细致、认真负责的职业态度，在工作中要做到一丝不苟，爱岗敬业，时刻保持审慎、细致、负责的职业操守。

任务实施

1. 确定任务内容

　　任务1　分析货币资金的内容和管理

　　任务2　了解库存现金的限额规定，分析库存现金的适用范围

　　任务3　分拆库存现金的钱账分管等内部牵制制度及管理中的注意事项

2. 进行任务分析（目的、进度、预期成果和效果等）

3. 明确任务目标（要求细致、精准、可行）

4. 情境设置（以出纳工作实景进行学习环境布置）

5. 下达任务

6. 分组讨论

7. 教师动态信息捕捉，适时调整路线

8. 任务成果展示与评价，教师答疑解惑，纠偏概全

9. 学生巩固练习

10. 任务总结

知识拓展

企业应该严格执行《支付结算办法》，并按照《人民币银行结算账户管理办法》的规定开立和使用基本存款账户、一般存款账户、专用存款账户和临时存款账户。

基本存款账户是存款人因办理日常转账结算和现金收付需要开立的银行结算账户，每个企业必须开设，而且只能有一个，可存、可取、可转账。企业工资、奖金等现金的支取，只能通过基本存款账户办理。

一般存款账户是存款人因借款或其他结算需要，在基本存款账户开户银行以外的银行营业机构开立的银行结算账户。可以开多个，但不能和基本账户在同一个银行，只能存款、转账，不能支取。

专用存款账户是存款人按照法律、行政法规和规章的规定，为了对其特定用途资金进行专项管理和使用而开立的银行结算账户。专用存款账户中的资金要专款专用，如希望工程基金、抗震救灾捐款基金、住房基金、更新改造资金等。

临时存款账户是存款人因临时需要并在规定期限内使用而开立的银行结算账户。企业因验资、增资、临时采购等原因开设，可以临时存、立即转，有效期最长不得超过2年。

课堂巩固

一、单选题

1. 下列项目中，不属于货币资金的是（　　　）。

    A. 库存现金　　　　B. 银行存款　　　　C. 其他货币资金　　D. 应收账款

2. 出纳人员不得办理的业务有（　　　）。

    A. 现金收付　　　　　　　　　　　　B. 登记银行存款日记账

    C. 登记总账　　　　　　　　　　　　D. 登记固定资产明细账

3. 下列各项，不通过"其他货币资金"科目核算的是（　　　）

    A. 信用证保证金存款　　　　　　　　B. 备用金

    C. 存出投资款　　　　　　　　　　　D. 银行本票存款

二、多选题

1. 下列项目中，可以使用库存现金的是（　　　）。

    A. 支付500元购货款　　　　　　　　B. 向个人收购农副产品1 500元

    C. 李某出差借支差旅费1 000元　　　D. 发放职工困难补助金600元

2. 下列各项中，违反库存现金收入管理规定的是（　　　）。

    A. 坐支库存现金

    B. 收入的库存现金于当日送存银行

    C. 将企业的库存现金收入按个人储蓄方式存入银行

    D. "白条"抵库

任务二　掌握银行转账结算方式

任务描述

    经过课前自学，小英用一句话来概括不同转账结算方式适用的范围："同城支本，异地汇托，委汇信用同异可。"这句话的含义如下：

    （1）适用同城结算的有支票、本票。

    （2）适用异地结算的方式有汇兑和托收承付。

    （3）同城异地均可适用的结算方式有委托收款、汇票（包括商业汇票和银行汇票）和信用证。

    但银行转账的内容既重要，又烦琐。亲爱的同学们，你能梳理出各种不同转账结算方式的结算程序、特征等内容吗？

知识储备

    企业、事业单位的各项经济事项往来，除了按照国家现金管理规定的范围使用现金外，其余均应通过银行办理转账结算。转账结算凭证在经济往来中，具有同现金相同的支付能力。在销售活动中，不得对现金结算给予比转账结算优惠待遇；不得拒收支票、银行汇票和银行本票。国内转账结算方式大体可以分为三种：同城结算、异地结算以及同城异地均可采用的结算方式。其中，同城结算包括支票、银行本票。异地结算包括托收、汇兑、银行汇票、商业汇票承付。同城异地均可采用的是委托收款、商业汇票、银行汇票以及银行信用卡。

一、支票

    支票是由出票人签发的，委托办理支票存款业务的银行在见票时无条件支付确定的金额给收款人或者持票人的票据。单位和个人的各种款项，均可以使用支票。

    按照支付票款的方式，支票分为现金支票、转账支票和普通支票。支票上印有"现金"字样的为现金支票，现金支票只能用于支取现金。支票上印有"转账"字样的为转账支票，转账支票只能用于转账。支票上未印有"现金"或"转账"字样的为普通支票，普通支票可以用于支取现金，也可以用于转账。在普通支票左上角划两条平行线的，为划线支票，划线支票只能用于转账，不得支取现金。

    支票结算的主要优点是手续简单、方便、灵活。支票的提示付款期限为自出票日起10日，中国人民银行另有规定的除外。

    支票由单位财会部门指定的负责人员保管，票章分管，不准委托收款单位代填。

    支票一律记名，经中国人民银行总行批准的地区可以在转账支票上背书转让。支票式样和支票结算程序如图2-1和图2-2所示。

图 2-1　转账支票

二、银行本票

银行本票是申请人将款项存入银行，由银行签发的承诺自己在见票时无条件支付确定的金额给收款人或者持票人的票据。银行本票由银行签发并保证兑付，而且见票即付，具有信誉高、支付功能强等特点。

银行本票按其金额是否固定，分为定额本票和不定额本票，其式样如图2-3和图2-4所示。定额本票的面值有1 000元、5 000元、10 000元和50 000元。

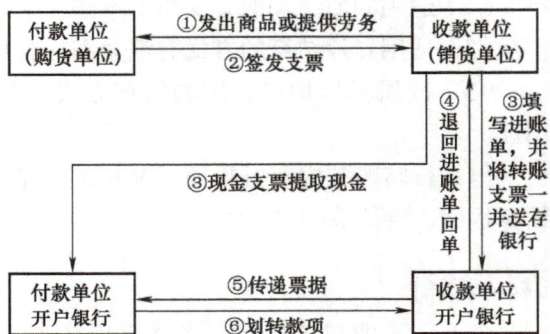

图 2-2　支票结算程序

图 2-3　定额本票

图 2-4　不定额本票

银行本票的付款期限为自出票日起最长不超过2个月。银行本票可以根据需要在票据交换区域内背书转让。

银行本票见票即付，不予挂失。单位和个人在同一票据交换区域需要支付各种款项时，均可以使用银行本票。

银行本票结算程序如图2-5所示。

三、托收承付

托收承付是根据购销合同由收款人发货后委托银行向异地付款人收取款项，由付款人根据合同，对单或对证验货后，向银行承认付款的结算方式。使用异地托收承付结算方式的收款单位和付款单位，必须是国有企业以及经营管理较好并经开户银行审查同意的城乡集体所有制工业企业；办理异地托收承付结算的款项，必须是商品交易，以及因商品交易而产生的劳务供应的款项；代销、寄售、赊销商品的款项，不得办理异地托收承付结算；购销双方必须签有符合《合同法》的购销合同，并在合同上订明使用托收承付结算方式。

收付双方办理托收承付结算，必须重合同、守信用。收款人对同一付款人发货托收累计3次收不回货款的，收款人开户银行应暂停收款人向该付款人办理托收；付款人累计3次提出无理拒付的，付款人开户银行应暂停其向外办理托收。

采用托收承付结算方式时，收款人按合同发货后，委托银行办理托收，收款人办理托收，必须具有商品确已发运的证件（包括铁路、航运、公路等运输部门签发运单、运单副本和邮局包裹回执）；

图 2-5　银行本票结算程序

付款人开户银行收到托收凭证及其附件后，应当及时通知付款人，付款人应在承付期内审查核对，安排资金。承付货款分为验单付款与验货付款两种，验单付款是购货企业根据经济合同对银行转来的托收结算凭证、发票账单及代垫运杂费等进行审核无误后，即可承认付款；验货付款是购货企业等到货物运达企业，对其进行检验与合同完全相符后才承认付款。托收承付结算凭证式样如图2-6所示，托收承付结算程序如图2-7所示。

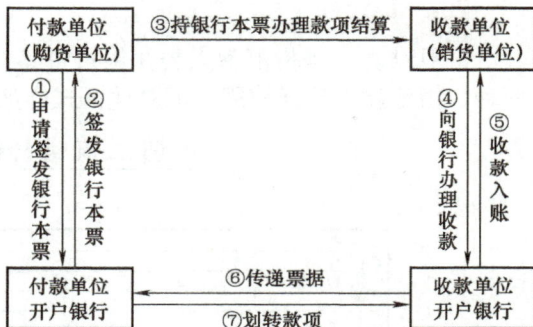

图 2-6　托收承付结算凭证

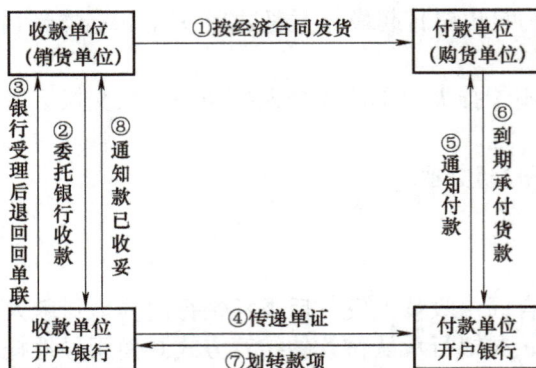

图 2-7 托收承付结算程序

托收承付的结算金额起点为每笔10 000元，新华书店系统每笔金额起点1 000元。

四、汇兑

汇兑结算，是指汇款人委托银行将其款项汇给外地收款人的结算方式。汇兑分信汇和电汇两种，由汇款人选择使用。汇兑凭证式样如图2-8和图2-9所示。

图 2-8 信汇凭证

图 2-9 电汇凭证

汇兑结算由汇款人向异地收款人主动付款，安全、方便，又无金额起点限制，所以应用较为广泛，适用于单位、个人之间各种款项的结算。对于销货单位，如对购货单位的信用状况了解不够，为避免出现货款不能收回的结算风险，应采用先款后货的方式销售，汇兑结算方式则是一个很好的选择。汇兑结算具体程序如图2-10所示。

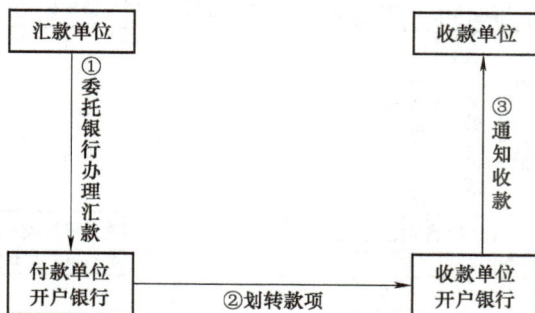

图 2-10　汇兑结算程序

五、银行汇票

银行汇票是汇款人将款项交存当地出票银行，由出票银行签发的，由其在见票时，按照实际结算金额无条件支付给收款人或持票人的票据。它具有使用灵活、票随人到、兑现性强等特点，适用于先收款后发货或钱货两清的商品交易。

银行汇票可以用于转账，填明现金字样的银行汇票也可以支取现金。支取现金的银行汇票只适用于申请人和付款人均为个人的情况，单位不得使用。银行汇票式样如图2-11所示。

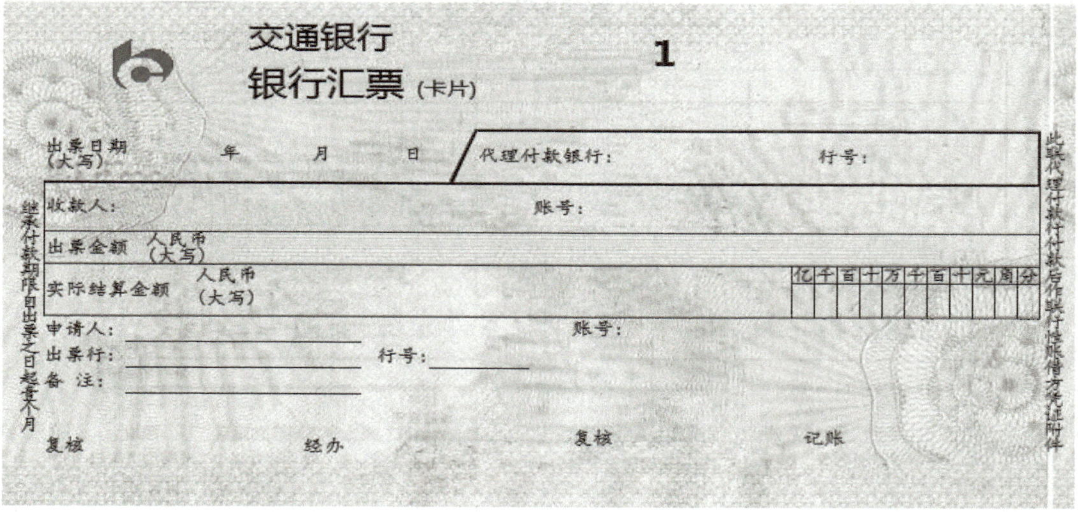

交通银行
银行汇票（卡片） 1

提示付款期限自出票之日起壹个月

出票日期（大写）　年　月　日　代理付款银行：　行号：

收款人：　账号：

出票金额 人民币（大写）

实际结算金额 人民币（大写）　亿 千 百 十 万 千 百 十 元 角 分

申请人：　账号：

出票行：　行号：

备 注：

复核　经办　复核　记账

此联代理付款行付款后作联行往账借方凭证附件

图 2-11　银行汇票

银行汇票一律记名，付款期限为1个月。

收款人受理申请人交付的银行汇票时，应在出票金额以内，根据实际需要的款项办理结算，并将实际结算金额和多余金额准确、清晰地填入银行汇票和解讫通知的有关栏内。未填明实际结算金额和多余金额或实际结算金额超过出票金额的，银行不予受理。银行汇票的实际结算金额不得更改，更改实际结算金额的银行汇票无效。银行汇票的实际结算金额低于出票金额的，其多余金额由出票银行退交申请人。

收款人可以将银行汇票背书转让给被背书人。银行汇票的背书转让以不超过出票金额的实际结算金额为准。未填写实际结算金额或实际结算金额超过出票金额的银行汇票不得背书转让。

银行汇票适用范围广泛，单位、个体经营户和个人向同城、异地支付各种款项都可以使用，但在会计实务中多用于异地单位和个人之间各种款项的结算。银行汇票结算程序如图2-12所示。

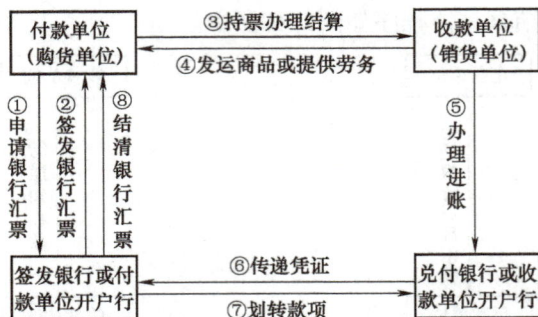

图 2-12　银行汇票结算程序

六、商业汇票

商业汇票是由出票人签发，由承兑人承兑，并于到期日向收款人或被背书人支付款项的票据。按其承兑人的不同，商业汇票分为商业承兑汇票和银行承兑汇票。

商业承兑汇票是由出票人签发，经付款人承兑的票据，商业承兑汇票由银行以外的付款人承兑。商业承兑汇票可以由付款人签发并承兑，也可以由收款人签发交由付款人承兑。商业承兑汇票式样如图2-13所示，其结算程序如图2-14所示。

图 2-13　商业承兑汇票

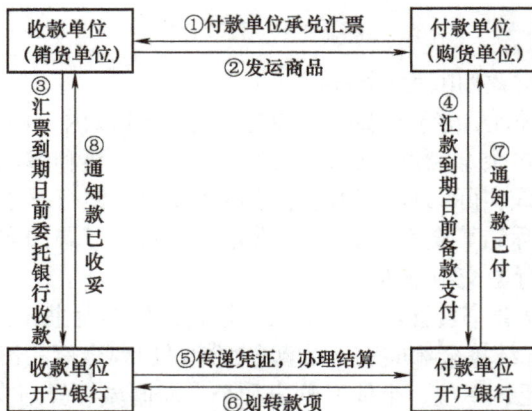

图 2-14　商业承兑汇票结算程序

银行承兑汇票是指由在承兑银行开立存款账户的存款人签发，向开户银行申请并经银行审查同意承兑的，保证在指定日期无条件支付确定的金额给收款人或持票人的票据。银行承兑汇票式样如图2-15所示，其结算程序如图2-16所示。

在银行开立存款账户的法人以及其他组织之间，必须具有真实的交易关系或债权债务关系，才能使用商业汇票。商业承兑汇票的出票人，为在银行开立存款账户的法人以及其他组织，与付款人具有真实的委托付款关系，具有支付汇票金额的可靠资金来源；银行承兑汇票的出票人，为在承兑银行开立存款账户的法人以及其他组织，与承兑银行具有真实的委托付款关系，资信状况良好，具有支付汇票金额的可靠资金来源。

商业汇票一律记名，可以背书转让，也可以贴现。商业汇票的付款期限，最长不得超过6个月。

商业汇票结算主要是为企业之间先发货后收款或双方约定延期付款的商品交易设立的。这种结算方式与托收承付方式相比，销货方收回货款更有保证。

图 2-15　银行承兑汇票

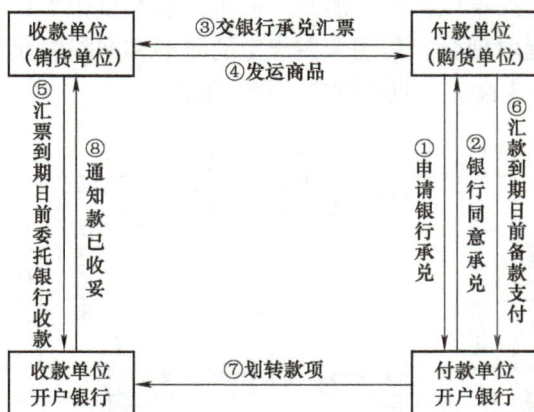

图 2-16　银行承兑汇票结算程序

七、委托收款

委托收款是收款人委托银行向付款人收取款项的结算方式，分为邮寄和电汇两种。委托收款凭证式样与托收承付结算凭证式样相同，如图2-6所示。

委托收款的结算方式由收款人向开户银行填写委托收款凭证，提供收款依据，经银行审查属实后受理。收款人开户行将委托收款凭证寄给付款人开户行，付款人开户行核实无误后通知付款人。付款人应于接到通知的当日书面通知银行付款。按照有关规定，付款人未在接到通知日的次日起3日内通知银行付款的，视同付款人同意付款，银行应于付款人接到通知日的次日起第4日上午开始营业时，将款项划给收款人。

委托收款和异地托收承付都是由收款单位主动收款的结算方式，区别在于委托收款结算更加灵活、简便。它不仅适用于异地而且也适用于同城结算，不但能够用于商品交易和劳务供应，同时也能够用于一切在银行或金融部门开立账户的单位各种款项的结算。委托收款结算无金额起点的限制，也不强调双方的经济合同，不以发运商品为托收的前提，结算中双方发生的争议，由双方自行处理，银行不负责审查拒付理由。具体程序如图2-17所示。

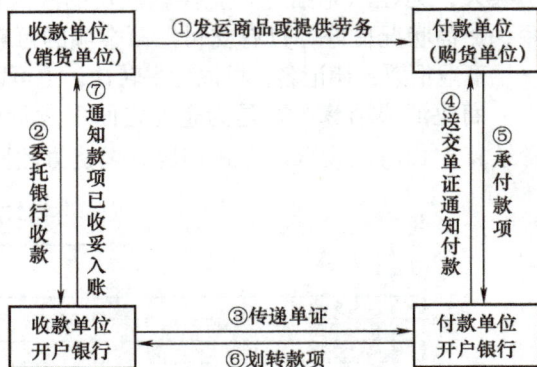

图 2-17　委托收款结算程序

八、银行信用卡

银行信用卡是指商业银行向个人和单位发行的，凭此向特约单位购物、消费和向银行存取现金，且具有消费信用的特制载体卡片。

银行信用卡按信誉等级分为金卡和普通卡；按使用对象分为单位卡和个人卡，其中单位卡账户的资金一律从其基本存款账户转账存入，不得交存现金，不得将销货收入的款项存入信用卡账户，同时单位卡一律不得支取现金；个人卡账户的资金以其持有的现金存入或以其工资类款项及属于个人的劳务报酬收入转账存入，严禁将单位的款项存入个人卡账户。

持卡人可持信用卡在特约单位购物、消费，但单位卡不得用于10万元以上的商品交易、劳务供应款项的结算，不得提取现金。信用卡在规定的限额和期限内允许善意透支，透支额金卡大于普通卡，透支期限最长为60天。具体程序如图2-18所示。

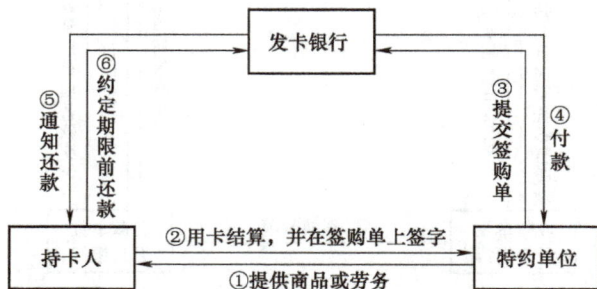

图 2-18　信用卡结算程序

任务实施

活动一　填制八种银行转账结算方式下涉及的银行票据及结算凭证

活动二　分析八种银行转账结算方式的业务流程

活动三　分析八种银行转账结算方式的异同点

课堂巩固

一、单选题

1. 商业汇票的付款期限最长不得超过（　　）。

　　A. 3个月　　　　　　B. 6个月　　　　　　C. 9个月　　　　　　D. 1年

2. （　　）是出票人、付款人（或承兑申请人）签发，由承兑人承兑，并于到期日向收款人或被背书人支付款项的票据。

　　A. 银行本票　　　　B. 银行汇票　　　　C. 支票　　　　　　D. 商业汇票

3. 信用卡存款应在（　　）科目核算。

　　A. "其他应收款"　　　　　　　　　　　B. "银行存款"

　　C. "其他货币资金"　　　　　　　　　　D. "短期投资"

4. 支票的提示付款期限自出票日起（　　），但中国人民银行另有规定的除外。

　　A. 3天　　　　　　B. 5天　　　　　　C. 10天　　　　　D. 15天

5. 现金支票可以用于（　　）。

　　A. 转账　　　　　　　　　　　　　　　B. 支取库存现金

　　C. 异地结算　　　　　　　　　　　　　D. 支取库存现金或转账

6. 存出投资款应在（　　）科目核算。

　　A. "其他应收款"　　　　　　　　　　　B. "银行存款"

　　C. "其他货币资金"　　　　　　　　　　D. "短期投资"

二、多选题

1. 下列各项中，不应通过"其他货币资金"账户核算的是（　　）。

　　A. 外埠存款　　　　B. 银行汇票存款　　　C. 备用金　　　　D. 银行本票存款

　　E. 短期债券投资

2. 企业以外埠存款10 000元，购买需要安装设备一台，会计分录由（　　）组成。

　　A. 借：固定资产10 000　　　　　　　B. 借：在建工程10 000

　　C. 贷：其他货币资金10 000　　　　　D. 贷：银行存款10 000

三、判断题

1. 我国会计业务中所说的现金仅指企业库存的人民币现金，不包括外币现金。（　　）

2. 任何情况下，企业一律不准坐支现金。（　　）

任务三　核算货币资金相关经济业务

任务描述

　　货币资金总分类核算和明细分类核算分别如何进行？对库存现金需要设置明细账吗？对其

他货币资金需要设置日记账吗？

并不是所有存放在企业内的现金都通过"库存现金"账户核算，那些存放于单位内部，供该部门日常周转用的备用现金，可能在其他应收款科目核算，对吗？

库存现金在没有责任人的盘盈处理时计入营业外收入；而在没有责任人的盘亏处理时却计入管理费用。两个科目明显不"对称"，这是为什么呢？

组长小明要带领大家重点解决上述问题，亲爱的同学们，你准备好了吗？

知识储备

一、库存现金的核算

（一）库存现金的总分类核算

为了核算库存现金的增减变动及其结存情况，企业应设置"库存现金"总账。该账户的借方登记库存现金的收入数，贷方登记库存现金的支出数，期末余额在借方，反映企业期末库存现金的实有数。

库存现金支付业务所涉及的原始凭证有借款单、工资结算汇总表、零售发票、领款收据、借据、差旅费报销单等。

例 2-1 卓立有限责任公司 2019 年 10 月 1 日发生如下现金收付业务：

① 购买印花税票 200 元，以现金支付。根据完税凭证，填制付款凭证。

借：税金及附加——印花税　　　　　　　　　　　　　　　　200
　　贷：库存现金　　　　　　　　　　　　　　　　　　　　　　200

② 王武报销餐饮费 800 元。根据餐饮发票，填制付款凭证。

借：管理费用——业务招待费　　　　　　　　　　　　　　　800
　　贷：库存现金　　　　　　　　　　　　　　　　　　　　　　800

③ 出售下脚料，收入现金 5 650 元，其中增值税 650 元。根据销售发票或收款收据，填制收款凭证。

借：库存现金　　　　　　　　　　　　　　　　　　　　　5 650
　　贷：其他业务收入　　　　　　　　　　　　　　　　　　　5 000
　　　　应交税费——应交增值税（销项税额）　　　　　　　　650

④ 向李敏发放困难补助 600 元，以现金支付。根据领款单，填制付款凭证。

借：应付职工薪酬——福利费　　　　　　　　　　　　　　　600
　　贷：库存现金　　　　　　　　　　　　　　　　　　　　　　600

⑤ 厂部购入打印纸 6 包，支付现金 180 元。根据发票，填制付款凭证。

借：管理费用——办公费　　　　　　　　　　　　　　　　　180
　　贷：库存现金　　　　　　　　　　　　　　　　　　　　　　180

⑥ 将销售下脚料收入的现金 5 800 元送存银行。根据现金缴款单回单，填制付款凭证。

借：银行存款　　　　　　　　　　　　　　　　　　　　　5 800
　　贷：库存现金　　　　　　　　　　　　　　　　　　　　　5 800

⑦ 李毅出差回来报销差旅费 540 元，交回剩余款 60 元。根据差旅费报销单，填制转账凭证。

借：管理费用——差旅费 540

　　贷：其他应收款——李毅 540

根据收据，填制收款凭证。

借：库存现金 60

　　贷：其他应收款——李毅 60

⑧ 以现金支付销售科定额备用金3 000元。根据借款单，填制付款凭证。

借：其他应收款——销售科 3 000

　　贷：库存现金 3 000

企业可以根据现金收、付款凭证和涉及现金的银行存款付款凭证直接登记"库存现金"总分类账；也可以根据定期汇总编制的汇总收、付款凭证或科目汇总表，定期登记"库存现金"总分类账，其格式如图2-19所示。

总分类账

账户名称：库存现金

2019年		凭证		摘要	借方	贷方	借或贷	金额
月	日	种类	号数					
9	30			本年累计	149 500	149 000	借	4 800
10	31	汇	1	10月1日至31日汇总过入	32 445	33 727	借	3 518
10	31			本年累计	181 945	182 727	借	3 518

图 2-19 库存现金总账

（二）库存现金的明细分类核算

企业应当按照人民币现金和外币现金的币种分别设置现金日记账，采用三栏式、订本式账页。现金日记账的收入栏和付出栏，根据审核无误的现金收、付款凭证和涉及现金的银行付款凭证，按照经济业务发生的先后顺序由出纳人员逐笔登记，要日清日结。根据业务资料登记"现金日记账"，如图2-20所示。

现金日记账

2019年		凭证		摘要	对方科目	收入	付出	结余
月	日	种类	号数					
9	30			本月合计		略	略	4 800
10	1	现付	1	购买印花税票	税金及附加		200	
	1	现付	2	王武报销饭费	管理费用		800	
	1	现收	1	出售下脚料	其他业务收入	5 800		
	1	现付	3	付李敏困难补助	应付职工薪酬		600	
	1	现付	4	厂部购买打印纸	管理费用		180	
	1	现付	5	销售款存入银行	银行存款		5 800	
	1	现收	2	收李毅差旅费剩余款	其他应收款	60		
	1	现付	6	支付备用金	其他应收款		3 000	
	1			本日合计		5 860	10 580	80

图 2-20 现金日记账

二、银行存款的核算

银行存款的总分类核算应设置"银行存款"账户，借方登记银行存款的增加数，贷方登记银行存款的减少数，期末余额在借方，反映银行存款的实际结存数；按开户银行、存款种类分别设置"银行存款日记账"，对银行存款进行明细分类核算，"银行存款日记账"应根据审核无误的银行存款收、付款凭证和涉及银行存款的现金付款凭证及所附的原始凭证逐日逐笔序时登记。

例 2-2 卓立有限责任公司购入原料甲一批，价款 20 000 元，增值税 2 600 元，合计 22 600 元，以银行存款支付，材料已验收入库。根据增值税专用发票、入库单、银行付款凭证，做会计分录如下：

借：原材料——原材料甲	20 000
应交税费——应交增值税（进项税额）	2 600
贷：银行存款	22 600

例 2-3 卓立有限责任公司以银行存款偿还财大有限公司货款 7 800 元。根据银行付款凭证，做会计分录如下：

借：应付账款——财大有限公司	7 800
贷：银行存款	7 800

例 2-4 销售给 B 公司办公桌 100 套，销售收入 100 000 元，增值税 13 000 元，款项已通过银行收妥。根据发票、银行收款凭证，做会计分录如下：

借：银行存款	113 000
贷：主营业务收入——办公桌	100 000
应交税费——应交增值税（销项税额）	13 000

例 2-5 将现金 3 500 元存入银行。根据现金缴款单回单，做会计分录如下：

借：银行存款	3 500
贷：库存现金	3 500

例 2-6 以银行存款支付电话费 1 800 元。根据电话费普通发票、转账支票存根，做会计分录如下：

借：管理费用——电话费	1 800
贷：银行存款	1 800

例 2-7 购入生产用设备 3 台，价款 50 000 元，增值税 6 500 元，安装费 1 000 元，（不考虑增值税）款项已付。根据增值税专用发票、设备验收单、安装费发票、银行付款凭证，做会计分录如下：

借：固定资产——生产设备	51 000
应交税费——应交增值税（进项税额）	6 500
贷：银行存款	57 500

三、其他货币资金核算

其他货币资金一般都有专门的用途和特定的存放地点，这部分存款也不能存放在企业的基本存款账户之中，因此在会计上必须进行单独核算与管理。有境外往来结算业务的企业，发生的国际信用证保证金存款，也属于其他货币资金的范围。

与库存现金和银行存款一样，其他货币资金也必须按照国家的《现金管理暂行条例》、《支付结算办法》及有关规定进行严格管理。

为了单独反映其他货币资金的收入、付出和结存情况，应设置"其他货币资金"账户进行核算。该账户为资产类账户，借方登记其他货币资金的增加数；贷方登记其他货币资金的减少数；期末余额在借方，反映其他货币资金的结存数。该账户应按其他货币资金的具体组成内容设置明细账，进行明细核算。

（一）外埠存款

外埠存款也称临时性采购专户存款，它是指企业到外地进行临时或零星采购时，汇往采购地银行开立采购专户的款项。企业欲将采购款项汇往采购地银行，需先填写"汇款委托书"并加盖"采购资金"字样；汇入银行对汇入的采购款项，以汇款单位名义开立采购账户。采购专户存款不计利息，除采购员差旅费可以支取少量现金外，一律办理转账。采购专户只付不收，采购结束后，专户存款余额汇还汇出单位，结清采购专户。

例 2-8 卓立有限责任公司到外地采购材料，在外地开立临时采购专户，委托本地开户银行将采购款 60 000 元汇往采购专户。根据银行汇款回单联，做会计分录如下：

借：其他货币资金——外埠存款		60 000
贷：银行存款		60 000

例 2-9 卓立有限责任公司收到采购人员交来的报销单据，其中材料发票列明材料货款 50 000 元，增值税 6 500 元，车票、住宿费单据 1 000 元，材料尚未运达企业。根据增值税专用发票、差旅费报销单，做会计分录如下：

借：在途物资	50 000
应交税费——应交增值税（进项税额）	6 500
管理费用——差旅费	1 000
贷：其他货币资金——外埠存款	57 500

例 2-10 卓立有限责任公司接当地开户银行通知，汇出的采购专户存款余额 2 500 元已经汇回，存入公司的银行存款账户。根据银行收账通知，做会计分录如下：

借：银行存款	2 500
贷：其他货币资金——外埠存款	2 500

（二）银行汇票存款

银行汇票存款是指企业为了取得银行汇票，按规定存入银行的款项。

例 2-11 卓立有限责任公司向开户银行申请办理银行汇票，公司开出汇票申请书并将款项 9 500 元交存银行取得银行汇票。根据银行盖章退回的银行汇票申请书存根，做会计分录如下：

借：其他货币资金——银行汇票存款	9 500
贷：银行存款	9 500

例 2-12 卓立有限责任公司用银行汇票办理采购货款的结算，其中货款 8 000 元，增值税 1 040 元，材料已验收入库。根据增值税专用发票、入库单、收到银行汇票的收据，做会计分录如下：

借：原材料	8 000
应交税费——应交增值税（进项税额）	1 040
贷：其他货币资金——银行汇票存款	9 040

例 2-13 结算完毕，卓立有限责任公司收到开户银行的收账通知，汇票余款 460 元已经汇还入账。根据银行多余款收账通知，做会计分录如下：

借：银行存款	460
贷：其他货币资金——银行汇票存款	460

例 2-14　若该汇票因超出付款期限未曾使用，卓立有限责任公司填制进账单，连同银行汇票送交银行，向开户银行申请并退回款项。根据银行盖章退回的进账单，做会计分录如下：

借：银行存款　　　　　　　　　　　　　　　　　　　　　　　　　9 500
　　贷：其他货币资金——银行汇票存款　　　　　　　　　　　　　　　　　9 500

例 2-15　卓立有限责任公司销售产品收到银行汇票 9 040 元（含增值税 1 040 元），填写进账单交存银行后，凭进账单回执和发票做会计分录如下：

借：银行存款　　　　　　　　　　　　　　　　　　　　　　　　　9 040
　　贷：主营业务收入　　　　　　　　　　　　　　　　　　　　　　　　8 000
　　　　应交税费——应交增值税（销项税额）　　　　　　　　　　　　　1 040

银行本票的账务处理与银行汇票基本一致，在此不另行举例。

（三）信用卡存款

信用卡存款是指企业为了取得信用卡而存入银行信用卡专户的款项。

例 2-16　卓立有限责任公司向银行申请领取信用卡，填写申请表并交存备用金 20 000 元，公司取得信用卡时，根据银行盖章退回的进账单回单和信用卡申请书，做会计分录如下：

借：其他货币资金——信用卡存款　　　　　　　　　　　　　　　20 000
　　贷：银行存款　　　　　　　　　　　　　　　　　　　　　　　　　20 000

例 2-17　卓立有限责任公司收到银行转来的发票账单——招待费 680 元。根据银行转来的有关凭证和所附普通发票，做会计分录如下：

借：管理费用——业务招待费　　　　　　　　　　　　　　　　　　680
　　贷：其他货币资金——信用卡存款　　　　　　　　　　　　　　　　　680

例 2-18　卓立有限责任公司不再使用信用卡结算，办理销户手续，信用卡存款余额 5 600 元转回基本存款账户。根据银行收款凭证，做会计分录如下：

借：银行存款　　　　　　　　　　　　　　　　　　　　　　　　5 600
　　贷：其他货币资金——信用卡存款　　　　　　　　　　　　　　　　　5 600

四、货币资金的清查

（一）库存现金的清查

为了保证账实相符，防止现金出现差错、丢失、贪污等情况，各单位应经常对库存现金进行核对清查。库存现金的清查包括出纳每日的清点核对和清查小组定期或不定期的清查，重点应放在清查账款是否相符，有无白条抵库、私借公款、挪用公款、账外资金等违纪违法行为。

现金清查的基本方法是实地盘点库存现金的实存数，再与现金日记账的余额进行核对，看是否相符。如果是清查小组对现金进行清点，一般都采用突击盘点，不预先通知出纳。盘点时间最好在一天业务没有开始之时或一天业务结束后，由出纳将截止到清查时现金收付款项全部登记入账，并结出账面余额，这样可以避免干扰正常的业务。清查时，出纳应在场提供情况，积极配合；清查后，应由清查人员填制"现金盘点报告表"，列明现金账存、实存和差异的金额及原因，由清查人员和出纳员共同签章后及时上报有关负责人。

现金清查中，如果发现账实不符，应立即查找原因，及时更正，不得以今日长款弥补他日短款。

企业对清查过程中出现的现金长款或短款，在查明原因前，通过"待处理财产损溢"账户核算，待查明原因后，再按实际情况处理。

例 2-19 卓立有限责任公司在现金清查中发现现金短缺 120 元。根据现金盘点报告表，做会计分录如下：

　　借：待处理财产损溢——待处理流动资产损溢　　　　　　　　　　　　　120
　　　　贷：库存现金　　　　　　　　　　　　　　　　　　　　　　　　　　120

若查明原因，短缺现金因出纳员责任造成，由其负责赔偿。根据领导批准的现金盘点报告表，做会计分录如下：

　　借：其他应收款——×× 出纳　　　　　　　　　　　　　　　　　　　　120
　　　　贷：待处理财产损溢——待处理流动资产损溢　　　　　　　　　　　　120

若上述短缺现金原因不明，根据领导批准的现金盘点报告表，做会计分录如下：

　　借：管理费用——现金短缺　　　　　　　　　　　　　　　　　　　　　120
　　　　贷：待处理财产损溢——待处理流动资产损溢　　　　　　　　　　　　120

例 2-20 卓立有限责任公司在现金清查中发现现金溢余 500 元。根据现金盘点报告表，做会计分录如下：

　　借：库存现金　　　　　　　　　　　　　　　　　　　　　　　　　　　500
　　　　贷：待处理财产损溢——待处理流动资产损溢　　　　　　　　　　　　500

若查明原因，属于应当支付给有关单位或个人的现金，根据领导批准的现金盘点报告表和有关证明，做会计分录如下：

　　借：待处理财产损溢——待处理流动资产损溢　　　　　　　　　　　　　500
　　　　贷：其他应付款——×× 单位（个人）　　　　　　　　　　　　　　500

若上述现金溢余无法查明原因，经批准后，根据领导批准的现金盘点报告表，做会计分录如下：

　　借：待处理财产损溢——待处理流动资产损溢　　　　　　　　　　　　　500
　　　　贷：营业外收入——现金溢余　　　　　　　　　　　　　　　　　　500

✍小提示

依规办事，紧绷守法之弦

　　对库存现金的清查中，除了核对账实是否相符外，还要检查有无超过库存现金限额、白条抵库、坐支现金等违反现金管理制度的现象。

　　作为出纳人员，我们在管理现金时一定要按照国家现金管理制度进行现金的日常保管。这不仅关系企业的会计核算，同时，也是国家对企业现金状况的一个监督。所以出纳员需要掌握现金的具体管理要求，并且严格按照现金管理制度执行。否则，不仅在公司财产清查时会出现错误，甚至还会涉及违法行为。因此，对于准会计从业人员的同学们来说，在今后的工作中一定要按照具体的规章制度进行现金及其他财务的管理，筑牢法律意识，杜绝贪赃枉法行为的发生。

（二）银行存款的清查

　　银行存款的清查一般在月末采取存款单位与其开户银行核对账目的方法进行。在核对双方账目前，存款单位应事先检查银行存款账户记录是否完整正确，逐一核对银行存款的收款凭证和付款凭证是否全部入账，以保证账证相符；结出银行存款日记账余额，与银行存款总账核对，做到账账相符。在收到银行送来的对账单后，应将银行存款账户上的每笔业务与银行送来的对账单逐笔勾对。当发现双方账面余额不一致时，如果是双方账簿记录发生错记漏记，应及时查清更正；如果是由于双方凭证传递时间上的差异，而发生未达账项所致，则应编制"银行存款余额调节表"进行调整。

例 2-21 卓立有限责任公司 2019 年 12 月 31 日银行存款日记账面余额 183 600 元，开户银行送来的对账单所列示的余额为 193 200 元，经逐笔核对，发现未达账项。

（1）12 月 29 日，公司收到达成贸易公司转账支票 6 000 元，根据支票填写进账单已送银行，根据进账单已记入公司银行存款账，但银行尚未记账。

（2）12 月 30 日，公司开出现金支票支付职工王成差旅费，计 2 400 元，公司已记账，持票人尚未到银行取款，故银行尚未记账。

（3）12 月 30 日，银行收到公司委托代收爱华公司销货款 15 000 元，已收存银行，公司因未收到收款通知而未入账。

（4）12 月 31 日，银行计算公司应付银行借款利息 1 800 元，银行已划账，公司因未收到付款通知而未入账。

编制"银行存款余额调节表"见表2-1。

表 2-1 银行存款余额调节表
2019年12月31日 （单位：元）

项目	金额	项目	金额
银行存款日记账余额	183 600	银行对账单余额	193 200
加：银行已收企业未收	15 000	加：企业已收银行未收	6 000
减：银行已付企业未付	1 800	减：企业已付银行未付	2 400
调节后存款余额	196 800	调节后存款余额	196 800

调整后的银行存款余额，只能说明存款单位可以动用银行存款实有数，不能作为调整账户的依据。对于银行已经入账，存款单位尚未入账的未达账项，应该在收到有关凭证后，再进行账务处理。

经调节后，如果余额仍不相符，则是企业或银行记账错漏，应查明原因，进行错账更正。

任务实施

活动一　进行库存现金业务核算

活动二　进行银行存款业务核算

活动三　进行其他货币资金业务核算

活动四　进行货币资金的清查核算，分析银行存款余额调节表及其作用

知识拓展

所谓未达账项，是指由于收、付款的结算凭证在传递、接收时间上不一致而导致的一方已经入账，另一方没有接到凭证尚未入账的收付款项。它一般有以下四种情况：

（1）企业已经收款入账，银行还未入账的款项。

（2）企业已经开出支票或其他支款凭证，登记减少银行存款，银行尚未办理转账或支付手续，尚未记账。

（3）企业委托银行代收的款项或银行支付给企业的存款利息，银行已贷记企业存款户，企业尚未收到收账通知，还未入账。

（4）银行代付的款项，银行付款后已借记企业存款户，企业尚未收到银行的转账通知，还未销账。

第一种和第四种情况，会使得企业账面的存款余额大于银行对账单的存款余额；第二种和第三种情况，会使企业账面的存款余额小于银行对账单的存款余额。存款单位银行存款日记账、银行对账单余额和未达账项的关系是

企业银行存款日记账余额＋银行已收而企业未收的款项－银行已付而企业未付的款项＝银行对账单余额＋企业已收而银行未收的款项－企业已付而银行未付的款项

课堂巩固

业务分析题

卓立有限责任公司发生以下现金收付业务，请根据资料编制会计分录。

1. 11月2日，销售办公椅，取得销售收入18 000元，增值税2 340元，共计20 340元，收到转账支票存入银行。

2. 11月6日，支付管理部门房屋租金600元。

3. 11月15日，企业申请办理银行汇票，将银行存款66 000元转为银行汇票存款。

4. 11月16日，生产车间领用备用金1 000元（采用定额管理）。

5. 11月17日，采用银行汇票结算方式购进白杨木，价款45 000元，增值税5 850元，共计50 850元，材料验收入库。

6. 11月18日，购进红松木价款20 000元，增值税2 600元，共计22 600元，以转账支票支付。

7. 11月21日，开出转账支票支付产品广告费2 500元。

8. 11月25日，张逸预借现金500元买办公用品，实际用480元，剩余20元退回。

9. 11月28日，在现金清查过程中，发现长款180元，其原因待查。

10. 11月30日，在现金清查中，发现短款50元，无法查明具体原因。

11. 11月31日，现金清查过程中的长款，经领导批准，转作营业外收入。经核查，以上短款由出纳人员责任造成，应由其赔偿。

Project 3

项目三

核算应收及预付款项

知识目标

1. 掌握应收账款基本核算及备抵法下坏账的核算;
2. 掌握不带息应收票据的基本核算;
3. 掌握预付账款的基本核算;
4. 掌握其他应收款的基本核算。

技能目标

1. 能熟练办理往来款项的各项工作;
2. 能正确规范地进行应收及预付款项的账务处理。

素养目标

1. 培养学生诚实守信的优良道德品质;
2. 关注信用危机,提高风险意识。

项目导航

应收及预付款项,是指企业在日常生产经营过程中形成的各种债权,包括应收款项和预付款项。企业的应收款项包括应收账款、应收票据、应收利息、应收股利和其他应收款等;而预付款项则是指企业按照采购合同约定预付的款项,例如预付账款。

任务一　核算应收账款

任务描述

企业在日常经营活动中，由于销售商品或提供劳务，应向购货单位或接受劳务单位收取各种应收账款，那么应收账款的入账价值包括哪些内容？若企业提供了商业折扣或者现金折扣，那么应收账款的入账价值又该如何计算呢？

现有以下观点：

观点1：应收账款仅仅指应收的商品款。

观点2：代购货方垫付的运输费，也应该是应收账款的组成部分。

观点3：只要是企业给予对方的折扣，不管是商业折扣还是现金折扣，都构成应收账款的入账价值。

亲爱的同学们，以上观点是否正确？你怎么看？

知识储备

应收账款是指企业在正常经营活动中，由于销售商品或提供劳务，应向购货单位或接受劳务单位收取的款项。

一、应收账款的入账价值

应收账款的入账价值指应记入"应收账款"账户的金额，主要包括企业销售商品或提供劳务应向债务人收取的价款、增值税销项税额、代购货单位垫付的包装费、运杂费等款项。同时，计价时还需要考虑在销售过程中涉及的商业折扣和现金折扣等因素。

1. 商业折扣

商业折扣是指根据市场供需情况或针对不同的客户，在进行交易时，为鼓励客户大量购买而在商品价目单中所列售价的基础上扣减一定的数额，实际上是对商品报价进行的折扣，通常用百分数表示，如10%、20%、30%等，扣减后的净额才是实际销售价格，即发票上的价款。存在商业折扣的情况下，销售方应收账款的入账金额，应按扣除商业折扣后的实际成交价格确认。

2. 现金折扣

现金折扣是指企业为了鼓励客户在一定期限内及早付款，及时回笼资金，而给出的一种折扣优惠。双方一般在合同中以"折扣/付款期限"表示，例如：2/10（表示在10天内付款给予价款2%的折扣）、1/20（表示在11至20天内付款给予价款1%的折扣）、n/30（表示在21至30天内付款没有折扣，需全额付款）等。

现金折扣发生在企业销售商品之后，企业在确认商品销售收入时不能确定现金折扣是否发生以及发生多少，因此，应该按照扣除现金折扣前的金额确认销售收入，同时作为应收账款的入账价值。而现金折扣作为理财费用在实际发生时计入当期财务费用。

二、应收账款的日常核算

（一）账户的设置

为了核算企业应收账款的情况，企业应设置"应收账款"账户。该账户是资产类账户，借方登记因销售而应向购货方收取的款项，贷方登记应收账款的收回、确认的坏账损失及转作商业汇票的数额，期末余额一般在借方，反映企业尚未收回的应收账款；有时，期末余额也可能出现在贷方，反映企业预收的账款。该账户按客户名称设置三栏式明细账。预收业务不多的企业，不单独设置"预收账款"账户的企业，发生的预收账款业务在"应收账款"账户核算。

（二）应收账款核算涉及的原始凭证

根据"应收账款"账户借贷方记录的内容，在核算的过程中涉及的原始凭证可能有增值税专用发票、运费发票和委托收款、托收承付、进账单等相关银行结算凭证。

（三）应收账款的核算

1. 应收账款的一般核算

不存在商业折扣和现金折扣的情况下，应收账款按应收取的实际发生额全额入账。

例3-1 2019年6月8日，卓立有限责任公司向A公司销售西服90套，增值税专用发票上的单价为100元/套，增值税税率13%，产品已经发出，已办妥托收手续。增值税专用发票和托收凭证略。

借：应收账款——A公司		10 170
贷：主营业务收入		9 000
应交税费——应交增值税（销项税额）		1 170

例3-2 2019年7月9日，收到进账单，系A公司结清所欠货款10 170元。

借：银行存款		10 170
贷：应收账款——A公司		10 170

例3-3 2019年7月10日，卓立有限责任公司向Y公司销售商品一批，增值税专用发票上的价款为10万元，增值税1.3万元，开出转账支票代垫包装费2 000元，所有货款尚未收到。

借：应收账款——Y公司		115 000
贷：主营业务收入		100 000
应交税费——应交增值税（销项税额）		13 000
银行存款		2 000

2. 存在商业折扣的核算

存在商业折扣的情况下，销售方应收账款的入账金额，应按扣除商业折扣后的实际成交价格确认。

例3-4 2019年6月，按照新的销售政策，客户一次性购买100套（含100套）以上西服，每套给予客户10%的商业折扣（原每套单价为100元）。若A公司2019年6月8日购买该产品150套。

A公司可以享受的商业折扣为100×10%×150=1 500（元）

增值税专用发票上的价款=100×150−1 500=13 500（元）

借：应收账款——A公司		15 255
贷：主营业务收入		13 500
应交税费——应交增值税（销项税额）		1 755

3. 存在现金折扣的核算

现金折扣实际上是企业为了尽快回笼资金而发生的理财费用，应在实际发生时作为财务费用计入当期损益。我国企业会计准则并未明确规定计算折扣时增值税的处理。会计实务中，是按包含增值税的价款提供现金折扣，还是按不包含增值税的价款提供现金折扣，由交易双方约定，此处的约定不影响销售时开票信息，也不会影响增值税税款的征缴。

（1）以商品销售价款作为计算现金折扣的依据，增值税不折扣。

例3-5 某企业销售商品一批，增值税专用发票上注明销售价款为 20 000 元，增值税 2 600 元。合同约定条件为 3/10，n/30。

① 企业赊销商品，分录如下：

借：应收账款	22 600
贷：主营业务收入	20 000
应交税费——应交增值税（销项税额）	2 600

② 若客户在10天内付款，则应享受现金折扣600元（20 000×3%），即销货方记入财务费用金额为600元。

借：银行存款	22 000
财务费用	600
贷：应收账款	22 600

（2）以商品销售价款和增值税的合计数作为计算现金折扣的依据，增值税考虑折扣。

上例中若客户在10天内偿付货款，应享受现金折扣678元[（20 000+2 600）×3%]，即销货方记入财务费用金额为678元。

企业赊销商品时账务处理同上。折扣期内收款时，分录如下：

借：银行存款	21 922
财务费用	678
贷：应收账款	22 600

例3-6 接**例3-1**，为鼓励客户及时支付货款，卓立有限责任公司给予客户 2/10，1/20，n/30 的现金折扣。A 公司于 2019 年 6 月 16 日以银行存款支付货款。假定计算现金折扣时不考虑增值税。

① 企业发生赊销业务时，按未扣减现金折扣的销售额作为实际售价入账。

借：应收账款——A 公司	10 170
贷：主营业务收入	9 000
应交税费——应交增值税（销项税额）	1 170

② 折扣期内收款给予对方现金折扣

由于 A 公司在 6 月 16 日付款，可以享受 2% 的折扣。

现金折扣的金额 =9 000×2%=180（元）

实际收到的款项 =9 000+1 170−180=9 990（元）

借：银行存款	9 990
财务费用	180
贷：应收账款——A 公司	10 170

若 A 公司的付款期为 10～20 天，则享受折扣 9 000×1%=90（元）。

借：银行存款	10 080
财务费用	90
贷：应收账款——A 公司	10 170

若A公司的付款期在20天以后，那么应全额付款。

借：银行存款　　　　　　　　　　　　　　　　　　　　　　　10 170

　　贷：应收账款——A公司　　　　　　　　　　　　　　　　　　10 170

任务实施

活动一　分析并描述应收账款的业务核算流程图

活动二　讨论身边企业的应收账款的使用情况，准确区分商业折扣与现金折扣

活动三　描述商业折扣和现金折扣的核算过程及业务处理方式

知识拓展

赊销在一定程度上能扩大企业的销售范围，增加企业的销售额，但是无限制的赊销却会增加企业的应收账款，从而可能导致企业的血液—— 流动资金出现问题，放大企业的经营风险，那样的话，企业的存亡将会面临考验。

课堂巩固

业务分析题

1. 2019年8月8日，卓立有限责任公司销售2 000件产品给甲企业，单价为100元。有关折扣条件为，商业折扣10%；现金折扣2/10，1/20，n/30。假定现在计算现金折扣时不考虑增值税税额的问题。（增值税税率为13%）。

2. 2019年10月1日，卓立有限责任公司搞了一次大型促销活动，活动内容为，一次性购买100件以上产品者，可享受10%的商业折扣；购买200件以上者，可享受15%的商业折扣。在本次活动中，A公司购买了150件，B公司购买了260件，C公司购买了90件，当天产品售价为100元/件，均开具了增值税专用发票，增值税税率为13%。请问：以上三个公司能享受到本次活动的商业折扣吗？折扣额分别是多少？应收账款的入账价值分别是多少？

3. 为了尽早收回货款，卓立有限责任公司给予客户开出现金折扣条件（3/10、2/20、n/30）。A公司于10月8日付款，B公司于11月15日付款，C公司于12月8日付款。请问：以上三个公司分别能享受多少的现金折扣？不同时间付款时应收账款的入账价值相同吗？

要求：根据以上经济业务，分别编制该公司在10天内收到款项；11至20天内收到款项；20天后收到款项时的会计分录。

任务二　核算应收账款的减值

任务描述

企业的各种应收款项，会由于各种原因而可能无法收回，形成坏账，那么企业如何进行坏账有关的核算呢？同学们有以下观点：

观点1：应收账款收不回来，就是企业的损失，应该计入营业外支出。

观点2：应收账款有减值迹象时，应该计提有关的减值准备。

观点3：计提减值准备的应收账款又收回来了，属于企业的营业外收入。

以上观点是否正确？亲爱的同学们，你怎么看？

知识储备

企业的各种应收款项，可能会因债务人破产、倒闭、死亡、拒付等原因而无法收回。这些无法收回的应收款项，称为坏账，由于发生坏账而产生的损失，称为坏账损失。

一、应收账款减值的确认

按照现行会计制度规定，企业应当至少在每年年度终了时，对应收账款的账面价值进行减值测试，有客观证据表明应收账款发生减值的，应当根据其未来现金流量现值低于账面价值的差额，确认减值损失，计提坏账准备。

应收账款确认减值损失后，如有客观证据表明该应收账款价值已恢复，且客观上与确认该损失后发生的事项有关（如债务人的信用评级已提高等），原确认的减值损失应当予以转回。

二、账户的设置

为了核算企业应收账款的减值情况，客观地分析企业期末应收账款的情况，应设置"坏账准备"账户和"信用减值损失"账户。

"坏账准备"账户属资产类账户，该账户用来核算应收账款减值的情况，它是"应收账款"的备抵调整账户。借方登记转回多提的坏账准备和收回已转销的坏账，贷方登记计提（或补提）的坏账准备和确认的坏账损失。企业按期提取的坏账准备，年末余额在贷方，反映企业已经提取的坏账准备。

"信用减值损失"账户属于损益类账户，该账户用来核算企业由于信用减值所形成的损失，可按减值损失的项目进行明细核算。借方登记企业信用资产发生的减值金额，贷方登记企业已计提减值的资产价值又得以恢复的增加金额。期末，应将本账户余额转入"本年利润"账户，结转后本账户无余额。

三、应收账款减值的处理方法

应收账款减值的处理有两种方法：直接转销法和备抵法。我国企业会计准则规定采用备抵法确定应收款项的减值。

1. 直接转销法

直接转销法是指日常核算中对应收款项可能发生的坏账损失不予考虑，只有在实际发生坏账时，直接作为损失计入当期损益，同时冲销应收账款，即借记"信用减值损失"账户，贷记"应收账款"账户。直接转销法账务处理简单易操作，缺点是不符合权责发生制原则，只有在坏账实际发生时，才将其确认计入当期损益，导致各期的损益不实。另外在资产负债表上，应收账款项目不能准确地体现期末的财务状况。所以我国的会计准则不允许采用直接转销法。

2. 备抵法

备抵法是采用恰当的方法按期估计坏账损失，计入当期损益，同时确认坏账准备；待坏账实际发生时，冲销已提的坏账准备和相应的应收账款。在备抵法下，坏账准备的计提方法通常有四种，即余额百分比法、账龄分析法、销货百分比法和个别认定法。具体采用哪种方法，企业可以自行确定，但一经确定不得随意变更。

（1）余额百分比法是按照期末应收账款余额的一定百分比估计坏账损失的方法。坏账百分比由企业根据以往的资料或经验自行确定。

（2）账龄分析法是根据应收账款账龄的长短来估计坏账损失的方法。通常而言，应收账款的账龄越长，发生坏账的可能性越大。为此，将企业的应收账款按账龄长短进行分组，分别确定不同的计提百分比来估算坏账损失，使坏账损失的计算结果更符合客观情况。

（3）销货百分比法是根据赊销金额的一定百分比来估计坏账的方法。企业可以根据过去的经验和有关资料，估计坏账损失与赊销金额之间的百分比。

（4）个别认定法是根据每一项应收账款的具体情况来估计坏账损失的方法。

3. 备抵法下应收账款减值的核算

下面以余额百分比法为例来说明备抵法下应收账款减值的核算。

在余额百分比下，企业应在每个会计期末根据本期末应收账款的余额和相应的坏账率计算出期末应计提的坏账准备金。计算过程一般分两步：第一，根据期末应收账款余额和估计的计提比例计算出坏账准备账户期末贷方余额；第二，以其为基数减去坏账准备账户贷方原有余额（或加坏账准备账户借方原有余额）即为坏账准备账户当期实际应计提的坏账准备（即本期发生额）。用公式表示为

$$当期应计提的坏账准备 = \frac{当期按应收账款的余额}{计算的坏账准备的金额} - "坏账准备"账户贷方余额$$

当"坏账准备"账户余额为借方时，上述公式中的"－"改为"＋"，即

$$当期应计提的坏账准备 = \frac{当期按应收账款的余额}{计算的坏账准备的金额} + "坏账准备"账户借方余额$$

计算结果为正数表示需要计提（补提）的坏账准备；计算结果为负数则表示需要冲销的坏账准备。要准确运用这个公式，需要明确公式中的两个"余额"：应收账款的余额和坏账准备的余额。

例3-7 卓立有限责任公司2016年年末应收账款余额为800 000元，企业估计坏账准备的提取比例为应收账款余额的0.4%；2017年发生坏账4 000元，该年末应收账款余额为980 000元。2018年发生坏账损失3 000元，上年冲销的账款中有2 000元本年度又收回并已存入银行。该年末应收账款余额为600 000元。假设该企业从2016年开始计提坏账准备。则各年账务处理如下：

① 2016年年末首次计提坏账准备：

坏账准备的余额=0

应收账款的余额=800 000

2016年应提坏账准备 =800 000×0.4%－0=3 200（元）

借：信用减值损失——计提坏账准备 3 200

　　贷：坏账准备 3 200

② 2017年发生坏账损失：

借：坏账准备 4 000

　　贷：应收账款 4 000

③ 2017 年年末计提坏账准备：

2017 年年末计提坏账准备前"坏账准备账户的余额"=4 000–3 200=800（元）（借方）

应收账款的余额=980 000

2017 年应计提的坏账准备 =980 000×0.4%+800=4 720（元）

借：信用减值损失——计提坏账准备　　　　　　　　　　　　　4 720

　　贷：坏账准备　　　　　　　　　　　　　　　　　　　　　　　4 720

④ 2018 年发生坏账损失：

借：坏账准备　　　　　　　　　　　　　　　　　　　　　　　3 000

　　贷：应收账款　　　　　　　　　　　　　　　　　　　　　　　3 000

⑤ 2018 年收回已冲销的应收账款：

借：应收账款　　　　　　　　　　　　　　　　　　　　　　　2 000

　　贷：坏账准备　　　　　　　　　　　　　　　　　　　　　　　2 000

借：银行存款　　　　　　　　　　　　　　　　　　　　　　　2 000

　　贷：应收账款　　　　　　　　　　　　　　　　　　　　　　　2 000

⑥ 2018 年末计提坏账准备：

2018 年年末计提坏账前坏账准备的余额 =–800+4 720–3 000+2 000=2 920（元）（贷方）。

"应收账款的余额"=600 000

2018 年应计提的坏账准备　600 000×0.4%–2 920=–520（元），即 2018 年应提坏账准备 –520 元。

借：坏账准备　　　　　　　　　　　　　　　　　　　　　　　520

　　贷：信用减值损失——计提坏账准备　　　　　　　　　　　　　520

任务实施

活动一　讨论坏账的处理方法及现行制度对方法使用的规定

活动二　计算坏账准备的计提金额

活动三　分析"坏账准备"账户的性质、结构及适用的质量要求

活动四　绘出坏账准备有关的业务核算流程图，包括计提坏账、冲回坏账、确认坏账、确认坏账后又收回

知识拓展

确认为坏账的应收账款，并不意味企业放弃了其追索权，一旦重新收回，应及时入账。

课堂巩固

业务分析题

1. 某企业从2015年开始采用余额百分比法计提坏账准备，提取坏账准备的比例为0.5%，这一年年末应收账款余额为500 000元。2016年和2017年年末应收账款的余额分别为1 250 000元和1 100 000元，这两年均未发生坏账损失。2018年7月，确认一笔坏账，金额为3 000元。2018年12月，上述已核销的坏账又收回2 500元。2018年年末应收账款余额为1 000 000元。

要求：根据上述材料编制相应的会计分录。

2. 某企业从2017年开始采用余额百分比法计提坏账准备，提取坏账准备的比例为1%，

2017年和2018年年末应收账款余额分别为7 000 000元和7 200 000元。2018年有一笔应收账款30 000元确实无法收回，本应确认坏账损失，但是会计人员填写的记账凭证为：

借：营业外支出   30 000

    贷：应收账款   30 000

并据此登记了账簿。

要求：分析该单位会计人员的确认坏账处理是否正确。如不正确，请描述错账更正的过程，并写出2018年年末计提（或冲回）坏账的分录。

任务三　核算应收票据

任务描述

企业的经济业务什么时候需要用到"应收票据"账户？应收票据的金额是如何确定的？与应收票据贴现有关的核算是怎样的？关于应收票据，同学们有以下的观点：

观点1：应收票据就是企业的结算票据，例如银行汇票、银行本票、转账支票等。

观点2：通过应收票据核算仅仅是商业汇票，而不包括银行汇票、银行本票、转账支票等。

亲爱的同学们，以上观点哪种正确？应收票据是如何核算的？

知识储备

应收票据是指企业因销售商品、提供劳务而收到的尚未到期的商业汇票。商业汇票按承兑人的不同分为商业承兑汇票和银行承兑汇票；按是否计息分为不带息商业汇票和带息商业汇票。

一、账户的设置

为了核算应收票据的取得及票款收回等情况，企业应设置"应收票据"账户。该账户属于资产类账户，借方登记企业收到已承兑的商业汇票的面值。贷方登记到期收回的票款或到期前向银行贴现的应收票据的票面余额。期末余额在借方，反映企业持有的商业汇票的票面金额。该账户一般按往来单位进行明细核算，并设置"应收票据备查簿"，逐笔登记商业汇票的种类、号数和出票日、票面金额、付款人、承兑人等信息。商业汇票到期结清票款或退票后，应当在备查簿中予以注销。

二、应收票据的核算

在我国现行制度规定下，企业收到商业汇票，无论是否带息，都按应收票据的票面金额入账。在日常业务中，企业因为销售商品或提供劳务而收到的尚未到期的应收票据借记"应收票据"账户；到期日，收款人收到票款或者到期付款人无力支付款项，贷记"应收票据"账户。

例3-8 2019年6月15日，卓立有限责任公司向B公司销售一批产品，开出增值税专用发票，价款50 000元，增值税6 500元。收到B公司开出的3个月期商业承兑汇票一张。

卓立有限责任公司收到商业承兑汇票，分录如下：

借：应收票据——B公司 56 500

　　贷：主营业务收入 50 000

　　　　应交税费——应交增值税（销项税额） 6 500

例3-9 接**例3-8**，2019年9月15日，到期收回票款

借：银行存款 56 500

　　贷：应收票据——B公司 56 500

例3-10 接**例3-8**，若B公司到期无力支付票款，则卓立有限责任公司

借：应收账款——B公司 56 500

　　贷：应收票据——B公司 56 500

例3-11 2019年6月16日，卓立有限责任公司收到A公司开出的一张商业承兑汇票抵付前欠货款10 440元。

借：应收票据——A公司 10 440

　　贷：应收账款——A公司 10 440

三、应收票据的贴现

对于急需资金的收款方也可在票据到期前将票据进行贴现。应收票据的贴现是指企业将持有的未到期的商业汇票背书后转让给银行，从而获得票据到期值扣除贴现利息后的金额。票据贴现实质上是持票企业融通资金的一种形式。在贴现中，企业付给银行的利息称为贴现利息，银行计算贴现利息的利率称为贴现率，用公式表示为：

$$贴现利息=票据到期值×贴现率×贴现期$$

$$贴现所得=票据到期值-贴现利息$$

贴现期是指贴现日至票据到期日的天数，在实际计算中可以按月计算，也可以按日计算（贴现日至汇票到期前一日，即算头不算尾）。例如，4月1日将6月1日到期的票据到银行办理贴现，按月算，贴现期为2个月。又如，4月1日企业将5月15日到期的票据拿到银行办理贴现，则贴现期为44天，即4月份30天，加上5月份票据到期日的前一日14天，共44天。

对于票据贴现，企业通常按实际收到的金额，借记"银行存款"账户，支付的贴现息，作为融资费用，借记"财务费用"账户，按应收票据的票面金额贷记"应收票据"账户。

例3-12 接**例3-8**，卓立有限责任公司因急需资金，于7月12日，将持有的商业承兑汇票到银行贴现，年贴现率为8%（为计算方便，1年按360天计算）。而票据到期日为9月15日，贴现期按日计算为65天。

贴现利息 =56 500×8%÷360×65=816.11（元）

贴现所得 =56 500-816.11=55 683.89（元）

账务处理如下：

借：银行存款 55 683.89

　　财务费用 816.11

　　贷：应收票据——B企业 56 500

任务实施

活动一　调查一下身边企业的商业票据使用情况，描述应收票据的业务核算流程

活动二　讨论对应收票据业务的账务处理

知识拓展

1. 应收票据与应收账款相比，两者作为企业的债权，都是为了扩大销售、增加盈利而做出的一种商业信用投资。不同之处在于，应收票据有付款人承兑的书面付款承诺，具有较强的法律效力，是延期收款的证明，而应收账款只是未结清的债权。

2. 银行承兑汇票到期时，承兑银行具有见票即付的义务，在正常的提示付款期内不存在到期拒付的情况。所以在实际业务中，和商业承兑汇票相比，企业更愿意接受银行承兑汇票。

3. 应收票据的转让

实务中，企业可以将自己持有的商业汇票背书转让。背书是指在票据背面或者粘单上记载有关事项并签章的票据行为。背书转让的，背书人应当承担票据责任。企业将持有的商业汇票背书转让以取得所需物资时，按应计入取得物资成本的金额，借记"材料采购"或"原材料""库存商品"等账户，按增值锐专用发票上注明的可抵扣的增值税税额，借记"应交税费——应交增值税（进项税额）"账户，按商业汇票的面值，贷记"应收票据"账户，如有差额，借记或贷记"银行存款"等账户。

假定卓立有限责任公司将面值1 695 000元的应收票据背书转让，以取得生产经营所需的A原材料，该材料价款为1 500 000元，适用增值税税率为13%。卓立有限责任公司应作如下会计处理：

```
借：原材料                                          1 500 000
    应交税费——应交增值税（进项税额）                   195 000
  贷：应收票据                                          1 695 000
```

课堂巩固

业务分析题

1. 卓立有限责任公司7月1日销售商品，价款50 000元，增值税销项税额6 500元，并于当日收到期限为3个月的不带息商业承兑汇票一张。10月1日票据到期，购货方无力付款。

2. 卓立有限责任公司5月20日向B公司销售一批商品，开具的增值税专用发票注明价款20 000元，增值税销项税额2 600元。B公司开出为期6个月的银行承兑汇票抵付货款。11月20日票据到期，卓立有限责任公司收到货款。

要求：根据上述材料编制相应的会计分录。

任务四　核算预付账款

任务描述

关于预付账款，同学们正围在一起讨论：

观点1：预付账款和应付账款一样，都是企业的负债。

观点2：预付账款属于企业资产，是企业的一项债权。

观点3：所有的企业都必须设置预付账款账户进行核算。

观点4：对于预付账款业务不多的企业，可以不单独设置"预付账款"账户。

以上观点正确吗？亲爱的同学们，你怎么看？

知识储备

预付账款是指企业按照购货合同的规定预付给供货单位的款项，是企业的一项债权。

一、账户的设置

为了核算预付账款增减变动及其结存情况，企业应设置"预付账款"账户。该账户借方登记企业预付的款项及补付的款项；贷方登记企业收到所购货物时，按发票账单金额冲销的款项和退回多付的款项金额；余额在借方，表示企业实际预付的款项；余额在贷方，则表示企业应付或应补付的款项。该账户应按供应单位设置明细账。对于预付账款业务不多的企业，可以不单独设置"预付账款"账户，而将预付的款项通过"应付账款"账户核算。

二、预付账款的核算

根据购销合同向供货单位预付货款时，按照实际支付的金额借记"预付账款"账户；企业收到所购货物时，根据发票账单所列示的价款、税额等款项，贷记"预付账款"账户；当预付款项小于采购所需支付的款项而补付货款时，借记"预付账款"账户，相反收回多余款时贷记"预付账款"账户。

【例】3-13 6月18日，卓立有限责任公司从D公司购入一批材料，价款100 000元，增值税13 000元，双方合同约定先预付价税合计款的30%，待收到货后补付余款。

① 根据购销合同规定，向D公司预付款项。

借：预付账款——D公司　　　　　　　　　　　　　　　　33 900

　　贷：银行存款　　　　　　　　　　　　　　　　　　　　　33 900

② 卓立有限责任公司于6月28日收到货物，验收无误。

借：原材料　　　　　　　　　　　　　　　　　　　　　100 000

　　应交税费——应交增值税（进项税额）　　　　　　　　 13 000

　　　贷：预付账款——D公司　　　　　　　　　　　　　　　113 000

③ 6月29日用银行存款补付D公司的货款79 100元。

借：预付账款——D公司　　　　　　　　　　　　　　　　79 100

　　贷：银行存款　　　　　　　　　　　　　　　　　　　　　79 100

④ 若卓立有限责任公司预付D公司150 000元，在收货后收到D公司退回多余款37 000元。

借：银行存款　　　　　　　　　　　　　　　　　　　　 37 000

　　贷：预付账款——D公司　　　　　　　　　　　　　　　　37 000

实务中，对于企业预付款项不多的企业，也可以不设置该账户，当发生预付货款时，在"应付账款"账户进行核算。

例3-14 奥思公司发生的预付账款业务不多，不单独设置预付账款账户，发生的预付业务通过应付账款核算，9月18日，奥思公司从M公司购入材料一批，价款50 000元，增值税6 500元，双方合同约定先预付不含税价款的40%，待收到货后补付余款。

① 根据购销合同规定，向M公司预付款项。

借：应付账款——M公司　　　　　　　　　　　　　　　　　　　　20 000
　　贷：银行存款　　　　　　　　　　　　　　　　　　　　　　　　　　20 000

② 企业于9月28日收到货物，验收无误。

借：原材料　　　　　　　　　　　　　　　　　　　　　　　　　　　50 000
　　应交税费——应交增值税（进项税额）　　　　　　　　　　　　　　6 500
　　贷：应付账款——M公司　　　　　　　　　　　　　　　　　　　　56 500

③ 9月29日用银行存款补付M公司的货款38 000元。

借：应付账款——M公司　　　　　　　　　　　　　　　　　　　　36 500
　　贷：银行存款　　　　　　　　　　　　　　　　　　　　　　　　　36 500

④ 若奥思公司原先预付M公司60 000元，在收货后收到D公司退回多余款3 500元，则

借：银行存款　　　　　　　　　　　　　　　　　　　　　　　　　　3 500
　　贷：预付账款——M公司　　　　　　　　　　　　　　　　　　　　3 500

任务实施

活动一　调查一下身边的企业在购销业务中经常使用的核算方式，描述预付账款的业务核算流程

活动二　探讨预付账款业务的发生及账务处理

活动三　讨论如果企业不单独设置"预付账款"账户，一旦发生预付款业务，该如何核算

知识拓展

在资产负债表中"应付票据应付账款"项目的金额，应当根据应付账款明细账贷方余额和预付账款明细账贷方余额分析计算填列；而"预付款项"项目则要求根据应付账款明细账借方余额和预付账款明细账的借方余额分析计算填列。

课堂巩固

业务分析题

卓立有限责任公司订购某种货物，货款50 000元，增值税税率为13%，按合同约定需预付总价税款的20%。

要求：编制下列情况下的会计分录。

1. 预付货款。

2. 假如该公司收到所订全部货物，发票和账单同时到达，用银行存款补付余款。

3. 假如该公司实际只收到5 000元的货物（不含税），并收到对方退回的多付款项。

任务五　核算其他应收款

任务描述

同学们对于其他应收款有如下几种观点：

观点1：其他应收款是企业的一项债权，是企业的资产。

观点2：租入包装物时支付的押金在本科目核算，而收到的租出包装物押金不应该在本科目核算。

观点3：企业代替职工支付的房租水电费，可以通过本科目核算。

以上观点正确吗？其他应收款账户究竟核算哪些内容？其他应收款的核算过程是怎样的？

亲爱的同学们，你怎么看？

知识储备

其他应收款是指除应收账款、应收票据、预付账款等经营活动以外的其他各种应收、暂付款项，是企业发生的非购销活动的应收短期债权。

一、其他应收款的内容

通过"其他应收款"账户核算的各种应收、暂付款项主要包括如下内容：

1. 应收的各种赔款、罚款，如因企业财产等遭受意外损失而应向有关保险公司收取的赔款等。
2. 应收出租包装物租金。
3. 应向职工收取的各种垫付款项，如替职工垫付的水电费、医药费、房租费等。
4. 存出保证金，如租入包装物支付的押金。
5. 其他各种应收、暂付款项。

二、账户的设置

为了核算企业其他应收款的情况，首先应当设置"其他应收款"账户进行核算。该账户借方登记其他应收款的增加；贷方登记其他应收款的收回；期末余额一般在借方，反映企业尚未收回的其他应收款项。本账户按对方单位（或个人）进行明细核算。

三、其他应收款的核算

例3-15 1月1日，拨付采购科备用金1 000元（假设采购科采用一次备用金制度），出纳以现金支付。

借：其他应收款——备用金　　　　　　　　　　　　　　　　　　　1 000
　　贷：库存现金　　　　　　　　　　　　　　　　　　　　　　　　　1 000

例3-16 接**例3-15**，2月6日，采购科报销办公费800元，多余现金退回。

借：管理费用　　　　　　　　　　　　　　　　　　　　　　　　　　800
　　库存现金　　　　　　　　　　　　　　　　　　　　　　　　　　200
　　贷：其他应收款——备用金　　　　　　　　　　　　　　　　　　1 000

例 3-17 6 月 21 日，为职工垫付水费 500 元，用现金支付。

① 为职工垫付水费。

借：其他应收款——职工水费　　　　　　　　　　　　　　　　　　　　500

　　贷：库存现金　　　　　　　　　　　　　　　　　　　　　　　　　　　500

② 从应付工资中扣除代垫款项。

借：应付职工薪酬——工资　　　　　　　　　　　　　　　　　　　　　　500

　　贷：其他应收款——职工水费　　　　　　　　　　　　　　　　　　　　500

例 3-18 7 月 8 日，职工李敏出差回来报销差旅费 1 200 元（原预借 1 000 元）。

借：管理费用　　　　　　　　　　　　　　　　　　　　　　　　　　　1 200

　　贷：其他应收款——李敏　　　　　　　　　　　　　　　　　　　　　1 000

　　　　库存现金　　　　　　　　　　　　　　　　　　　　　　　　　　200

例 3-19 7 月 19 日，由于自然灾害毁损部分货物，按保险合同规定，应由保险公司赔偿损失 30 000 元，赔款尚未收到。

① 确认保险公司赔偿责任。

借：其他应收款——保险公司　　　　　　　　　　　　　　　　　　　30 000

　　贷：待处理财产损溢——待处理流动资产损溢　　　　　　　　　　　30 000

② 收到上述保险公司赔款。

借：银行存款　　　　　　　　　　　　　　　　　　　　　　　　　　30 000

　　贷：其他应收款——保险公司　　　　　　　　　　　　　　　　　　30 000

例 3-20 8 月 20 日，随材料购进租入包装物一批，支出押金 3 000 元。

① 租入包装物，支付押金。

借：其他应收款——存出保证金　　　　　　　　　　　　　　　　　　3 000

　　贷：银行存款　　　　　　　　　　　　　　　　　　　　　　　　　3 000

② 归还租入包装物，收回押金。

借：银行存款　　　　　　　　　　　　　　　　　　　　　　　　　　3 000

　　贷：其他应收款——存出保证金　　　　　　　　　　　　　　　　　3 000

例 3-21 9 月 22 日，职工王红出差，预借差旅费 1 000 元。

借：其他应收款——王红　　　　　　　　　　　　　　　　　　　　　1 000

　　贷：库存现金　　　　　　　　　　　　　　　　　　　　　　　　　1 000

例 3-22 接**例 3-21**，9 月 28 日，王红出差回来，报销差旅费 800 元，余款交回现金。

借：管理费用　　　　　　　　　　　　　　　　　　　　　　　　　　800

　　库存现金　　　　　　　　　　　　　　　　　　　　　　　　　　200

　　贷：其他应收款——王红　　　　　　　　　　　　　　　　　　　1 000

🔍 **小提示**

严守红线，拒绝诱惑

　　2021年3月，广西南宁某物流公司员工黄某通过虚报差旅费的方式谋取公司账款76.77万元，经查实后被判处有期徒刑2年6个月，并处罚金3万元。

从以上案例中我们可以看到，财务人员必须遵纪守法，抵制诱惑，拒绝开具虚假发票和虚假凭证，坚守自己的职业底线。同时要严格遵守国家法律和企业会计准则，坚守诚实守信、严谨敬业的品格，养成良好的职业习惯。

任务实施

活动一 分析"其他应收款"账户核算的内容及账户结构

活动二 举例说明每一种其他应收款的核算

知识拓展

1．前述例题的备用金核算，是按照一次备用金制度进行核算的。若企业对某部门的备用金采用定额备用金制度，则相关的核算如下所述：

（1）会计部门根据核定的定额，拨付定额备用金2 000元给后勤部门，以现金支付，则会计分录如下：

借：其他应收款——备用金　　　　　　　　　　　　　　　　　　2 000

　　贷：库存现金　　　　　　　　　　　　　　　　　　　　　　　　2 000

（2）后勤部门用备用金购入零星办公用品800元，相关人员持有效凭证到会计部门报销。会计部门审核后予以报销，并付给现金，补足其定额，则会计分录如下：

借：管理费用　　　　　　　　　　　　　　　　　　　　　　　　800

　　贷：库存现金　　　　　　　　　　　　　　　　　　　　　　　　800

（3）若公司规定，后勤部门要交回所有备用金，则会计分录如下：

借：库存现金　　　　　　　　　　　　　　　　　　　　　　　　2 000

　　贷：其他应收款——备用金　　　　　　　　　　　　　　　　　　2 000

2．其他应收款明细账可以是三栏式，但为了反映其他应收款的来龙去脉，企业还可以运用横线登记式账簿来登记其他应收款明细账。

课堂巩固

业务分析题

1．1月10日，拨付管理部门备用金2 000元（该部门采用定额备用金制度），出纳以现金支付。

2．3月8日职工刘某预借差旅费800元，3月10日出差回来提交原始凭证报销1 200元，补付现金400元。

3．4月2日，租入包装物一批，开出转账支票向出租方支付押金3 000元。

4．4月22日，为职工垫付水电费700元，用银行存款支付。

5．5月10日，发放工资时将上月垫付的水电费从应付职工薪酬中扣除。

6．6月2日，归还租入的包装物，收回押金，对方以现金支票支付。

7．6月10日，管理部门报销办公费1 200元，出纳以现金补齐定额。

要求：对以上业务进行处理。

核算存货

知识目标

1. 掌握存货业务涉及的原始凭证的填制和审核；
2. 掌握外购材料采购成本的构成内容；
3. 掌握原材料按实际成本计价，发出存货成本的计价方法；
4. 掌握原材料按实际成本计价下收入、发出及结存的核算；
5. 熟悉原材料按计划成本计价下收入、发出及结存的核算；
6. 掌握库存商品入库、领用的核算；
7. 熟悉周转材料和委托加工物资的核算；
8. 了解存货的期末计价。

技能目标

1. 会收集、填制和审核存货的各种原始凭证并进行准确的分析，会运用各种存货信息；
2. 能熟练掌握原材料总账、库存商品总账及各自所属明细账的设置和登记；
3. 熟悉原材料总账与明细账核对的方法；
4. 具备能够准确判断一项财产物资是否属于存货，并能根据业务特点准确选择存货计价方法和核算制度等职业基本能力。

素养目标

1. 培养学生诚实、信用、客观、公正、依法办事的职业态度；
2. 正确运用职业怀疑态度，养成防微杜渐、谨小慎微的习惯。

项目导航

组长小明带领小强、小丽、小英组成的实训小组到存货岗位进行实训。虽然他们对存货岗位的任务与方法都比较陌生，但有了在货币资金岗位上学习与实训的经验，他们决定继续采用以任务为导向，通过环环相扣的活动来获取、巩固新知识的学习方法。他们相信自己能高质、高效地完成此岗位的实训任务。

任务一 认识存货

任务描述

组长小明说将自己对存货的认识总结成了顺口溜：

存货定义扣两点，持有目的期变现。

为了销售或生产，一年（或超过一年的一个营业周）期内必耗变。

确认存货合定义，可能流入可靠计。

存货常见有六类，二料（原材料、周转材料）再把四品（在产品、半成品、产成品、商品）配。

小丽将存货收发过程中常见的原始凭证概括了一下：

收入：材料——收料单/成品——入库单

发出：一次凭证——领料单/累计凭证——限额领料单/汇总凭证——材料耗用汇总表

亲爱的同学，你认为他们总结得怎么样？你还有更好的想法吗？

知识储备

一、存货的定义

存货是指企业在日常活动中持有以备出售的产成品或商品、处在生产过程中的在产品、在生产过程或提供劳务过程中耗用的材料和物料等。存货通常在一年或超过一年的一个营业周期内被消耗或经出售转换为现金、银行存款或应收账款等，具有较强的流动性，是流动资产的重要组成部分。

从其定义中可以看出，存货区别于固定资产等非流动资产的最基本的特征是，企业持有存货的最终目的是为了出售。工程物资是为在建工程准备的，不属于存货的范畴。房地产企业为了销售而持有的商品房及其他建筑物属于存货范畴，如果是自用房屋，则属于企业的固定资产范畴。

二、存货的内容

存货主要包括各类原材料、在产品、半成品、产成品、商品以及周转材料（包装物、低值易耗品）、委托代销商品等。

（1）原材料指企业在生产过程中经加工改变其形态或性质并构成产品主要实体的各种原料及主要材料、辅助材料、外购半成品（外购件）、修理用备件（备品备件）、包装材料、燃料等。

（2）在产品指企业正在制造尚未完工的产品，包括正在各个生产工序加工的产品，和已加工完毕尚未检验或已检验但尚未办理入库手续的产品。

（3）半成品指经过一定生产过程并已检验合格交付半成品仓库保管，但尚未制造完工成为产成品，仍需进一步加工的中间产品。

（4）产成品指企业已完成全部生产过程并验收入库，可以按照合同规定的条件送交订货单位，或可以作为商品对外出售的产品。企业接受外来原材料加工制造的代制品和为外单位加工修理的代修品，制造和修理完成验收入库后应视同企业的产成品。

（5）商品指商品流通企业外购或委托加工完成验收入库用于销售的各种产品。

（6）周转材料指企业能够多次使用，逐渐转移其价值但仍保持原有形态，不确认为固定资产的材料，按其用途分为包装物和低值易耗品。

（7）委托代销商品是指企业委托其他单位代销的商品。

三、存货的确认

一项资产如果要作为存货加以确认，不仅需要符合存货的定义，而且还需要符合存货的确认条件。存货同时满足下列条件，才能予以确认。

1. 与该存货有关的经济利益很可能流入企业

与该项存货相关的经济利益是否很可能流入企业，主要通过判断与该项存货所有权相关的风险和报酬是否转移到了企业来确定。

例如，已经销售但尚未运离本企业的产品不属于本企业存货，而发出的委托代销商品属于本企业存货。

2. 该存货的成本能够可靠地计量

存货的成本计量必须以取得确凿、可靠的证据为依据，并且具有可验证性。如果存货成本不能可靠地计量，则不能确认为一项存货。

例如，企业承诺的订货合同，由于并未实际发生，不能可靠确定其成本，因此就不能确认为购入企业的存货。又如，企业预计要发生的制造费用，由于并未实际发生，不能可靠地确定其成本，因此不能计入产品成本。

四、存货收发过程中涉及的原始凭证

（一）存货收入的原始凭证

企业向外单位购入存货时，原始凭证主要有货款结算凭证和存货入库凭证。货款结算凭证包括供应单位的增值税专用发票及普通发票、运输单位的运费单据及相关银行结算凭证等；存货入库凭证主要是收料单、产成品入库单等。其一般格式见表4-1和表4-2。

表 4-1

收 料 单

材料类别：
供应单位：
发票号码：

年　月　日

收料单编号：
收料仓库：

材料编号	材料名称及规格	计量单位	数量		单位成本	实际成本			二联：交财务
			应收	实收		发票价格	运杂费	合计	
备注：									

收料人员：　　　　　　　检验人员：　　　　　　　填单人员：

表 4-2

产成品入库单

交库单位：　　　　　　　　　年　月　日　　　　　　　产品仓库：

产品名称及规格	计量单位	交付数量	检验结果		实收数量	金额
			合格	不合格		

生产车间盖章：（略）　　　　检验人签章：（略）　　　　仓库经手签章：（略）

第二联财务记账

（二）存货发出的原始凭证

存货发出的原始凭证主要有领料单、限额领料单、材料耗用汇总表等，其一般格式见表4-3～表4-5。

表 4-3

领 料 单

领料单位：　　　　　　　　　年　月　日　　　　　　　编号：

用途			材料类别及编号		
材料名称及规格	计量单位	数量		单价	金额	备注
		请领	实发			

领料单位负责人：　　　　领料：　　　　发料：　　　　审核：

表 4-4

限额领料单

领料单位：　　　　　　　　　　　　　　　凭证编号：
用途：　　　　　　　　　年　月　　　　发料仓库：

材料编号	材料名称	规格	计量单位	领用限额	实际领用			备注
					数量	单位成本	金额	

日期	请领		实发			退回			限额结余
	数量	领料单位	数量	发料人签章	领料人签章	数量	领料人签章	退料人签章	
合计									

生产计划部门负责人：　　　　供应部门负责人：　　　　仓库负责人：

第二联财务核算联

表 4-5 材料耗用汇总表

年　　月　　日

材料用途		甲材料			乙材料			合计		
		数量	单价	金额	数量	单价	金额	数量	单价	金额
生产车间	甲产品									
	乙产品									
	车间一般耗用									
行政管理部门										
合计										

任务实施

活动一　讨论存货的内容，界定存货的范围

活动二　分析存货收发涉及的主要原始凭证

活动三　填制并审核存货收发的原始凭证

课堂巩固

一、单项选择题

1. 下列各项目中，不属于存货的是（　　　）。

　　A. 委托外单位加工的材料

　　B. 已付货款正在运输途中的外购材料

　　C. 委托代销的商品

　　D. 已开出发票售出但购货方尚未运走的商品

2. 下列各种物资中，不应作为企业存货核算的是（　　　）

　　A. 包装物　　　　　　B. 低值易耗品　　　　　C. 在产品　　　　　　D. 工程物资

二、多项选择题

1. 下列各项目中，属于存货的有（　　　）。

　　A. 委托代销的存货　　　　　　　　　　B. 在产品

　　C. "材料采购"账户借方余额　　　　　　D. "生产成本"账户借方余额

　　E. 机器设备

2. 存货的确认是依法定产权的取得为标志的。具体来说，下列（　　　）属于企业存货的范围。

　　A. 已经购入但尚未验收入库的存货　　　　B. 未购入但存放在本企业的货物

　　C. 已经售出但尚未运离本企业的存货　　　　D. 已经运离本企业但尚未出售的存货

任务二　学习存货的计价

任务描述

存货组成员小强总结了外购存货的成本计量：买价再加采购费，合理损耗运选税。费用项目难列举，不能独享再分配。

小英总结了加工取得存货的成本计量：加工成本分三项，采购、加工、其他项。

小明总结了存货其他增加方式的计价思路：接受捐赠或投资，先看凭据或协议。盘盈或者不公允，依据市价把账记。

小丽总结了不计入存货成本的相关费用：非常损耗不能计，入库仓储没关系。无关目前场和态，各种费用全除去。

亲爱的同学们，你怎么看？

知识储备

企业存货计价是对存货购进、生产和销售的入账价、发出价及库存价的确定。存货计价主要有两种思路：实际成本计价和计划成本计价。

实际成本计价法是指每一种存货的收、发、结存都按其取得或生产过程中所发生的实际成本计价的方法。

这种计价方法适用于材料品种较少、收发次数不多的企业。

一、存货按实际成本计价的初始计量

企业取得存货应当按照成本进行初始计量。不同存货的成本构成内容不同。存货成本包括采购成本、加工成本和其他成本。

1. 外购存货的成本——采购成本

企业的外购存货主要包括原材料和商品。外购存货的成本即存货的采购成本，指从采购到入库前所发生的全部合理支出，包括购买价款、相关税费、运输费、装卸费、保险费以及其他可归属于存货采购成本的费用。

（1）购买价款，是指企业购入的材料或商品的发票账单上列明的价款，但不包括按规定可以抵扣的增值税税额。

（2）相关税费，是指企业购买存货过程中发生的进口关税、消费税和不能抵扣的增值税进项税额等税费。

（3）其他可归属于存货采购成本的费用，是指在存货采购过程中发生的运输费、装卸费、保险费、仓储费、包装费、运输途中的合理损耗、入库前的挑选整理费用等。这些费用能分清负担对象的，应直接计入存货的采购成本；不能分清负担对象的，应选择合理的分配方法（如重量或买价比例），分配计入有关存货的采购成本。

2. 加工取得存货的成本

企业通过进一步加工取得的存货，主要包括产成品、在产品、半成品、委托加工物资等。其入账成本由采购成本、加工成本以及使存货达到目前场所和状态所发生的其他成本构成。

存货的加工成本，包括直接人工以及按照一定方法分配的制造费用，其实质是企业在进一步加工存货的过程中追加发生的生产成本。例如，对于企业自制存货，应将自制过程中发生的各项支出如直接材料、直接人工、制造费用等作为实际成本；对于委托加工存货，应将耗用的原材料及支付的加工费、运输费等作为实际成本。

3. 其他方式取得存货的成本

（1）投资者投入存货的成本应当按照投资合同或协议约定的价值确定，但合同或协议约定价值不公允的除外。在投资合同或协议约定价值不公允的情况下，将该项存货的公允价值作为其入账价值。

（2）接受捐赠的存货应按以下规定确定其存货成本：

1）捐赠方提供了有关凭据的，将凭据上标明的金额加上应支付的相关税费作为其入账价值。

2）捐赠方没有提供有关凭据的，将同类或类似存货的公允价值作为其入账价值。

（3）盘盈的存货应将同类或类似存货的公允价值作为其入账价值。

4. 不计入存货成本的相关费用

下列费用应当在发生时确认为当期损益，不得计入存货成本：

（1）非正常消耗的直接材料、直接人工和制造费用。

（2）入库后的仓储费用，即企业在采购入库后发生的储存费用，但在生产过程中为达到下一个生产阶段所必需的仓储费应计入存货成本。

（3）不能归属于使存货达到目前场所和状态的其他支出。

二、发出存货成本的计量

在按实际成本计价时，同一种材料因进货批次不同、成本不同而会出现多种价格，而存货管理按存货品类分类保管，所以库存同一品种的存货会有多种价格，因此，企业领用或发出的存货必须选定一种方法进行计价核算。企业领用或发出存货通常有以下几种计价方法：个别计价法、先进先出法、月末一次加权平均法、移动加权平均法。

企业应当根据各类存货的实物流转方式、企业管理的要求、存货的性质等实际情况，合理选择发出存货成本的计量方法，以合理确定当期发出存货的实际成本。

对于性质和用途相似的存货，应当采用相同的成本计算方法确定发出存货的成本。企业不得采用后进先出法确定发出存货的成本。

1. 个别计价法

个别计价法，亦称个别认定法，即逐一辨认各批发出存货和期末存货所属的购进批别或生产批别，分别按其购入或生产时所确定的单位成本作为计算各批发出存货和期末存货成本的方法。采用这一方法是假设存货的成本流转与实物流转相一致，把每一种存货的实际成本作为计算发出存货成本和期末结存存货成本的基础。其计算发出存货的成本和期末结存存货的成本最为准确，符合实际情况，但在存货收发频繁的情况下，其发出成本分辨的工作量繁重，实际操作困难较大。因此，这种方法一般适用于不能替代使用的、为特定项目专门购入或制造的，以及容易识别、存货品种数量不多、单位成本较高的存货计价，如飞机、重型设备、珠宝、名画等。

例 4-1 卓立有限责任公司本月生产过程中领用 A 料 400 千克，经确认其中 150 千克属于期初库存材料，单位成本为 25 元；100 千克属第一批入库，单位成本为 26 元；其余 150 千克属第二批入库，单位成本为 28 元。本月发出 A 料的成本计算为：

发出材料实际成本 $=150 \times 25 + 100 \times 26 + 150 \times 28 = 10\ 550$（元）

在实际工作中，越来越多的企业采用计算机信息系统进行会计处理，个别计价法可以广泛应用于发出存货的计价。

2. 先进先出法

先进先出法是以先购入的存货先发出（销售或耗用）这样一种存货实物流转假设为前提，对发出存货进行计价的一种方法。采用这种方法，先购入的存货成本在后购入的存货成本之前转出，据此确定发出存货和期末存货的成本。

例 4-2 卓立有限责任公司 2019 年 1 月份 A 料收发存情况见表 4-6。

表 4-6　原材料明细账

材料名称：A料　　　　　　　　　　　　　　　　　　　　　　编号（略）
规格：（略）　　　　　　　　　　　　　　　　　　　　　　　数量计量单位：千克

2019年		凭证字号	摘要	收入			发出			结余		
月	日			数量	单价	金额	数量	单价	金额	数量	单价	金额
1	1	略	期初余额							200	25	5 000
	5		购入	100	26	2 600				200	25	5 000
										100	26	2 600
	8		发出				150	25	3 750	50	25	1 250
										100	26	2 600
	13		购入	100	26	2 600				50	25	1 250
										200	26	5 200
	21		发出				50	25	1 250			
							50	26	1 300	150	26	3 900
	25		购入	100	28	2 800				150	26	3 900
										100	28	2 800
	26		发出				150	26	3 900	100	28	2 800
	31		本月合计	300		800	400		10 200	100	28	2 800

本月发出存货成本 =200×25+200×26=10 200（元）
期末结存存货成本 =100×28=5 000+8 000-10 200=2 800（元）

先进先出法下，期末存货按照最近的单位成本计算，比较接近目前的市场价格，因此资产负债表可以较为真实地反映财务状况。同时，先进先出法可以随时结转存货发出成本。但采用这种方法时对发出的存货要逐笔进行计价并登记明细账以记录发出与结存情况，核算手续比较烦琐，如果存货收发业务较多且存货单价不稳定，其工作量较大，所以不适宜于存货进出量频繁的企业。

在物价持续上升时，运用先进先出法计算的期末存货成本接近于市价，而发出成本偏低，会高估企业当期利润和库存存货价值；反之，在物价持续下跌时，会低估企业存货价值和当期利润。

根据谨慎性原则的要求，先进先出法适用于市场价格普遍处于下降趋势的商品。

3. 月末一次加权平均法

月末一次加权平均法简称加权平均法，是指以当月全部进货数量加上月初存货数量作为权数，去除当月全部进货成本加上月初存货成本，计算出存货的加权平均单位成本，以此为基础计算当月发出存货的成本和期末结存存货成本的一种方法，即按照各批次存货的平均单位成本确定存货成本。

计算公式如下：

存货的加权平均单位成本＝（月初结存存货成本＋本月增加存货成本）÷（月初结存存货数量＋本月购入存货数量）

月末库存存货成本＝月末库存存货数量×存货加权平均单位成本

本月发出存货的成本＝本月发出存货的数量×存货加权平均单位成本

或　　　　　　　　　＝月初存货成本＋本月收入存货成本－月末结存存货成本

例 4-3 卓立有限责任公司 2019 年 10 月份 A 料收发存情况见表 4-7。

表 4-7　原材料明细账

材料名称：A 料　　　　　　　　　　　　　　　　　　编号（略）

规格：（略）　　　　　　　　　　　　　　　　数量计量单位：千克

| 2019 年 | | 凭证字号 | 摘要 | 收入 | | | 发出 | | | 结余 | | |
月	日			数量	单价	金额	数量	单价	金额	数量	单价	金额
10	1	略	期初余额							200	25	5 000
	5		购入	100	26	2 600				300		
	8		发出				150			150		
	13		购入	100	26	2 600				250		
	21		发出				100			150		
	25		购入	100	28	2 800				250		
	26		发出				150			100		
	31		本月合计	300		8 000	400	26	10 400	100	26	2 600

存货的加权平均单位成本＝（5 000＋8 000）÷（200＋300）＝26（元）

月末库存存货成本＝100×26＝2 600（元）

本期发出存货的成本＝400×26＝10 400（元）

或　　　　　　　　＝5 000＋8 000－2 600＝10 400（元）

采用加权平均法只需在月末一次计算加权平均单价，比较简单，有利于简化成本计算工作，而且在市场价格上涨或下跌时所计算出来的单位成本平均化，对存货成本的分摊较为折中。但由于平时无法从账上观察到发出和结存存货的单价及金额等存货资金占用情况，因此不利于存货成本的日常管理与控制。该方法适用于收入批次较多、数量较大，且价格差异不大的存货。

4. 移动加权平均法

移动加权平均法简称移动平均法，是指以每次进货的成本加上原有库存存货的成本，除以每次进货数量与原有库存存货的数量之和，据以计算加权平均单位成本，作为在下次进货前计算各次发出存货成本的依据的一种方法。

计算公式表示为：

存货单位成本＝（原有库存存货实际成本＋本次进货的实际成本）÷（原有库存存货数量＋本次进货数量）

本次发出存货成本＝发出存货数量×发货前存货的单位成本

例4-4 卓立有限责任公司 2019 年 10 月份 A 料收发存情况见表 4-8。

表 4-8 原材料明细账

材料名称：A料 编号（略）
规格：（略） 数量计量单位：千克

| 2019年 | | 凭证字号 | 摘要 | 收入 | | | 发出 | | | 结余 | | |
月	日			数量	单价	金额	数量	单价	金额	数量	单价	金额
10	1	略	期初余额							200	25	5 000
	5		购入	200	26	5 200				400	25.5	10 200
	8		发出				150	25.5	3 825	250	25.5	6 375
	13		购入	100	26	2 600				350	25.64	8 975
	21		发出				100	25.64	2 564	250	25.64	6 411
	25		购入	100	28	2 800				350	26.32	9 211
	26		发出				150	26.32	3 948	200	26.32	5 263
	31		本月合计	400		10 800	400		10 337	200	26.32	5 263

5 日进货后的平均单位成本 =（200×25+200×26）÷（200+200）=25.5（元/千克）

8 日发出的存货成本 =150×25.5=3 825（元）

13 日进货后的平均单位成本 =（250×25.5+100×26）÷（250+100）=25.64（元/千克）

21 日发出的存货成本 =100×25.64=2 564（元）

25 日进货后的平均单位成本 =（250×25.64+100×28）÷（250+100）=26.32（元/千克）

26 日发出的存货成本 =150×26.32=3 948（元）

移动加权平均法的优点在于能使管理人员及时了解存货的结存情况，成本计算较为客观可信。其缺点是，需要频繁计算移动单位平均成本，计算工作量大，核算相对烦琐。对收发货较频繁的企业不大适用。

任务实施

活动一 讨论发出存货的计价方法

活动二 分析四种方法间的异同

活动三 总结存货发出的计价方法的优缺点及适用范围

课堂巩固

一、单选题

1. 下列各项支出中，一般纳税企业不计入存货成本的有（ ）。

   A. 购入存货时支付的增值税进项税额   B. 入库前的挑选整理费

   C. 购买存货发生的运杂费   D. 购买存货发生的进口关税

2. 某企业3月1日存货结存数量为200件，单价为4元；2日发出存货150件；3月5日购进存货200件，单价4.4元；3月7日发出存货100件。在对存货发出采用移动加权平均法的情况下，3月7日结存存货的成本为（ ）元。

   A. 648   B. 432   C. 1 080   D. 1 032

二、多选题

1. 下列不应计入外购存货采购成本的有（　　　　）。
    A. 运输机构造成的超定额损耗
    B. 运输途中的合理损耗
    C. 采购人员的差旅费
    D. 进口关税
    E. 入库前的挑选整理费
2. 存货按实际成本核算时，下列属于存货发出的计价方法的有（　　　　）。
    A. 先进先出法
    B. 后进先出法
    C. 个别计价法
    D. 移动加权平均法

三、业务分析题

A公司3月份甲材料的收、发、存情况如下：

1. 1日 结存300件，单位成本为20 000元。
2. 8日购入200件，单位成本为22 000元。
3. 10日发出400件。
4. 20日购入300件，单位成本为23 000元。
5. 28日发出200件。
6. 31日购入200件，单位成本为25 000元。

要求：分别用先进先出法、月末一次加权平均法和移动加权平均法计算发出存货的成本和期末结存存货的成本。

任务三　学习运用实际成本进行材料收发的核算

任务描述

存货组成员小强认为原材料按实际成本核算主要适用于品种简单、规模小、业务不多的企业，具体核算账户涉及"在途物资""原材料""应付账款""应付票据""预付账款"等账户，其会计核算主要包括增加和发出的核算。

亲爱的同学们，你知道材料核算涉及的各账户的用法及对经济业务的具体账务处理吗？

知识储备

按照现行制度规定，原材料可以按实际成本进行核算，也可以按计划成本进行核算，但资产负债表日均应调整为实际成本核算。

材料按实际成本计价是指每种材料的收、发、结存均按实际成本计价。这种方法一般适用于规模较小、存货品种简单、采购业务不多的企业。

一、账户设置

在实际成本计价下，企业应设置"原材料"和"在途物资"两个材料核算账户。同时，由于结算方式的不同，还经常涉及"应付账款""应付票据"和"预付账款"等结算账户。

"原材料"账户用来核算企业库存的各种材料的收发及结存的实际成本。该账户属资产类账户，借方登记验收入库的原材料（包括回收作为原材料使用的废料）的实际成本；贷方登记发出原材料的实际成本；期末余额在借方，反映企业库存材料的实际成本。该账户应按原材料类别、品种进行明细分类核算。

"在途物资"账户核算企业已支付货款或已开出商业汇票，但尚未验收入库的各种材料的实际采购成本。该账户属资产类账户，借方登记已支付的材料货款及采购费用；贷方登记验收入库的在途物资的实际成本；期末余额一般在借方，反映在途物资的实际成本。该账户按材料类别或供应单位设置明细账户。

"应付账款"账户核算企业与供货单位间的结算款项，该账户属负债类账户。贷方登记发生的应付账款；借方登记偿还的应付账款；期末贷方余额反映尚未支付的账款。该账户按供应单位设置明细账，分别反映企业与各单位的结算情况。

"应付票据"账户核算企业对外发生债务时开出并承兑的商业汇票，该账户属负债类账户。贷方登记因采购材料物资等开出并承兑的商业汇票的款项；借方登记到期支付的款项和到期末支付转入应付账款的数额；期末余额在贷方，反映企业开出的尚未到期的商业汇票的票面金额。该账户分别按商业承兑汇票和银行承兑汇票进行明细分类核算。

"预付账款"账户核算企业按照合同规定预付给供应单位的货款，该账户属资产类账户。借方登记企业预付的货款和收到货物后补付的货款；贷方登记企业购货应付的货款及退回预付时多付的货款；期末借方余额表示预付的货款，贷方余额为尚未补付的货款。该账户按供应单位设置明细账。

二、材料收入的核算

（一）外购材料收入业务的核算

外购是企业取得原材料的主要方式。由于结算方式的不同，原材料入库的时间与付款的时间可能一致，也可能不一致，反映在会计核算上也就有所不同。

1. 结算凭证和材料同时到达

应根据收料单、结算凭证、发票账单等确认的材料采购成本，借记"原材料"账户，根据取得的增值税专用发票上注明的税额，借记"应交税费——应交增值税（进项税额）"（一般纳税人，下同）账户，根据结算凭证，贷记"银行存款"或"应付票据"等账户。

例 4-5 卓立有限责任公司购入 A 料一批，买价 6 000 元，增值税 780 元，价税合计 6 780 元，款项已签发转账支票结清，材料验收入库。

借：原材料——A 料 6 000
　应交税费——应交增值税（进项税额） 780
　　贷：银行存款 6 780

例 4-6 卓立有限责任公司购入 B 料一批，买价 100 000 元，增值税 13 000 元，对方代付运费 1 000，增值税 90 元，材料及运费增值税发票均已收到，企业签发商业承兑汇票支付全部款项，材料已到达并验收入库。

借：原材料——B 料 101 000
　应交税费——应交增值税（进项税额） 13 090
　　贷：应付票据 114 090

2. 结算凭证已到，材料未到

企业从外地购买材料时，由于材料运输时间往往超过银行结算凭证的传递和承付时间，因此会发生结算单据先到而材料尚未运到的情况。

此时，通过"在途物资"账户进行核算。根据结算凭证、发票账单等，借记"在途物资""应交税费——应交增值税（进项税额）"账户，贷记"银行存款"或"应付账款"等账户；待收到材料后，再根据收料单，借记"原材料"账户，贷记"在途物资"账户。

例 4-7 卓立有限责任公司采用汇兑结算方式购入 C 料，发票及账单已收到，增值税专用发票上记载的货款为 200 000 元，增值税 26 000 元。支付保险费 10 000 元（收到普通发票），材料尚未到达。

借：在途物资——C 料　　　　　　　　　　　　　　　　　　210 000
　　应交税费——应交增值税（进项税额）　　　　　　　　　 26 000
　　贷：银行存款　　　　　　　　　　　　　　　　　　　　　236 000

待材料到达入库后，再根据收料单，由"在途物资"账户转入"原材料"账户核算。

接上例，他日上述购入的 C 料到达并验收入库。

借：原材料——C 料　　　　　　　　　　　　　　　　　　　210 000
　　贷：在途物资——C 料　　　　　　　　　　　　　　　　　210 000

3. 材料已到达，结算凭证未到

外购材料在运输较顺畅而结算手续办理不够及时或传递时间过长时，会出现材料先到而结算凭证未到的情况。

遇到这种情况，平时不做账务处理，待结算凭证送达后再据以进行账务处理。若月末，结算凭证仍未到达，为了如实反映企业月末资产的结存情况和负债情况，对这批材料可先按照合同价格或计划价格暂估入账，并通过"应付账款"账户下设的"暂估应付账款"账户进行核算。借记"原材料"账户，贷记"应付账款"账户。下月初予以冲回，以便下月收到发票等结算凭证时，按正常程序进行账务处理。

例 4-8 卓立有限责任公司购入 D 料一批，材料到达并已验收入库，结算凭证尚未到达。月末发票账单等尚未到达，无法确定实际成本，按合同价暂估为 50 000 元。

① 平时不做账务处理。

② 月末根据合同等暂估价入账。

借：原材料——D 料　　　　　　　　　　　　　　　　　　　50 000
　　贷：应付账款——暂估应付账款　　　　　　　　　　　　　50 000

③ 下月初，做红字凭证予以冲回。

借：原材料——D 料　　　　　　　　　　　　　　　　　　　50 000
　　贷：应付账款——暂估应付账款　　　　　　　　　　　　　50 000

在实务中也可编制相反会计分录予以冲回。

借：应付账款——暂估应付账款　　　　　　　　　　　　　　 50 000
　　贷：原材料——D 料　　　　　　　　　　　　　　　　　　50 000

他日，所购 D 料的结算凭证到达，增值税专用发票上注明买价 50 000 元，增值税税额 6 500 元，对方代付运费，专用发票上注明运费 1 000 元，增值税 90 元，通过银行转账承付货款。

借：原材料——D料 　　　　　　　　　　　　　　　　　　　　　51 000
　　应交税费——应交增值税（进项税额）　　　　　　　　　　6 590
　　贷：银行存款 　　　　　　　　　　　　　　　　　　　　　　57 590

4. 预付货款方式购进材料

预付货款方式采购材料，即企业根据订货合同的规定，预先支付一定货款给供货单位，供货单位根据合同规定的期限和批量发货，发货后双方再进行货款的清算。

例4-9 卓立有限责任公司向胜利工厂订购A料一批，按合同规定签发银行本票预付货款30 000元。

借：预付账款——胜利工厂 　　　　　　　　　　　　　　　　30 000
　　贷：其他货币资金——银行本票存款 　　　　　　　　　　　　30 000

他日，收到胜利工厂发来的A料并验收入库，增值税专用发票上注明的买价为60 000元，税率13%。同时开出转账支票补付货款37 800元。

借：原材料——A料 　　　　　　　　　　　　　　　　　　　　60 000
　　应交税费——应交增值税（进项税额）　　　　　　　　　　7 800
　　贷：预付账款 　　　　　　　　　　　　　　　　　　　　　　30 000
　　　　银行存款 　　　　　　　　　　　　　　　　　　　　　　37 800

（二）其他方式取得材料的核算

（1）自制、委托外单位加工完成并已验收入库的材料，应借记"原材料"账户，贷记"生产成本""委托加工物资"账户。

（2）企业接受其他单位以原材料作价的投资，应按照增值税专用发票上注明的价款和税额，借记"原材料"和"应交税费——应交增值税（进项税额）"账户，贷记"实收资本"等账户。

另外，购入材料在运输途中发生的短缺和毁损，应根据造成短缺毁损的原因，分不同情况进行处理：属于定额内合理损耗的，应计入材料的采购成本，提高入库材料的单位成本，不需要另作账务处理；因遭受意外灾害发生的损失和尚待查明原因的途中损耗，应暂通过"待处理财产损溢"账户进行核算，冲减物资的采购成本，待查明原因后再作处理。如果属于运输部门或有关单位等的责任，应向有关单位或责任人索赔，按照赔偿请求单等所列的金额，借记"其他应收款"账户等。

在材料收入业务较少的企业中，材料收入的总分类核算可以根据收料凭证逐日编制记账凭证，并据以登记总分类账；在材料收入业务较多的企业中，则可以根据收料凭证，整理汇总，定期编制"收料凭证汇总表"，于月终一次登记总分类账，进行总分类核算。

三、材料发出的核算

企业日常材料领发业务比较频繁的，应根据领发料凭证随时登记材料明细账，以反映各种材料的发出数和结存数。为简化总分类核算工作，实际工作中是将领发料凭证定期按领用部门和用途进行归类和汇总，编制"发料凭证汇总表"，并据以进行账务处理。

企业根据"发料凭证汇总表"进行账务处理时，借记"生产成本""制造费用""销售费用""管理费用""委托加工物资""在建工程"等账户，贷记"原材料"账户。材料发出核算的具体情况如下：

（1）对于生产经营及管理需要领用的原材料，借记"生产成本""制造费用""销售费用""管理费用"等账户，贷记"原材料"账户。

（2）对于不动产、生产用设备和非生产用设备等领用的原材料，按其实际成本，借记"在建工程"等账户，贷记"原材料"等账户。

（3）对于职工福利设施领用的原材料，按其实际成本，借记"在建工程"等账户，贷记"原材料"账户，按实际抵扣的进项税予以转出，贷记"应交税费——应交增值税（进项税额转出）"。

（4）对于出售的原材料，按收到或应收价款，借记"银行存款"或"应收账款"等账户，按实现的营业收入，贷记"其他业务收入"账户，按应交的增值税额，贷记"应交税费——应交增值税（销项税额）"账户；同时结转出售材料的实际成本，借记"其他业务成本"账户，贷记"原材料"账户。

例4-10 卓立有限责任公司根据领料凭证汇总表核算发出材料成本，见表4-9。

表4-9 领料凭证汇总表

2019年11月30日　　　　　　　　　　　　　　　　单位：元

材料种类	领料部门及用途				金额合计
	甲产品	乙产品	车间耗用	管理部门	
A料	50 000	15 000			65 000
B料		35 000			35 000
C料			5 000		5 000
D料	12 000	13 000		5 000	30 000
合计	62 000	63 000	5 000	5 000	135 000

根据"领料凭证汇总表"编制会计分录：

借：生产成本——甲产品　　　　　　　　　　　　　　　　62 000

　　　　　　——乙产品　　　　　　　　　　　　　　　　63 000

　　制造费用　　　　　　　　　　　　　　　　　　　　　5 000

　　管理费用　　　　　　　　　　　　　　　　　　　　　5 000

　　贷：原材料——A料　　　　　　　　　　　　　　　　65 000

　　　　　　　——B料　　　　　　　　　　　　　　　　35 000

　　　　　　　——C料　　　　　　　　　　　　　　　　 5 000

　　　　　　　——D料　　　　　　　　　　　　　　　　30 000

为了加强对各种材料的管理，保护材料物资的安全完整，企业必须合理地组织材料明细分类核算。

按实际成本计价的材料收发核算，从材料日常收发凭证到明细分类账和总分类账全部是按实际成本计价的。这对于材料收发业务频繁的企业，材料计价工作量极为繁重。而且，在这种计价方式下，看不出收入材料的实际成本与采购预算成本相比是节约还是超支，难以从账簿中反映材料采购业务的经营成果。因此，这种计价方法一般只适合材料收发业务较少的企业。

任务实施

活动一　分析取得存货的计价
活动二　讨论实际成本计价下材料收入的核算
活动三　分析实际成本计价下材料发出的核算

课堂巩固

一、单选题

1. 某企业为一般纳税人，从外地购入一批原材料，取得的增值税专用发票上注明材料价款为10 000元，增值税为1 300元，另支付运费，增值税专用发票上注明运费1 000元，增值税90元。该材料的采购成本为（　　）元。

  A. 12 390　　　　　　B. 11 000　　　　　　C. 11 090　　　　　　D. 10 910

2. 某企业为增值税一般纳税人，2018年4月购入A材料1 000公斤，增值税专用发票上注明价款30 000元，增值税3 900元，该批材料在运输途中发生1%的合理损耗，实际验收入库990公斤，入库前发生挑选整理费用300元。假设不考虑其他税费，该批入库A材料的实际总成本为（　　）元。

  A. 29 700　　　　　　B. 30 000　　　　　　C. 30 300　　　　　　D. 34 200

二、业务分析题

某企业2019年4月发生如下业务，请写出相关业务的会计分录。

1. 2日，企业采购一批原材料，增值税专用发票上注明的原材料价款为47万元，增值税税额为6.11万元，对方代垫运费，增值税专用发票上注明运费1万，增值税税额900元。双方商定采用商业承兑汇票支付货款及运费，付款期限为5个月，材料尚未到达。

2. 10日，上月所购在途材料价款10万元，现到达企业。入库时发现运输途中发生定额内损耗，价款500元。

3. 20日，某企业收到乙公司投入的一批材料，收到的增值税专用发票上注明的价款为100万元，增值税税额13万元。乙公司持有的股份为增资后注册资本400万元的20%。

4. 25日，验收入库一批材料，月末尚未收到发票账单，货款未付，合同作价45万元。

5. 30日，企业根据发料凭证汇总表的记录，4月份基本生产车间为生产产品领用材料50万元，车间管理部门领用材料5 000元，企业行政管理部门领用材料4 000元。

任务四　学习运用计划成本计价进行材料收发的核算

任务描述

存货组组员小强认为材料按计划成本计价的核算也包括"适用条件、涉及账户、收发核算"三个方面的内容。他是这么总结的：

（1）按计划成本计价，材料收发业务繁，计划成本准又全，可见实际计划差，采购成果账簿见。

（2）常用账户主要有"材料采购""原材料""材料成本差异""应付账款""应付票据"等。

（3）核算分三步：第一步，购入存货时，不论有无入库，先按实际成本记入材料采购账户的借方；再将"材料采购"账户的实际成本转入以计划成本核算的原材料账户的借方，计划与实际成本的差异转入"材料成本差异"账户。第二步，平时发出的存货按计划成本结转。第三步，期末结转发出存货应承担的材料成本差异。

亲爱的同学们，你认为小强说得对吗？你觉得还有哪些需要补充的呢？

知识储备

存货日常核算可以按实际成本计价核算，也可以按计划成本计价核算。对于存货品种繁多，收发业务频繁且计划成本资料较为健全、准确的企业，可以采用计划成本进行材料收发核算。

计划成本法是指企业存货的日常收入、发出和结余均按预先制定的计划成本计价，同时另设"材料成本差异"科目，作为计划成本和实际成本的纽带，用来登记实际成本与计划成本的差额，月末，再通过对存货成本差异的分摊，将发出存货的计划成本和结存存货的计划成本调整为实际成本进行反映的一种核算方法。同时，计划成本法下存货的总分类账和明细分类账的核算均按计划成本计价。

一、账户的设置

工业企业存货按计划成本进行材料收发结存核算时，无论是总分类核算还是明细分类核算，均按照计划成本计价。各种材料的计划成本通过"原材料"账户反映，材料的实际成本通过"材料采购"账户反映，实际成本与计划成本的差异额通过"材料成本差异"账户反映。

"原材料"账户核算各种库存材料的收发和结存情况。按计划成本计价时，借方登记入库材料的计划成本；贷方登记发出材料的计划成本；期末余额在借方，反映企业库存材料的计划成本。

"材料采购"账户核算企业购入材料的采购成本，该账户借方登记购入材料的实际价款和采购费用；贷方登记验收入库材料的计划成本；借方大于贷方表示超支，从"材料采购"账户转入"材料成本差异"账户借方；贷方大于借方表示节约，从"材料采购"账户借方转入"材料成本差异"账户贷方；期末借方余额表示月末在途材料的实际采购成本。该账户一般按材料类别设置明细账。

"材料成本差异"账户核算企业各种材料实际成本与计划成本的差异额，是原材料账户的调整账户。该账户借方登记入库材料实际成本大于计划成本的超支差异额及月末分配转出的发出材料应负担的节约差异额；贷方登记入库材料实际成本小于计划成本的节约差异额及月末分配转出的发出材料应负担的超支差异额。月末借方余额表示结存材料应负担的超支差异额，贷方余额表示结存材料应负担的节约差异额，该账户按材料类别设置明细账户。

二、材料收入的核算

企业外购材料的货款及发生的采购费用，在取得并审核有关结算凭证后，按实际金额借记"材料采购"和"应交税费——应交增值税（进项税额）"账户，贷记"银行存款""应付票据"等账户；材料验收入库时，按入库材料计划成本，借记"原材料"账户，贷记"材料采购"账户，并结转入库材料的成本差异，实际成本小于计划成本的差异额，贷记"材料成本差异"账户；实际成本大于计划成本的差异额，借记"材料成本差异"账户。

例4-11 卓立有限责任公司购入一批A料，购买价款600 000元，增值税78 000元，价税合计678 000元，货款已通过签发转账支票结清，材料尚未到达。

借：材料采购——A料   600 000

    应交税费——应交增值税（进项税额）   78 000

    贷：银行存款   678 000

他日，若A料到达并验收入库。其计划成本为650 000元。

借：原材料——A料   650 000

    贷：材料采购——A料   600 000

        材料成本差异   50 000

例4-12 卓立有限责任公司购入一批B料，买价100 000元，增值税13 000元；对方代垫运费1 000元，增值税90元，企业签发商业承兑汇票一张支付全部款项，材料到达并验收入库。该批材料的计划成本为100 000元。

借：材料采购——B料   101 000

    应交税费——应交增值税（进项税额）   13 090

    贷：应付票据   114 090

同时：

借：原材料——B料   100 000

    材料成本差异   1 000

    贷：材料采购——B料   101 000

三、材料发出的核算

按计划成本进行材料发出的核算，日常发出材料时，都按计划成本计价。这样发出材料的计价工作很简便，并可均衡材料日常核算工作。

例4-13 卓立有限责任公司生产甲产品领用一批A料，计划成本为20 000元。

借：生产成本——甲产品   20 000

    贷：原材料——A料   20 000

四、月末材料处理

实际工作中，按计划成本进行材料发出的核算时，对于平时各部门领用材料的单据，企业可定期按使用部门和用途归类汇总，月末编制发料凭证汇总表，按计划成本编制各部门领用材料的分录。然后，通过计算和分配发出材料应分摊的差异额，将各部门领用材料的计划成本调整为实际成本。

发出材料应负担的成本差异应当按期（月）分摊，不得在季末或年末一次计算。

月末将本期发出材料的计划成本调整为实际成本，往往需要通过计算材料成本差异率来确定发出材料应承担的材料成本差异额。

计算公式为：

$$材料成本差异率 = \frac{月初结存材料成本差异 + 本月收入材料成本差异}{月初结存材料计划成本 + 本月收入材料计划成本} \times 100\%$$

$$材料应负担的成本差异 = 发出材料的计划成本 \times 材料成本差异率$$

$$发出材料的实际成本 = 发出材料的计划成本 \pm 发出材料应负担的材料成本差异$$

月末结存材料应负担的成本差异=月末结存材料的计划成本×材料成本差异率

计算材料成本差异率时，"材料成本差异"账户借方用正数表示（超支差异），贷方用负数表示（节约差异）。

月末结存材料的实际成本=月末结存材料的计划成本±月末结存材料应负担的材料成本差异

例4-14 卓立有限责任公司原材料日常收发及结存采用计划成本核算。月初结存原材料的计划成本为800 000元，实际成本为805 000元；本月入库材料成本为2 400 000元，实际成本为2 331 000元。当月发出材料（计划成本）情况如下：基本生产车间领用800 000元，专设销售机构领用200 000元，车间管理部门领用5 000元，企业行政管理部门领用15 000元。

要求：（1）计算当月材料成本差异率。

（2）编制发出材料的会计分录。

（3）编制月末结转发出材料成本差异的会计分录。

① 当月材料成本差异率

=〔（805 000−8 00 000）+（2 331 000−2 400 000）〕÷（800 000+2 400 000）×100%=−2%

发出材料成本差异计算见表4-10：

表 4-10

2019 年 5 月 31 日

应借账户	发出材料计划成本	差异率	差异额
生产成本	800 000	−2%	−16 000
制造费用	5 000	−2%	−100
管理费用	15 000	−2%	−300
销售费用	200 000	−2%	−4 000
合　计	1 020 000	−2%	−20 400

② 发出材料的会计分录：

借：生产成本　　　　　　　　　　　　　　　　　　　800 000

　　制造费用　　　　　　　　　　　　　　　　　　　　5 000

　　管理费用　　　　　　　　　　　　　　　　　　　 15 000

　　销售费用　　　　　　　　　　　　　　　　　　　200 000

　　贷：原材料　　　　　　　　　　　　　　　　　 1 020 000

③ 月末结转发出材料成本差异的会计分录：

借：材料成本差异　　　　　　　　　　　　　　　　　 20 400

　　贷：生产成本　　　　　　　　　　　　　　　　　 16 000

　　　　制造费用　　　　　　　　　　　　　　　　　　　100

　　　　管理费用　　　　　　　　　　　　　　　　　　　300

　　　　销售费用　　　　　　　　　　　　　　　　　　4 000

企业除委托外部加工发出材料可以按期初成本差异率计算外，应使用当期的实际差异率；期初成本差异率与本期成本差异率相差不大的，也可按照期初成本差异率计算。材料成本差异率的计算方法一经确定，不得随意变更。

任务实施

活动一 分析计划成本计价下需要设置的账户
活动二 讨论计划成本计价下材料收入的核算
活动三 分析计划成本计价下材料发出的核算
活动四 讨论计划成本计价下期末结转发出存货承担的材料成本差异的核算

课堂巩固

一、单选题

1. 原材料按计划成本核算时，在途材料在（   ）账户中反映。

    A. "原材料"　　　　B. "材料采购"　　　　C. "在途物资"　　　D. "生产成本"

2. 某企业月初库存原材料的计划成本为18 500元，"材料成本差异"账户借方余额为1 000元。本月10日购入原材料的实际成本为42 000元，计划成本为41 500元，本月发出材料计划成本为30 000元。本月月末库存材料的实际成本为（   ）元。

    A. 30 000　　　　　B. 30 250　　　　　　C. 30 750　　　　　D. 29 500

3. 某企业月初结存材料的计划成本为30 000元，成本差异为超支200元，本月入库材料的计划成本为70 000元，成本差异为节约700元。当月生产车间领用材料的计划成本为60 000元，当月生产车间领用材料应负担的材料成本差异为（   ）元。

    A. −300　　　　　　B. 300　　　　　　　C. −540　　　　　　D. 540

4. 某企业月初甲材料的计划成本为10 000元，"材料成本差异"账户借方余额为500，本月购进甲材料一批，实际成本为16 180元，计划成本为19 000元，本月生产车间领用甲材料的计划成本为8 000元，管理部门领用甲材料的计划成本为4 000元，该企业期末甲材料的实际成本是（   ）元。

    A. 14 680　　　　　B. 15 640　　　　　　C. 15 680　　　　　D. 16 640

二、多选题

"材料成本差异"账户贷方反映的内容有（   ）。

    A. 入库材料的超支差异　　　　　　　　B. 入库材料的节约差异

    C. 发出材料应负担的超支差异　　　　　D. 发出材料应负担的节约差异

    E. 发出商品分摊的进销差价

三、业务分析题

某企业为一般纳税人，甲材料采用计划成本核算。期初甲材料的计划成本为3 000 000元，"材料成本差异"账户借方余额为57 000元。

本月经济业务如下：

1. 购进甲材料一批，价款为6 800 000元，增值税为884 000元，发票等结算凭证均已收到，货款通过银行汇票支付，但材料尚未运到。

2. 上述甲材料运到并验收入库，计划成本为7 000 000元。

3. 本月发出一批甲材料，计划成本为8 000 000元，其中生产车间生产产品领用了一批，计划成本为7 200 000元，车间领用了一批，计划成本为200 000元，厂部管理部门领用了一批，计划成本为400 000元，销售部门领用了一批，计划成本为200 000元。

要求：（1）计算本月材料成本差异率。

    （2）计算发出材料应负担的材料成本差异。

    （3）编制有关的会计分录。

任务五 核算库存商品

任务描述

存货组各成员都觉得库存商品核算比较简单。

1. 库存商品的范围界定：一般是产成品，售出代管的不是，可售残次品是，但要分开核算。

2. 特别注意：领用自制商品用于固定资产、集体福利、个人福利消费的，增值税核算时要视同销售。

亲爱的同学们，你怎么看？

知识储备

工业企业的库存商品主要指产成品，即企业已经完成全部生产过程并已验收入库，符合标准规格和技术条件，可以按照合同规定的条件送交订货单位，或者可以作为商品对外销售的产品。但已经完成销售手续，购买单位在月末尚未提取的库存商品，应作为代管商品处理，不属于库存商品，应单独设置代管商品备查簿。可以降价出售的不合格品，作为库存商品核算，但应当与合格商品分开记账。

一、账户设置

为了总括反映产成品的收入、发出和结存情况，应当设置"库存商品"账户进行核算。该账户借方登记已经完成生产过程并验收入库的各种产成品的实际成本；贷方登记发出或销售产成品的实际成本；余额在借方，反映企业各种库存产成品的实际成本。该账户应按库存商品的种类、品种和规格设置明细账。

二、库存商品的主要账务处理

库存商品可以采用实际成本核算，也可以采用计划成本核算，其方法与原材料基本相同。工业企业的库存商品一般按实际成本进行核算。

企业生产完成验收入库的产成品，借记"库存商品"账户，贷记"生产成本"账户；企业销售商品，结转已销商品成本时，借记"主营业务成本"账户，贷记"库存商品"等账户。

例4-15 卓立有限责任公司2019年10月的"产成品入库单"显示：本月生产完工验收入库甲产品700件，单位成本1 500元；验收入库乙产品800件，单位成本1 000元。结转完工产品的生产成本。

借：库存商品——甲产品　　　　　　　　　　　　　　　　　　1 050 000

　　　　　——乙产品　　　　　　　　　　　　　　　　　　　 800 000

　　贷：生产成本——甲产品　　　　　　　　　　　　　　　　　1 050 000

　　　　　　　——乙产品　　　　　　　　　　　　　　　　　　 800 000

例4-16 卓立有限责任公司2019年10月的"已销产品成本计算单"中显示：本月销售甲产品600件，销售乙产品900件，按加权平均法计算的已销甲产品的单位生产成本为1 520元，已销乙产品的单位成本为1 000元。结转已售产品的生产成本。

借：主营业务成本——甲产品　　　　　　　　　　　　　　　912 000

　　　　　　　　——乙产品　　　　　　　　　　　　　　900 000

　　贷：库存商品——甲产品　　　　　　　　　　　　　　　　912 000

　　　　　　　　——乙产品　　　　　　　　　　　　　　　　900 000

按照现行税法规定，企业将自产和委托加工的物资用于免税项目、集体福利等行为，视同销售物资，需要计算应缴纳的销项税额；但会计核算上可以仍然按照成本结转。

任务实施

活动一　核算库存商品增加的相关经济业务

活动二　核算库存商品减少的相关经济业务

课堂巩固

一、单选题

以下应通过库存商品账户反映是（　　　　）。

A. 已经销售，但尚未发出的产成品

B. 正在生产尚未完工的产品

C. 已完成全部生产工序，验收合格入库的产品

D. 车间修理机器用工具

二、多选题

以下可以通过库存商品账户核算的内容有（　　　　）。

A. 企业库存的完工合格品　　　　　　　　B. 企业库存的完工可降价出售残次品

C. 企业库存的尚待进一步加工的半成品　　D. 企业购的尚未入库的原材料

三、业务分析题

1. 根据入库单编制相关会计分录。

表 4-11　入库产品汇总表

2019年5月31日

名称	单位	数量	单位成本	金额
西服	件	80	1 200	96 000
衬衣	件	160	800	128 000
合计				224 000

2. 月末汇总的发出商品情况如下：本月销售西服2 000件，衬衣500件。该月西服实际单位成本为1 200元，衬衣实际单位成本为800元。结转其销售成本。

任务六　核算周转材料

任务描述

存货组成员认为：

1. 周转材料计价可用计划成本核算，也可用实际成本核算。
2. 周转材料的增加与原材料、库存商品的增加核算方法类同。

亲爱的同学们，你知道如何进行包装物和低值易耗品业务核算吗？

知识储备

周转材料，是指企业不符合固定资产定义，逐渐转移其价值，能够多次使用但仍保持其原有形态，不确认为固定资产的材料。按其用途不同，周转材料分为包装物和低值易耗品。

包装物是为了包装本企业商品而储备的各种包装容器，如桶、箱、瓶、坛、袋等，具体包括：生产过程中用于包装产品作为产品组成部分的包装物、随同商品出售而不单独计价的包装物、随同商品出售单独计价的包装物、出租或出借给购买单位使用的包装物。

低值易耗品，一般划分为一般工具、专用工具、替换设备、管理用具、劳动保护用品等其他用具。建造承包商的钢模板、木模板、脚手架等也在本内容范围。

一、账户设置

周转材料一般采用实际成本核算，也可以采用计划成本核算。为了总括反映周转材料的收入、发出和结存情况，应当设置"周转材料"账户进行核算。该账户借方登记购入、自制、委托外单位加工完成并已验收入库的周转材料的实际成本（或计划成本）；贷方登记领用周转材料时的摊销额；期末余额在借方，反映企业在库周转材料的实际成本（或计划成本）以及在用周转材料的摊余价值。该账户可按周转材料的种类，如包装物、低值易耗品等，分别用"在库""在用"和"摊销"进行明细核算。

企业的包装物、低值易耗品，也可以单独设置"包装物""低值易耗品"账户进行总分类核算。

二、周转材料的主要账务处理

（一）周转材料增加的核算

企业购入、自制、委托外单位加工完成并已验收入库的周转材料等，比照"原材料"账户的相关规定进行处理。

例4-17 2019年6月7日，卓立有限责任公司购进一批包装物，买价30 000元，增值税税率为13%，企业按实际成本计价，货款未支付，材料已验收入库。

借：周转材料——包装物　　　　　　　　　　　　　　　　　　30 000
　　应交税费——应交增值税（进项税额）　　　　　　　　　　3 900
　　贷：应付账款　　　　　　　　　　　　　　　　　　　　　　　33 900

（二）周转材料的领用和摊销

1. 包装物的领用和摊销

为了反映和监督包装物的增减变动、价值损耗及结存情况，企业应当在"周转材料"下设置"包装物"明细账并根据不同用途进行核算。对于生产领用包装物的实际成本，借记"生产成本"账户，贷记"周转材料——包装物"等账户；随同商品出售而不单独计价的包装物，应于包装物发出时，按其实际成本记入"销售费用"账户；随同商品出售且单独计价的包装物，其销售收入记入"其他业务收入"账户，其实际销售成本计入"其他业务成本"账户。周转使用的包装物应当根据其使用次数分次进行摊销。

例 4-18 卓立有限责任公司生产西服领用包装物 80 000 元。

借：生产成本——西服　　　　　　　　　　　　　　　　　　　　80 000
　　贷：周转材料——包装物　　　　　　　　　　　　　　　　　　　80 000

例 4-19 卓立有限责任公司销售西服领用不单独计价的包装物 30 000 元。

借：销售费用　　　　　　　　　　　　　　　　　　　　　　　　30 000
　　贷：周转材料——包装物　　　　　　　　　　　　　　　　　　　30 000

例 4-20 卓立有限责任公司销售西服领用单独计价包装物 40 000 元，取得包装物销售收入 50 000 元，增值税 6 500 元，款项已经收存银行。

借：银行存款　　　　　　　　　　　　　　　　　　　　　　　　56 500
　　贷：其他业务收入　　　　　　　　　　　　　　　　　　　　　　50 000
　　　　应缴税费——应交增值税（销项税额）　　　　　　　　　　　6 500

同时结转包装物成本：

借：其他业务成本　　　　　　　　　　　　　　　　　　　　　　40 000
　　贷：周转材料——包装物　　　　　　　　　　　　　　　　　　　40 000

2. 低值易耗品的领用和摊销

为了反映和监督低值易耗品的增减变动及其结存情况，企业应当在"周转材料"下设置"低值易耗品"明细账。

企业的低值易耗品应按照使用次数分次计入成本费用。金额较小的，可在领用时一次计入成本费用，以简化核算，但为加强实物管理，应当在备查簿上进行登记。

（1）一次转销法。采用一次转销法的，领用时应按其账面价值，借记"管理费用""生产成本""销售费用"等账户，贷记"周转材料"账户。周转材料报废时，应按报废周转材料的残料价值，借记"原材料"等账户，贷记"管理费用""生产成本""销售费用"等账户。这种方法适用于价值较低极易损坏（如易腐、易糟）的周转材料。

例 4-21 卓立有限责任公司采用一次转销法核算周转材料。2019 年 6 月 8 日，生产车间领用低值易耗品一批，价值 20 000 元。

借：制造费用　　　　　　　　　　　　　　　　　　　　　　　　20 000
　　贷：周转材料——低值易耗品　　　　　　　　　　　　　　　　　20 000

例 4-22 6 月 12 日，车间报废一批低值易耗品，该批低值易耗品的残料价值为 2 000 元。

借：原材料　　　　　　　　　　　　　　　　　　　　　　　　　2 000
　　贷：制造费用　　　　　　　　　　　　　　　　　　　　　　　　2 000

（2）分次摊销法。分次摊销法是指根据低值易耗品可供使用的估计次数，将其价值分次摊入有关成本费用的一种方法。

计算公式为：

某期应摊销额＝低值易耗品账面价值÷预计使用次数×该期实际使用次数

例 4-23 车间领用定型模板一批，其实际成本为 8 000 元，预计残值率为 10%，预计使用 60 次，本月使用 5 次，计算本月低值易耗品的摊销额。

平均每次摊销额 =8 000×（1−10%）÷60=120（元）

本月摊销额 =5×120=600（元）

低值易耗品领用时应按其账面价值，借记"周转材料——低值易耗品——在用"，贷记"周转材料——低值易耗品——在库"；摊销时应按摊销额，借记"管理费用""制造费用""销售费用"等账户，贷记"周转材料——低值易耗品——摊销"。周转材料报废时应补提摊销额，借记"管理费用""制造费用""销售费用"等账户，贷记"周转材料——低值易耗品——摊销"；同时，按报废周转材料的残料价值，借记"原材料"等账户，贷记"管理费用""制造费用""销售费用"等账户；并转销全部已提摊销额，借记"周转材料——低值易耗品——摊销"，贷记"周转材料——低值易耗品——在用"。

例 4-24 卓立有限责任公司采用分次摊销法进行低值易耗品的核算。2018 年 1 月 1 日，生产部门领用一批低值易耗品，价值 50 000 元，预计使用 20 次，1 月末，该批低值易耗品已使用了 3 次，则账务处理如下。

① 领用低值易耗品。

借：周转材料——低值易耗品——在用　　　　　　　　　　　　　50 000

　　贷：周转材料——低值易耗品——在库　　　　　　　　　　　　　　50 000

② 1 月末计算摊销额。

本期应摊销额 =50 000÷20×3=7 500（元）

借：制造费用　　　　　　　　　　　　　　　　　　　　　　　　7 500

　　贷：周转材料——低值易耗品——摊销　　　　　　　　　　　　　　7 500

2018 年 6 月末，该批低值易耗品预计使用次数完毕，申请报废，残料价值 1 000 元。

③ 最后一次摊销。

借：制造费用　　　　　　　　　　　　　　　　　　　　　　　　2 500

　　贷：周转材料——低值易耗品——摊销　　　　　　　　　　　　　　2 500

借：原材料　　　　　　　　　　　　　　　　　　　　　　　　　1 000

　　贷：制造费用　　　　　　　　　　　　　　　　　　　　　　　　1 000

④ 结转周转材料摊销额

借：周转材料——低值易耗品——摊销　　　　　　　　　　　　　50 000

　　贷：周转材料——低值易耗品——在用　　　　　　　　　　　　　　50 000

任务实施

活动一　讨论周转材料含义

活动二　讨论包装物核算的方法

活动三　讨论低值易耗品核算的方法

课堂巩固

一、单选题

1. 企业销售产品领用不单独计价包装物一批，其实际成本为 8 000 元，此项业务应借记（　　）账户。

　　A. "销售费用"　　　　　　　　　　　　　　B. "其他业务成本"

    C. "生产成本"   D. "管理费用"

2. 随同产品出售且单独计价的包装物，应于发出时按其实际成本计入（   ）。

    A. 其他业务成本   B. 管理费用   C. 销售费用   D. 主营业务成本

二、多选题

1. 以下项目属于企业周转材料的是（   ）

    A. 企业库存修理机器用工具   B. 企业暂时闲置的机器

    C. 企业库存用于随同产品出售的包装箱   D. 企业库存完工合格准备出售的产品

2. 下列各项中，应记入"其他业务成本"账户的有（   ）。

    A. 出借包装物成本的摊销

    B. 出租包装物成本的摊销

    C. 随同产品出售单独计价的包装物成本

    D. 随同产品出售不单独计价的包装物成本

三、业务分析题

根据资料编写会计分录。

1. 甲公司为一般纳税企业，生产车间生产产品领用包装物一批，实际成本为50 000元，采用一次摊销法。

2. 甲公司本月销售给乙公司A商品一批，价款为250 000元，增值税税额为32 500元，并领用单独计价包装木箱一批，销售价款为36 000元，增值税税额为4 680元，全部款项已存入银行。该批商品的实际成本为200 000元，包装木箱的实际成本为30 000元。

任务七 核算委托加工物资

任务描述

存货组成员小明认为委托加工物资的日常核算较为简单，主要包括发出、加工及收回成品核算。

同时小明强调委托方必须提供原料或主要材料，否则不属于委托加工。比如，委托方支付货款，让受托方代为采购原材料，就被视为一种受托方的变相销售，而不是委托加工。

亲爱的同学们，小明说的对吗？你怎么看？

知识储备

委托加工是指由委托方提供原料和主要材料，受托方只代垫部分辅助材料，按照委托方的要求加工货物并收取加工费的经营活动。即将一种存货如材料等委托外单位进行加工，制造成具有另一性能或用途的存货。

委托加工物资是指企业委托外单位加工的原材料、各种周转材料、商品等物资。委托加工物资收回后可以是原材料（包括周转材料），也可以是商品，可以自用，也可以出售。委托加工物资一般采用实际成本核算。委托加工物资成本一般包括加工中实际耗用物资的成本、支付的加工费用、应负担的往返运杂费及缴纳的应计入成本的相关税费，但不包括可以抵扣的增值税。

一、账户设置

为了反映和监督委托加工物资增减变动及其结存情况，企业应当设置"委托加工物资"账户，该账户属于资产类账户。借方登记委托加工物资的实际成本；贷方登记加工完成验收入库的物资的实际成本和剩余物资的实际成本；期末余额在借方，反映企业尚未完工的委托加工物资的实际成本和发出加工物资的运杂费等。该账户一般按加工合同、受托加工单位以及加工物资的品种等进行明细核算。

二、委托加工物资的主要账务处理

（一）发出委托加工物资

企业根据加工合同的规定，拨付给加工单位加工用原材料时，由供应部门根据加工合同，填制"委托加工物资发料单"，经审核后，由仓库据以发料。发出物资时，根据发出物资的实际成本借记"委托加工物资"账户，贷记"原材料"账户。如果采用计划成本法核算，还应结转材料成本差异，贷记"材料成本差异"账户。

例4-25 委托东方量具厂加工一批量具，发出一批材料，材料的购进成本为5 050元。

借：委托加工物资——量具　　　　　　　　　　　　　　　　5 050
　　贷：原材料　　　　　　　　　　　　　　　　　　　　　　　5 050

若发出材料的计划成本5 000元，材料成本差异率为1%。

借：委托加工物资——量具　　　　　　　　　　　　　　　　5 050
　　贷：原材料　　　　　　　　　　　　　　　　　　　　　　　5 000
　　　　材料成本差异　　　　　　　　　　　　　　　　　　　　　50

（二）支付委托加工物资运杂费

支付委托加工物资往返运杂费，计入委托加工物资成本。

例4-26 接上例，另以现金支付运杂费，增值税专用发票注明，运费100元，增值税9元。

借：委托加工物资——量具　　　　　　　　　　　　　　　　100
　　应交税费——应交增值税（进项税额）　　　　　　　　　　　9
　　贷：库存现金　　　　　　　　　　　　　　　　　　　　　　109

（三）支付加工费及税金

企业除按照加工费标准支付加工费外，还应按加工费的13%计算交纳增值税。如果按税法规定需要交纳消费税的，还应计算交纳消费税。

例4-27 接上例，委托东方量具厂加工的量具加工完毕，开出转账支票支付加工费855元，支付增值税111.15元。

借：委托加工物资——量具　　　　　　　　　　　　　　　　855
　　应交税金——应交增值税（进项税额）　　　　　　　　　111.15
　　贷：银行存款　　　　　　　　　　　　　　　　　　　　966.15

凡属于加工物资用于非缴纳增值税项目、免征增值税项目，或委托加工未取得增值税专用发票，均应将支付的加工费对应的增值税计入加工物资成本。

（四）加工完毕，收回委托加工物资

委托加工物资收回时，应由供应部门填制"委托加工物资收料单"，通知仓库据以收料。

例 4-28 接上例，委托东方量具厂加工的量具验收入库。

委托加工物资的实际成本=5 050+100+855=6 005（元）

借：周转材料——低值易耗品 6 005
  贷：委托加工物资——量具 6 005

若量具的计划成本为6 000元，则加工完毕验收入库时，分录如下：

借：周转材料——低值易耗品 6 000
  材料成本差异 5
  贷：委托加工物资——量具 6 005

任务实施

活动一　讨论委托加工物资的核算范围
活动二　描述委托加工物资的核算流程
活动三　讨论委托加工物资的账务处理

课堂巩固

一、多选题

委托加工材料收回后，将用于销售，其实际成本包括（　　　　）。
A. 发出加工材料的实际成本　　　　B. 支付的加工费
C. 加工费用和往返运杂费　　　　　D. 支付的增值税

二、业务分析题

某公司委托乙单位加工包装箱20个，发出材料的实际总成本为4 000元，加工费为800元，增值税税率为13%，乙单位同类包装箱单位销售价格为400元。11月20日该企业将包装箱提回。根据资料编写会计分录。

任务八　掌握存货清查的核算

任务描述

存货组成员小强认为存货清查需要做到以下两点：

1. 对存货应定期清查盘点，每年至少盘点一次。采用实地盘点法，既要清查数量，又要鉴定质量。保管人员必须在场，参加盘点工作。

2. 账务处理一般包括发生盘盈盘亏和批准处理盘盈盘亏两个环节。

亲爱的同学们，你怎么看？

知识储备

存货清查是指通过对存货的实地盘点，确定存货的实有数量，并与账面结存数核对，从而确定存货实存数与账面结存数是否相符的一种专门方法。企业对于库存的各项存货，应定期清查盘点，每年至少清查一次。

工业企业存货的清查，主要是指对各类原材料、在产品、半成品、产成品、低值易耗品、包装物等的清查，主要采用实地盘点法。清查时，既要从数量上核实，还要对质量进行鉴定。为明确经济责任和便于查询，盘点时存货的保管人必须在场，并参加盘点工作。企业应当做好存货的清查工作，加强管理，防止存货的呆滞积压或毁损。

清查盘点结束时，应及时根据盘点的数量和质量情况如实填制"盘存单"，并由盘点人和存货保管人签名或盖章。盘存单是记录存货盘点结果，反映存货实有数的原始凭证。为进一步查明账实是否相符，确定盘盈还是盘亏，还应根据"盘存单"和有关账簿记录填写"账存实存对比表"或"盘点盈亏报告表"。该表是调整账簿记录的重要原始凭证，也是分析差异原因，明确经济责任的依据。

一、账户的设置

为了反映企业在财产清查中查明的各种存货的盘盈、盘亏和毁损情况，企业应当设置"待处理财产损溢"账户，该账户借方登记存货的盘亏、毁损金额及盘盈的转销金额；贷方登记存货的盘盈金额及盘亏的转销金额。企业清查的各种存货损溢，原则上应在期末结账前处理完毕，期末处理后，本账户应无余额。该账户下设"待处理流动资产损溢"和"待处理固定资产损溢"两个明细账户。

二、主要账务处理

（一）存货盘盈的核算

企业发生存货盘盈时，借记"原材料""库存商品""周转材料"等账户，贷记"待处理财产损溢——待处理流动资产损溢"账户；盘盈的存货，通常是由企业日常收发计量或计算上的差错所造成的，在按管理权限报经批准后冲减管理费用，借记"待处理财产损溢——待处理流动资产损溢"账户，贷记"管理费用"账户。

例 4-29 卓立有限责任公司在财产清查中盘盈材料一批，实际成本 50 000 元，经查属于材料收发计量方面的错误。

① 批准处理前：

借：原材料		50 000
贷：待处理财产损溢——待处理流动资产损溢		50 000

② 批准处理后：

借：待处理财产损溢——待处理流动资产损溢		50 000
贷：管理费用		50 000

（二）存货的盘亏及毁损

企业发生存货盘亏、毁损时，借记"待处理财产损溢——待处理流动资产损溢"账户，贷记"原材料""库存商品"等账户。在按管理权限报经批准后处理时，按残料价值，借记"原材料"账户，按可收回的保险赔偿或过失人赔偿，借记"其他应收款"账户，扣除残料价值和应由保险公司、过失人赔偿后的净损失，属于一般经营损失的，借记"管理费用"账户，属于非正常损失和自然灾害的，借记"营业外支出"账户，贷记"待处理财产损溢——待处理流动资产损溢"账户。如果属于非正常损失的购进货物，税法规定其进项税不得从销项税中抵扣，所以还需要将进项税额转出，贷记"应交税费——应交增值税（进项税额转出）"。

根据2017年11月19日修订的《中华人民共和国增值税暂行条例》的规定，下列项目的进项税额不得从销项税额中抵扣：用于简易法计税项目、免征增值税项目、集体福利或者个人消费的购进货物、劳务、服务、无形资产和不动产，非正常损失的购进货物，以及劳务和交通运输业服务；非正常损失的在产品、产成品所耗用的购进货物（不包括固定资产）、劳务和交通运输业服务。

非正常损失，是指因管理不善造成货物被盗、丢失、霉烂变质，以及因违反法律法规造成货物或者不动产被依法没收、销毁、拆除的情形。

因此，区分存货正常损失与非正常损失的关键在于区分造成损失的原因是主观因素还是客观因素，如果是主观"管理不善"原因造成的存货损失，则属于非正常损失；如果由客观原因（如过保质期、自然灾害损失和运输意外损失等）造成的，则不属于非正常损失。

例4-30 卓立有限责任公司库存A料盘亏损失10千克，实际单位成本每千克100元，增值税专用发票上注明的增值税税额为130元。

（1）发现库存材料短缺。

借：待处理财产损溢——待处理流动资产损溢   1 000
　　贷：原材料——A料   1 000

（2）查明原因，依据规定的程序报经有关部门批准后，按照盘亏的不同原因和不同处理结果作出进一步的会计处理。

① 若盘亏的10千克A料是由于自然损耗产生的定额内合理损耗。

借：管理费用   1 000
　　贷：待处理财产损溢——待处理流动资产损溢   1 000

② 若盘亏的10公斤A料是由于管理不善造成被盗。

借：营业外支出   1 130
　　贷：待处理财产损溢——待处理流动资产损溢   1 000
　　　　应交税费——应交增值税（进项税额转出）   130

例4-31 卓立有限责任公司库存B料毁损30千克，实际单位成本每千克100元，增值税专用发票上注明的增值税为390元。经查属于材料保管员的过失造成的，按规定由其个人赔偿400元，残料已办理入库手续，价值500元。

（1）发现材料毁损时，将材料盘点报告单中毁损原材料的实际成本转入"待处理财产损溢"账户。

借：待处理财产损溢——待处理流动资产损溢   3 000
　　贷：原材料——B料   3 000

（2）查明原因，报经有关部门批准后，作如下处理。

借：其他应收款——×× （过失人）   400
　　原材料   500
　　管理费用   2 100
　　贷：待处理财产损溢——待处理流动资产损溢   3 000

例 4-32 卓立有限责任公司库存的 B 料毁损 30 千克，实际单位成本每千克 100 元，增值税专用发票上注明的增值税为 390 元。经查材料毁损是由于火灾引起的，应当由保险公司赔偿 2 200 元，残料已办理入库手续，价值 500 元。

（1）发现材料毁损。

借：待处理财产损溢——待处理流动资产损溢   3 000

     贷：原材料——B 料   3 000

（2）查明原因报经批准。

借：其他应收款——保险公司   2 200

     原材料   500

     营业外支出   300

     贷：待处理财产损溢——待处理流动资产损溢   3 000

任务实施

活动一   分析存货盘盈盘亏涉及的原始凭证

活动二   讨论存货盘盈的相关账务处理

活动三   讨论存货盘亏的相关账务处理

课堂巩固

一、单选题

下列原材料相关损失项目中，应计入营业外支出的是（   ）。

A. 计量差错引起的原材料盘亏

B. 自然灾害造成的原材料损失

C. 原材料运输途中的合理损耗

D. 人为责任造成的原材料损失

二、多选题

1. 企业进行财产清查时，对于盘亏的材料，应先记入"待处理财产损溢"账户，报经批准后，根据不同的原因可分别转入（   ）账户。

   A. 管理费用   B. 销售费用   C. 营业外支出   D. 其他应收款

   E. 财务费用

2. 下列存货盘亏或毁损损失，报经批准后，应转作"管理费用"的有（   ）。

   A. 保管中产生的定额内自然损耗   B. 自然灾害造成的毁损净损失

   C. 管理不善造成的毁损净损失   D. 收发差错造成的毁损净损失

   E. 意外事故造成的毁损净损失

三、业务分析题

东方公司为增值税一般纳税企业，适用的增值税税率为13%，材料采用实际成本进行日常核算。该公司2019年6月盘亏一批原材料，该批原材料的实际成本为10万元。经查为意外毁损，其中，由于保管人员失误造成损失1万元，责成保管人员赔偿，赔偿款尚未收到，其他转为当期损益。

任务九　掌握存货的期末计量

任务描述

存货组成员小英认为存货的期末计量可以这么做：期末，存货成本与可变现净值二者相比取其低。成本低，不处理；可变现净值低，提准备。存货可变现净值上升，可调高价值，也就是冲销跌价准备，但要在原已计提的范围之内。

亲爱的同学们，你认同小英的说法吗？有需要补充的吗？

知识储备

一、存货的成本与可变现净值

为了更合理地反映期末存货的价值，我国《企业会计准则》规定，资产负债表日，当存货成本低于可变现净值时，存货按成本计量；当存货成本高于可变现净值时，存货按可变现净值计量，即资产负债表日，存货应当按照成本与可变现净值孰低计量。

存货的成本指期末存货的实际成本。如果企业存货的日常核算采用计划成本，则成本为调整后的实际成本。

可变现净值，是指在日常活动中，存货的估计售价减去至完工时估计将要发生的成本、估计的销售费用以及相关税费后的金额。可变现净值表现为存货的预计未来净现金流量，而不是简单地等于存货的售价或合同价。

二、存货跌价准备的核算

存货成本高于其可变现净值的，应该按照成本高于可变现净值的差额计提存货跌价准备，计入当期损益。以前减记存货价值的影响因素已经消失的，减记的金额应当予以恢复，并在原已计提的存货跌价准备金额内转回，转回的金额计入当期损益。

（一）存货减值迹象的判断

（1）存货存在下列情形之一的，通常表明存货的可变现净值低于成本，应当计提存货减值准备。

1）该存货的市场价格持续下跌，并且在可预见的未来无回升的希望。

2）企业使用该项原材料生产的产品的成本大于产品的销售价格。

3）企业因产品更新换代，原有库存原材料已不适应新产品的需要，而该原材料的市场价格又低于其账面成本。

4）因企业所提供的商品或劳务过时或消费者偏好改变而使市场的需求发生变化，导致市场价格逐渐下跌。

5）其他足以证明该项存货实质上已经发生减值的情形。

（2）存货存在下列情形之一的，通常表明存货的可变现净值为零。

1）已霉烂变质的存货。

2）已过期且无转让价值的存货。

3）生产中已不再需要，并且已无使用价值和转让价值的存货。

4）其他足以证明已无使用价值和转让价值的存货。

（二）计提存货跌价准备的方法

（1）企业通常应当按照单个存货项目计提存货跌价准备。

（2）对于数量繁多、单价较低的存货，可以按照存货类别计提存货跌价准备。即按存货类别的成本的总额与可变现净值的总额进行比较，每个存货类别均取较低者确定存货期末价值。

（3）与在同一地区生产和销售的产品系列相关、具有相同或类似最终用途或目的，且难以与其他项目分开计量的存货，可以合并计提存货跌价准备。

（三）存货跌价准备的账务处理

存货跌价准备，简单地说就是由于存货的可变现价值低于原成本，而对降低部分所作的一种稳健处理。在会计核算过程中，存货的范围比较宽，有在途材料、原材料、包装物、在产品、低值易耗品、库存商品、产成品、委托加工物资、委托代销商品、受托代销商品、分期收款发出商品等。一般认为，存货是否需要计提跌价准备，关键取决于存货所有权是否属于本企业。凡是所有权不属于本公司所有的存货，不需要计提存货跌价损失，如受托代销商品。

企业应当设置"存货跌价准备"账户，核算企业存货的跌价准备。贷方登记计提的存货跌价准备金额；借方登记实际发生的存货跌价损失金额和冲减的存货跌价准备金额；期末余额一般在贷方，反映企业已计提但尚未转销的存货跌价准备。企业可按存货项目或类别进行明细核算。

资产负债表日，存货发生减值的，按存货可变现净值低于成本的差额，借记"资产减值损失"账户，贷记"存货跌价准备"账户。

发出存货结转存货跌价准备的，借记"存货跌价准备"账户，贷记"主营业务成本""生产成本"等账户。

例 4-33 卓立有限责任公司 2019 年 6 月 30 日，材料的账面余额为 200 000 元，由于市场价格下跌，预计该材料可变现净值为 180 000 元。

企业应计提的跌价准备 =200 000–180 000=20 000（元）

借：资产减值损失——计提的存货跌价准备　　　　　　　　　　20 000

　　贷：存货跌价准备　　　　　　　　　　　　　　　　　　　　　　20 000

例 4-34 2019 年 8 月 31 日，该材料的账面余额仍为 200 000 元，市场价格持续下跌，预计可变现净值为 120 000 元。（已计提跌价准备 20 000 元）

企业应计提的跌价准备 =200 000–120 000–20 000=60 000（元）

借：资产减值损失——计提的存货跌价准备　　　　　　　　　　60 000

　　贷：存货跌价准备　　　　　　　　　　　　　　　　　　　　　　60 000

企业已计提跌价准备的存货价值以后又得以恢复，应在原已计提的存货跌价准备金额内，按恢复增加的金额，借记"存货跌价准备"账户，贷记"资产减值损失——存货跌价准备"账户。

例 4-35 2019 年 9 月 30 日，已计提跌价准备的该材料价值又得以恢复 8 000 元。

借：存货跌价准备　　　　　　　　　　　　　　　　　　　　　　8 000

　　贷：资产减值损失——存货跌价准备　　　　　　　　　　　　　　8 000

提示：计提或转回的跌价准备可用下列公式计算：

存货跌价准备 = 存货成本 – 可变现净值 – 计提前"存货跌价准备"贷方余额

若计算结果为正，则为提取的存货跌价准备；若计算结果为负，则为转回的存货跌价准备（在原已计提的金额内）。但转回的金额以将存货跌价准备的余额冲减至零为限。

小知识

德勤财务机器人

四大国际会计师事务所之一的德勤将人工智能引入会计、税务、审计等工作当中，其研发的财务机器人产品，是能够部署在服务器或计算机上的应用程序。这一科技创新将帮助员工从阅读合同和其他文件的乏味工作中解放出来。这款看起来高大上的"德勤财务机器人"都有哪些亮点功能呢？

（1）可替代财务流程中的手工操作（特别是高重复的）。
（2）管理和监控各自动化财务流程。
（3）录入信息，合并数据，汇总统计。
（4）根据既定业务逻辑进行判断。
（5）识别财务流程中优化点。
（6）部分合规和审计工作将有可能实现"全查"而非"抽查"。
（7）机器人精准度高于人工，可7×24小时不间断工作。
（8）机器人完成任务的每个步骤可被监控和记录，从而可作为审计证据以满足合规要求。
（9）机器人流程自动化技术的投资回收期短，可在现有系统基础上进行低成本集成。

任务实施

活动一 认识存货的可变现净值
活动二 学习存货期末计价方法
活动三 讨论存货跌价准备的计提

课堂巩固

一、单选题

1. 存货期末计价采用成本与可变现净值孰低法，体现的会计信息质量要求是（　　）。
   A. 谨慎性　　　　B. 重要性　　　　C. 可比性　　　　D. 客观性
2. 下列各项中，不会引起企业期末存货账面价值变动的是（　　）。
   A. 已发出商品但尚未确认销售收入
   B. 已确认销售收入但尚未发出商品
   C. 已收到材料但尚未收到发票账单
   D. 已收到发票账单并付款但尚未收到材料

二、业务分析题

某股份有限公司对存货的期末计价采用成本与可变现净值孰低法。2019年年末，该公司库存商品的账面成本为120 000元，可变现净值为122 000元。

问：该公司期末需要就此事项进行账务处理吗？为什么？

项目五

核算固定资产

知识目标

1. 了解固定资产的概念、特征和确认条件；
2. 掌握固定资产的初始计量，固定资产折旧的核算；
3. 熟悉固定资产的后续支出和处置的核算。

技能目标

1. 具备处理固定资产确认、计量及日常核算等业务的基本知识和素养；
2. 具备处理固定资产购建、处置及清查等业务的能力；
3. 具有团队协作能力。

素养目标

1. 学会取长补短，发现他人优点，培养积极乐观的人生态度；
2. 增强对风险和失败的接受能力；
3. 树立付出才有回报、不能坐享其成的人生态度。

项目导航

2019 年 4 月，卓立有限责任公司会计主管李原在核对公司固定资产明细账时，发现两个问题：第一，同一项固定资产的价值变动很频繁；第二，计提折旧时，直接计入固定资产的减少。

实习会计小王对此做出了解释：为了降低成本费用，她将该项固定资产的日常修理费用予以资本化计入了固定资产的成本中，因此导致该项固定资产的价值变动比较频繁；计提折旧意味着固定资产价值的减少，所以计提折旧时，直接贷记"固定资产"科目。会计主管李原听了小王的解释，指出了她在账务处理中存在的问题。亲爱的同学们，你知道问题出在哪吗？

任务一　认识企业的固定资产

任务描述

以下是学生通过预习固定资产有关内容后的发言：

观点1：金额大的就是固定资产。

观点2：并不是所有金额大的资产都是固定资产，得看持有资产的目的。

观点3：使用时间长的资产就是固定资产。

以上观点是否正确，什么样的资产属于固定资产，固定资产有什么样的特征，要想确定固定资产需要具备哪些条件？

亲爱的同学们，你了解固定资产吗？

知识储备

一、固定资产的特征和确认条件

（一）固定资产的特征

固定资产是指为生产商品、提供劳务、出租或经营管理而持有的，使用寿命超过一个会计年度的有形资产。

从这一定义可以看出，作为企业的固定资产应具备以下三个特征。

1. 固定资产是为生产商品、提供劳务、出租或经营管理而持有

这一特征是固定资产区别于库存商品等存货的重要标志。企业持有存货的最终目的是为了出售，而企业持有的固定资产是企业的劳动工具或手段，而不是直接用于出售。

2. 固定资产的使用寿命超过一个会计年度

通常情况下，固定资产的使用寿命是指固定资产能发挥特定价值的预计时长。固定资产发挥作用的时长预计超过一个会计年度，因此固定资产属于非流动资产。固定资产的价值将随着使用和磨损，逐步转移到受益对象中去。

3. 固定资产为有形资产

固定资产具有实物特征，这一特征将固定资产与无形资产区别开来。有些资产同样是为生产商品、提供劳务而持有，使用寿命超过一个会计年度，但由于其没有实物形态，所以应作为无形资产核算，不属于固定资产。

（二）固定资产的确认条件

一项资产如果作为固定资产加以确认，首先需要符合固定资产的定义，其次还要同时符合下列两个条件：

（1）与该固定资产有关的经济利益很可能流入企业。

（2）该固定资产的成本能够可靠地计量。

二、固定资产的分类

企业的固定资产种类繁多、规格不一，为了加强管理，便于组织会计核算，有必要对其进行科学、合理的分类。根据不同的管理需要和核算要求以及不同的分类标准，可以对固定资产进行不同的分类，一般来说有以下分类。

（一）按固定资产的经济用途分类

按固定资产的经济用途分类，可以分为生产经营用固定资产和非生产经营用固定资产。生产经营用固定资产是指直接服务于企业生产经营过程的各种固定资产，如生产经营用的房屋、建筑物、机器、设备、器具、工具等。非生产经营用固定资产是指不直接服务于生产经营过程的各种固定资产，如用作职工宿舍、食堂等的房屋、设备和其他固定资产等。

按照固定资产的经济用途分类，可以归类反映和监督固定资产的组成和变化情况，借以考核和分析企业固定资产的利用情况，促使企业合理配备固定资产，充分发挥其效用。

（二）按固定资产的产权分类

按固定资产的产权分类，可以分为自有固定资产和融资租入固定资产。

自有固定资产，是指企业拥有的可供企业自由支配使用，产权归企业的固定资产。融资租入固定资产，是指企业按合同或者协议以融资租赁方式租入的固定资产。在租赁期内，应视同自有固定资产进行管理。

（三）对固定资产进行综合分类

按照固定资产的经济用途和使用情况等综合分类，可以把企业的固定资产划分为七大类：生产经营用固定资产、非生产经营用固定资产、租出固定资产（指在经营租赁方式下出租给外单位使用的固定资产）、不需用固定资产、未使用固定资产、土地、融资租入固定资产。

由于企业的经营性质不同，经营规模各异，对固定资产的分类不可能完全一致。但在实际工作中，企业大多采用综合分类的方法编制固定资产目录，进行固定资产明细核算。

任务实施

活动一　描述固定资产的特征和确认条件
活动二　试列举一两例你所知道的固定资产，并结合举例谈谈固定资产的特征和确认条件

知识拓展

1. 通常情况下固定资产的使用寿命是指使用固定资产的预计期间，如自用房屋建筑物、某些机器设备或运输设备等固定资产，其使用寿命往往以该固定资产所能生产产品或提供劳务的数量来表示，例如，汽车按其预计行驶里程估计使用寿命。

2. 企业由于安全或者环保要求购入设备等，虽然不能直接给企业带来未来经济利益，但有助于企业从其他相关资产的使用中获得未来经济利益，故也应确认为固定资产。

3. 土地是指过去已经估计单独入账的土地。目前，因征地而支付的补偿费，应计入与土地

有关的房屋、建筑物的价值内，不单独作为土地价值入账。企业取得的土地使用权，应作为无形资产管理，不作为固定资产管理。

课堂巩固

简答题

1. 房地产开发企业开发的待售商品房，是否属于房产企业的固定资产？为什么？
2. 企业融资租入的设备是企业的固定资产吗？为什么？
3. 企业购入的车间用笤帚卫生工具，是否属于企业的固定资产？为什么？
4. 企业购入的专利权，是否属于企业的固定资产？为什么？
5. 企业购入的工业废水处理机是否要按照企业的固定资产进行核算？为什么？

任务二　学习固定资产的初始计量

任务描述

对于固定资产初始计量，同学们经过预习后讨论了各自对其的看法：

观点1：固定资产只能通过购买方式取得。

观点2：固定资产的取得方式多种多样，比如外购、自行建造、接受投资者投入、接受捐赠、非货币性资产交换、债务重组、融资租入等。

观点3：无论哪种方式取得固定资产，入账价值的计算项目都是一样的。

观点4：企业固定资产的取得方式不同，其成本的具体构成及确认方法也不尽相同。

以上观点是否正确？亲爱的同学们，你怎么看？

知识储备

一、固定资产的初始计量

固定资产应当按照取得时的实际成本进行初始计量。概括地说，固定资产的成本，是指企业购建该项固定资产直至达到预定可使用状态前所发生的一切合理、必要的支出。这些支出既包括直接发生的买价、相关税费、运杂费、包装费和安装成本等，也包括间接发生的其他间接费用，如应予以资本化的借款费用、外币折算差额以及应分摊的其他间接费用等。此处的"相关税费"不包括允许抵扣的增值税进项税额。

二、账户设置

为了核算固定资产，企业一般需要设置"固定资产""累计折旧""在建工程""工程物资""固定资产清理"等账户。

"固定资产"账户用来核算企业固定资产的原始价值，借方登记企业增加的固定资产原始价值，贷方登记企业减少的固定资产原始价值，期末余额在借方，反映企业期末固定资产的原始价值。企业应当设置"固定资产登记簿"和"固定资产卡片"，并按照固定资产的类别、使用部门和固定资产名称进行明细核算。

"累计折旧"账户属于"固定资产"的备抵调整账户，用来核算已经提取的固定资产累计折旧额。贷方登记企业按期提取的固定资产折旧，借方登记因处置固定资产等而转出的累计折旧额，期末贷方余额反映企业现有固定资产的累计折旧额。"固定资产"账户余额减去"累计折旧"账户余额，习惯称为折余价值。

"在建工程"账户核算企业基建、更新改造等各项在建工程发生的支出，借方登记企业各项在建工程的实际支出，贷方登记达到预定可使用状态而结转的实际工程成本，期末借方余额反映企业尚未达到预定可使用状态的在建工程的成本。

"工程物资"账户核算企业为在建工程而准备的各种物资的实际成本。该账户借方登记企业购入的工程物资成本，贷方登记领用的工程物资成本，期末借方余额反映企业为在建工程准备的尚未领用的各种物资的成本。

三、固定资产取得的核算

企业取得固定资产的方式多种多样，一般包括购买、自行建造、投资者投入、接受捐赠、非货币性资产交换、债务重组、融资租入等。企业的固定资产取得方式不同，其成本的具体构成及确认方法也就有所不同。

（一）外购固定资产

企业外购的固定资产，应将实际支付的购买价款、相关税费（不包括允许抵扣的增值税）、使固定资产达到预定可使用状态前发生的可归属于该项资产的运输费、装卸费、安装费和专业人员服务费等，作为固定资产的取得成本。

1. 购入不需要安装的固定资产

企业购入的不需要安装、可以直接交付使用的固定资产，应按购入时的实际成本直接借记"固定资产""应交税费——应交增值税（进项税额）"账户，贷记"银行存款""应付账款"等账户。

例 5-1 2019 年 5 月 1 日，卓立有限责任公司购入一台不需要安装的缝纫机，取得的增值税专用发票上注明的设备买价为 20 000 元，增值税进项税额为 2 600 元。另支付运输费 200 元，增值税进项税额 18 元，取得增值税专用发票。款项均以银行存款支付。已达到预定可使用状态，交付使用。

该设备的实际成本为 20 000+200=20 200（元）

增值税进项税额 =2 600+18=2 618（元）

借：固定资产　　　　　　　　　　　　　　　　　　　　　　　 20 200

　　应交税费——应交增值税（进项税额）　　　　　　　　　　 2 618

　　贷：银行存款　　　　　　　　　　　　　　　　　　　　　 22 818

例 5-2 2019 年 5 月 6 日，卓立有限责任公司购入办公楼，支付各种价款和相关各种税费

2 000 000 元，其中包含支付的允许抵扣的增值税 165 000 元，款项均以银行存款支付。该办公楼已达到预定可使用状态，交付使用。

该固定资产的入账价值为 200-16.5=183.5（万元）

取得不动产时

借：固定资产	1 835 000
应交税费——应交增值税（进项税额）	165 000
贷：银行存款	2 000 000

2. 购入需要安装的固定资产

企业购入需要安装的固定资产时，应在购入的固定资产取得成本的基础上加上安装调试成本等，作为购入固定资产的成本。购入时先通过"在建工程"账户核算，待安装完毕达到预定可使用状态时，再由"在建工程"账户转入"固定资产"账户。

在安装过程中领用的原材料或库存商品等，因固定资产进项税额是允许抵扣的，领用材料物资的进项税额也是可以抵扣的，所以直接按照所领用材料物资的实际成本转入所建工程成本即可。

例5-3 2019 年 5 月 5 日，卓立有限责任公司以银行存款购入一台需要安装的生产线，增值税专用发票上注明的设备买价为 200 000 元，增值税进项税额为 26 000 元。另支付运输费 1 000 元，增值税进项税额 90 元，取得增值税专用发票。安装过程中领用生产用的原材料 1 500 元。银行转账支付安装公司安装费 2 725 元（含增值税 225 元），安装公司开出增值税专用发票。

① 2019 年 5 月 5 日购入设备：

借：在建工程	201 000
应交税费——应交增值税（进项税额）	26 090
贷：银行存款	227 090

② 领用原材料：

借：在建工程	1 500
贷：原材料	1 500

③ 支付安装费：

借：在建工程	2 500
应交税费——应交增值税（进项税额）	225
贷：银行存款	7 225

④ 固定资产达到预定可使用状态：

借：固定资产	205 000
贷：在建工程	205 000

（二）自行建造固定资产

企业自行建造固定资产时，应将建造该项资产达到预定可使用状态前所发生的必要支出，作为固定资产的成本，包括工程用物资、人工成本、缴纳的相关费用、应予资本化的借款费用及分摊的其他间接费用等。自建固定资产应先通过"在建工程"账户核算，工程达到预定可使用状态时，再从"在建工程"账户转入"固定资产"账户。

企业自建固定资产，主要有自营和出包两种方式，由于采用的建造方式不同，其会计处理也不同。

1. 自营方式建造固定资产

企业以自营方式建造固定资产，是指企业自行组织工程物资采购，自行组织施工人员从事建筑或者安装等工程施工。企业自营工程主要通过"工程物资""在建工程"和"固定资产"账户核算。

（1）购入工程物资时，借记"工程物资""应交税费——应交增值税（进项税额）"等账户，贷记"银行存款"等账户。

（2）领用工程物资时，借记"在建工程"账户，贷记"工程物资"账户。

（3）在建工程领用本企业原材料、库存商品时，应按其实际成本，借记"在建工程"账户，贷记"原材料""库存商品"等账户。

（4）自营工程发生的人工或其他费用（如分配工程人员工资等），借记"在建工程"账户，贷记"应付职工薪酬""银行存款"等账户。

（5）自营工程达到预定可使用状态时，按其成本，借记"固定资产"账户，贷记"在建工程"账户。

例5-4 2019年6月12日，卓立有限责任公司——决定以自营方式建造一条生产线。购入工程物资，取得的增值税专用发票上注明的价款为2 200万元，增值税税额为286万元，款项均以银行存款支付，工程物资已验收入库。6月15日，开始以自营方式建造该生产线，领用上述全部工程物资。安装期间，领用生产用原材料实际成本为100万元，发生安装工人薪酬70万元（尚未支付），6月30日，工程达到预定可使用状态并交付使用。

① 购入工程物资：

借：工程物资	22 000 000
应交税费——应交增值税（进项税额）	2 860 000
贷：银行存款	24 860 000

② 领用工程物资：

借：在建工程	22 000 000
贷：工程物资	22 000 000

③ 领用原材料：

借：在建工程	1 000 000
贷：原材料	1 000 000

④ 计算应付工程人员工资：

借：在建工程	700 000
贷：应付职工薪酬	700 000

⑤ 工程达到预定可使用状态并交付使用：

固定资产的入账价值 =22 000 000+1 000 000+700 000=23 700 000（元）

借：固定资产	23 700 000
贷：在建工程	23 700 000

值得注意的是，因为符合条件的不动产的进项税要分次抵扣，所以自行建造不动产相关的增值税的处理可以比照前面的有关分次抵扣的相关叙述，现举例说明。

例5-5 卓立有限责任公司以自营方式建造一座仓库，2019 年 8 月发生的有关经济业务如下：购入一批工程物资，收到的增值税专用发票上注明的价款为 200 000 元，增值税额为 26 000 元，款项已通过银行转账支付。工程领用上述全部工程物资。工程领用 6 月份购进的生产用甲材料一批，实际成本为 10 000 元。计算应付工程人员工资 56 000 元。分配并结转辅助生产部门提供的水、电、运输劳务等费用 34 000 元。工程达到预定可使用状态并交付使用。

① 购入工程物资：

借：工程物资		200 000
应交税费——应交增值税（进项税额）		26 000
贷：银行存款		226 000

② 领用工程物资：

借：在建工程		200 000
贷：工程物资		200 000

③ 领用原材料：

借：在建工程		10 000
贷：原材料		10 000

④ 计算应付工程人员工资：

借：在建工程		56 000
贷：应付职工薪酬		56 000

⑤ 分配并结转辅助生产部门提供的水、电、运输劳务等费用：

借：在建工程		34 000
贷：生产成本		34 000

⑥ 工程达到预定可使用状态并交付使用：

固定资产的入账价值 =200 000+10 000+56 000+34 000=300 000（元）

借：固定资产		300 000
贷：在建工程		300 000

2. 出包方式建造固定资产

出包工程是指企业通过招标方式将工程项目发包给建造承包商，由建造承包商施工的建筑工程和安装工程。企业采用出包方式进行的固定资产工程，其工程的具体支出主要由建造承包商核算，在这种方式下，"在建工程"账户主要是企业与建造承包商办理工程价款的结算账户，企业支付给建造承包商的工程价款作为工程成本通过"在建工程"账户核算。企业应按合理估计的工程进度和合同规定结算的进度款，借记"在建工程"账户，贷记"银行存款""预付账款"等账户。工程完成时，按合同规定应补付的工程款，借记"在建工程"账户，贷记"银行存款"等账户。工程达到预定可使用状态时，按其成本，借记"固定资产"账户，贷记"在建工程"账户。

例5-6 2019 年 6 月 1 日，卓立有限责任公司拟以出包方式建造一个自用仓库，出包给乙建筑公司建造，预算仓库价款为 130 万元。10 日，公司预付 100 万元工程款，以银行存款支付，其余部分待工程竣工验收合格后付清。验收合格时实际补付工程款 32 万元。月底，工程达到预定可使用状态并交付使用。（本题暂不考虑增值税）

　　① 预付工程款：

　　借：预付账款　　　　　　　　　　　　　　　　　　　　　　　　1 000 000
　　　　贷：银行存款　　　　　　　　　　　　　　　　　　　　　　　　　1 000 000

　　② 结算工程款前补付余款：

　　借：在建工程　　　　　　　　　　　　　　　　　　　　　　　　1 000 000
　　　　贷：预付账款　　　　　　　　　　　　　　　　　　　　　　　　　1 000 000

　　借：在建工程　　　　　　　　　　　　　　　　　　　　　　　　　320 000
　　　　贷：银行存款　　　　　　　　　　　　　　　　　　　　　　　　　　320 000

　　③ 工程达到预定可使用状态并交付使用：

　　借：固定资产　　　　　　　　　　　　　　　　　　　　　　　　1 320 000
　　　　贷：在建工程　　　　　　　　　　　　　　　　　　　　　　　　　1 320 000

（三）投资者投入的固定资产

　　接受固定资产投资的企业，在办理了固定资产移交手续之后，按投资合同或协议约定的价值（但合同或协议约定价值不公允的除外，如果合同或协议约定价值不公允，应该按照公允价入账），借记"固定资产"账户；按照增值税专用发票上注明的增值税税额，借记"应交税费——应交增值税（进项税额）"账户；按照增值税税额与固定资产价值的合计数，贷记"实收资本"账户。

　　例5-7 卓立有限责任公司收到阳光公司投入的生产用甲设备一台，经资产评估师评估作价后，投资双方确认的固定资产的价值为 300 000 元，增值税税额 39 000 元，投资后卓立有限责任公司实收资本总额变更为 1 695 000 元，阳光公司占的份额是 1/5。

　　借：固定资产　　　　　　　　　　　　　　　　　　　　　　　　　300 000
　　　　应交税费——应交增值税（进项税额）　　　　　　　　　　　　　　39 000
　　　　贷：实收资本　　　　　　　　　　　　　　　　　339 000（1 695 000×1/5）

　　例5-8 若上述例题中，卓立有限责任公司收到阳光公司投资后，实收资本总额变更为 1 400 000 元。

　　借：固定资产　　　　　　　　　　　　　　　　　　　　　　　　　300 000
　　　　应交税费——应交增值税（进项税额）　　　　　　　　　　　　　　39 000
　　　　贷：实收资本　　　　　　　　　　　　　　280 000（1400000×1/5）
　　　　　　资本公积　　　　　　　　　59 000（300 000+39 000−280 000）

　　例5-9 假如阳光公司提供的增值税专用发票显示金额 300 000 元，增值税 48 000 元，双方确认的价值和发票价值相同，投资后卓立有限责任公司实收资本总额变更为 1 695 000 元，阳光公司占的份额是 1/5。但是经资产评估师评估的该固定资产的公允价值为 350 000 元。

　　此例题双方协议的固定资产的价值为 300 000 元，但是公允价值为 350 000 元，双方的约定不公允，所以该固定资产应该按照公允价值入账，同时只能凭票抵扣增值税进项税额。

　　借：固定资产　　　　　　　　　　　　　　　　　　　　　　　　　350 000

应交税费——应交增值税（进项税额）	39 000
贷：实收资本	339 000（1 695 000×1/5）
资本公积	50 000

（四）接受捐赠的固定资产

企业接受捐赠转入的固定资产，按照确认的固定资产价值，借记"固定资产"账户，按照增值税专用发票上注明的增值税额，借记"应交税费——应交增值税（进项税额）"账户。如果捐出方代为支付了固定资产进项税额，则按照增值税进项税额与固定资产价值的合计数，贷记"营业外收入"等账户；如果接受捐赠企业自行支付固定资产增值税，则应按支付的固定资产增值税进项税额，贷记"银行存款"等账户，按接受捐赠固定资产的价值，贷记"营业外收入"等账户。

例 5-10 卓立有限责任公司接受厦华公司捐赠的精密仪器一台，厦华公司提供的增值税专用发票上注明的金额为 50 000 元，增值税 6 500 元。

借：固定资产	50 000
应交税费——应交增值税（进项税额）	6 500
贷：营业外收入	56 500

例 5-11 卓立有限责任公司接受天蓝蓝公司捐赠的价值 70 000 元全新设备一台，捐赠合同约定卓立有限责任公司需要自行支付相关增值税 9 100 元。

借：固定资产	70 000
应交税费——应交增值税（进项税额）	9 100
贷：营业外收入	70 000
银行存款	9 100

任务实施

活动一　讨论各种方式下取得固定资产的初始成本计价
活动二　分析购入固定资产的账务处理
活动三　分析自建固定资产的账务处理
活动四　分析其他方式取得固定资产的账务处理

知识拓展

在实务中若一项业务购入多项固定资产，如果各项固定资产单独标价，则各项固定资产按标价入账；如果各项固定资产没有单独标价的，这些资产均符合固定资产的定义，并满足固定资产的确认条件，则应将各项资产单独确认为固定资产，并按照各项固定资产公允价值的比例对总成本进行分配，分别确定各项固定资产的成本。

课堂巩固

业务分析题

编制下列业务的相关会计分录。

1. 2019年5月6日，卓立有限责任公司购入一条需要安装的生产线，取得的增值税专用发票上注明的生产线价款为2 000万元，增值税为260万元；发生的运输费为5万元，增值税0.45万元。款项均以银行存款支付。生产线已投入安装。安装生产线领用生产用原材料的实际成本为20万元。领用企业的自产产品用于安装，产品的成本为10万元，市场价格为15万元。发生安装工人工资10万元（工资尚未支付）。2018年5月31日，该生产线达到预定可使用状态，当日投入使用。

2. 公司以自营方式建造一座仓库，2019年5月发生的有关经济业务如下：购入一批工程物资，收到的增值税专用发票上注明的价款为400 000元，增值税为52 000元，款项已通过银行存款支付。工程领用上述全部工程物资。工程领用生产用原材料一批，实际成本为20 000元。计算应付工程人员工资134 000元。年末工程达到预定可使用状态并交付使用。

任务三 核算固定资产的折旧

任务描述

关于固定资产的折旧，同学们有以下观点：

观点1：固定资产的折旧表明固定资产的价值在减少。

观点2：固定资产计提折旧时，应该减少固定资产账户的金额。

观点3：企业可以任意选择固定资产的折旧计算方法，不用考虑固定资产的类型。

观点4：企业应该根据固定资产和企业的实际情况，选择一种合理的折旧方法，来分摊固定资产的价值损耗。

以上观点是否正确？亲爱的同学们，你怎么看？

知识储备

一、固定资产折旧

固定资产折旧，简称折旧，是指在固定资产的使用寿命内，按照确定的方法对应计折旧额进行的系统分摊。其中，应计折旧额是指应当计提折旧的固定资产的原价扣除其预计净残值后的余额；已计提减值准备的固定资产，还应当扣除已计提的固定资产减值准备累计金额。

（一）影响折旧的主要因素

1. 固定资产原价

固定资产原价是指固定资产的初始计量成本，亦即固定资产取得时的入账价值或原值。固定资产原价是企业计提固定资产折旧时的基数，这是决定提取固定资产折旧数额的基本因素。

2. 预计净残值

预计净残值是指假定固定资产预计使用寿命已满并处于使用寿命终了时的预期状态，企业目前从该项资产处置中获得的扣除预计处置费用后的金额。因此，在计算应计折旧额时，预计净残值应从固定资产原值中扣除。固定资产的残值和清理费用均是人为预计的，难以准确计算。

3. 固定资产减值准备

固定资产减值准备是指固定资产已计提的固定资产减值准备累计金额。

4. 固定资产的使用寿命

固定资产的使用寿命是指固定资产预期的使用期限或预计能提供的工作量，其直接影响各会计期间应计提的折旧额。

5. 固定资产折旧的计算方法

企业应当根据固定资产的性质和使用情况，合理确定固定资产的使用寿命和预计净残值。固定资产的使用寿命、预计净残值一经确定，不得随意变更。

（二）需要计提折旧的固定资产范围

1. 空间范围

除下列情况外，企业应对所有的固定资产计提折旧。

（1）已提足折旧仍继续使用的固定资产。

（2）按规定单独估价作为固定资产入账的土地。

2. 时间范围

固定资产应当按月计提折旧，当月增加的固定资产，当月不计提折旧，从下月起计提折旧；当月减少的固定资产，当月仍计提折旧，从下月起停止计提折旧。

例如，某公司6月份固定资产增减变动情况见表5-1：

表5-1　6月份固定资产增减变动情况表

部门	类别	月初余额	本月增加	本月减少	月末余额
生产车间	机器设备	580 000.00	150 000.00	50 000.00	680 000.00
	房屋	1 060 000.00			1 060 000.00
管理部门	办公设备	200 000.00	30 000.00		230 000.00

本例中，生产车间本月增加的15万元的机器设备，从7月起按要求计提折旧，而本月减少的5万元的机器设备在本月仍然需要计提折旧，从7月起对该项减少的固定资产不再计提折旧。管理部门本月增加价值3万元的办公设备，本月不计提折旧，而从7月起开始按照要求计提折旧。

假若该公司房屋类月折旧额为固定资产原值的1%，其他类固定资产月折旧额为原值的2%，则该公司6月份和7月份固定资产折旧额计算见表5-2和表5-3。

表 5-2　固定资产折旧计算表

2019年6月30日

部门	类别	固定资产原值	计提比例	本月折旧额	计提科目
生产车间	机器设备	580 000.00	2%	11 600.00	制造费用
	房屋	1 060 000.00	1%	10 600.00	制造费用
管理部门	办公设备	200 000.00	2%	4 000.00	管理费用

表 5-3　固定资产折旧计算表

2019年7月31日

部门	类别	固定资产原值	计提比例	本月折旧额	计提科目
生产车间	机器设备	680 000.00	2%	13 600.00	制造费用
	房屋	1 060 000.00	1%	10 600.00	制造费用
管理部门	办公设备	230 000.00	2%	4 600.00	管理费用

注：7月份即便有固定资产的增减变动，也不会影响到7月的折旧额的计提，所以本例完全可以按照6月末（7月初）的固定资产的余额，按照要求计算出当月的折旧额。

固定资产提足折旧后，不论能否继续使用，均不再计提折旧。提前报废的固定资产也不再补提折旧。所谓提足折旧是指已经提足该项固定资产的应计折旧额。

已达到预定可使用状态但尚未办理竣工决算的固定资产，应当按照估计价值确定其成本，并计提折旧；待办理竣工决算后再按实际成本调整原来的暂估价值，但不需要调整原已计提的折旧额。

在确定固定资产折旧范围时，还应注意，以融资租赁方式租入的固定资产和以经营租赁方式租出的固定资产，应当计提折旧；未使用、处于大修理停用和季节性停工的固定资产需计提折旧；改、扩建过程中的固定资产转入在建工程核算期间，不提折旧。

二、固定资产折旧的计算方法

固定资产取得后，企业应当根据与固定资产有关的经济利益的预期实现方式合理选择折旧方法，计算各会计期间的折旧额，并将折旧额计入各期相关成本费用中去。企业可选用的折旧方法包括年限平均法、工作量法、双倍余额递减法和年数总和法等。固定资产的折旧方法一经确定，不得随意变更，如需变更，应当在会计报表附注中予以说明。

（一）年限平均法

年限平均法又称直线法，是指将固定资产的应计折旧额均衡地分摊到固定资产预计使用寿命内的一种方法。其特点是采用这种方法计算的每期折旧额均相等。其计算公式为：

$$年折旧额 = \frac{固定资产原价-预计净残值}{预计使用年限}$$

或

$$= \frac{固定资产原价 \times （1-预计净残值率）}{预计使用年限}$$

其中：　　　　　预计净残值率 ＝ 预计净残值额 ÷ 固定资产原价 ×100%

在实际工作中，采用年限平均法计提折旧时，折旧额是根据固定资产原价乘以折旧率来计算的。固定资产折旧率是折旧额与固定资产原价的百分比，通常是按年计算的，即

$$年折旧率 = \frac{固定资产年折旧额}{固定资产原价} \times 100\%$$

或

$$= \frac{固定资产原价 \times（1-预计净残值率）}{预计使用年限} \times \frac{1}{固定资产原价} \times 100\%$$

或

$$= \frac{1-预计净残值率}{预计使用年限} \times 100\%$$

$$月折旧率 = 年折旧率 \div 12$$

$$月折旧额 = 固定资产原价 \times 月折旧率$$

例 5-12 卓立有限责任公司有一栋厂房，原始价值为 1 200 000 元，预计使用年限为 20 年，预计净残率为 4%，该厂房的年折旧额、年折旧率、月折旧率、月折旧额的计算为：

$$年折旧额 = \frac{1 200 000 \times（1-4\%）}{20} = 57 600（元）$$

$$年折旧率 =（57 600 \div 1 200 000）\times 100\% = 4.8\%$$

$$或者：年折旧率 = \frac{1-4\%}{20} \times 100\% = 4.8\%$$

$$月折旧率 = 4.8\% \div 12 = 0.4\%$$

$$月折旧额 = 1 200 000 \times 0.4\% = 4 800（元）$$

如果本例中，其他条件不变，预计净残值为50 000元，则

$$年折旧额 = \frac{1 200 000-50 000}{20} = 57 500（元）$$

$$年折旧率 =（57 500 \div 1 200 000）= 4.79\%$$

（二）工作量法

工作量法是根据实际工作量计算每期应提折旧额的一种方法。采用工作量法计提折旧，应首先确定固定资产的应计提折旧总额；然后根据固定资产应计提折旧总额和预计完成的工作总量，确定单位工作量折旧额；最后根据单位工作量折旧额和某月实际完成的工作量，计算出该月折旧额。其基本计算公式为：

$$单位工作量折旧额 = \frac{固定资产原价-预计净残值}{预计总工作量} = \frac{固定资产原价 \times（1-预计净残值率）}{预计总工作量}$$

$$某项固定资产月折旧额 = 该项固定资产当月工作量 \times 单位工作量折旧额$$

例 5-13 卓立有限责任公司有一辆货运汽车，原始价值100 000 元，预计可行驶50 万千米，预计净残值率为5%，本月行驶5 000 千米。该辆汽车的月折旧额计算为

$$单位工作量折旧额 = \frac{100 000 \times（1-5\%）}{500 000} = 0.19（元／千米）$$

$$本月折旧额 = 5 000 \times 0.19 = 950（元）$$

工作量法一般适用于价值较高的大型精密机床以及运输设备等固定资产的折旧计算。这些固定资产的价值较高，各月的工作量一般不很均衡，相比年限平均法，采用工作量法会使各月

成本费用的负担更合理。

（三）双倍余额递减法

双倍余额递减法，是指在不考虑固定资产预计净残值的情况下，根据每年年初固定资产的净值乘以双倍的直线折旧率计算年折旧额的一种方法。其计算公式为：

$$年折旧率＝\frac{2}{预计使用年限}×100\%$$

$$月折旧率＝年折旧率÷12$$

$$月折旧额＝每月月初固定资产账面净值×月折旧率$$

双倍余额递减法的特点是折旧率固定。计算前期折旧时，先不考虑净残值，最后两年，为了不使固定资产的账面净值降低到它的预计净残值以下，将固定资产净值扣除预计净残值后的余额在两年内平均摊销。

📕 **5-14** 卓立有限责任公司现有一台机器设备，原价为 60 000 元，预计使用寿命为 5 年，预计净残值率为 4%。经批准采用双倍余额递减法计提折旧，则每年折旧额计算结果见表 5-4。

$$年折旧率＝\frac{2}{5}×100\%＝40\%$$

第一年应提的折旧额 ＝60 000×40%＝24 000（元）

第二年应提的折旧额 ＝（60 000–24 000）×40%＝14 400（元）

第三年应提的折旧额 ＝（60 000–24 000–14 400）×40%＝8 640（元）

从第四年起改按年限平均法（直线法）计提折旧：

第四、五年每年应提的折旧额 ＝（60 000–24 000–14 400–8 640–60 000×4%）÷2＝5 280（元）

表 5-4　折旧计算表（双倍余额递减法） 　单位：元

年次	年初账面净值	折旧率	折旧额	累计折旧额	期末账面净值
0		·			60 000
1	60 000	40%	24 000	24 000	36 000
2	36 000	40%	14 400	38 400	21 600
3	21 600	40%	8 640	47 040	12 960
4	12 960	—	5 280	52 320	7 680
5	7 680	—	5 280	57 600	2 400

（四）年数总和法

年数总和法，又称年限合计法，是指将固定资产的原价减去预计净残值后的余额，乘以一个逐年递减的分数，来计算每年的折旧额。其中，这个分数的分子代表固定资产尚可使用的年数，分母代表使用年数的逐年数字总和。其计算公式为

$$年折旧率＝\frac{尚可使用年限}{预计使用年数总和}×100\%$$

或

$$＝\frac{预计使用年限-已使用年限}{预计使用年数×（预计使用年数+1）÷2}×100\%$$

$$月折旧率＝年折旧率÷12$$

$$月折旧额＝（固定资产原价-预计净残值）×月折旧率$$

年数总和法的特点是折旧率逐年递减。计算前期折旧时，要考虑净残值。

例 5-15 接上例，采用年数总和法计算的各年折旧，见表 5-5。

表 5-5　折旧计算表（年数总和法）　　　　　　　　单位：元

年度	原价－净残值	年折旧率	每年折旧额	累计折旧	期末账面余额
0					60 000
1	57 600	5/15	19 200	19 200	40 800
2	57 600	4/15	15 360	34 560	25 440
3	57 600	3/15	11 520	46 080	13 920
4	57 600	2/15	7 680	53 760	6 240
5	57 600	1/15	3 840	57 600	2 400

年数总和法所计算的折旧费随着年数的增加而逐渐递减，这样可以保持固定资产使用成本的均衡性和防止固定资产因无形损耗而遭受的损失。

三、固定资产折旧的核算

固定资产应当按月计提折旧，计提的折旧应通过"累计折旧"账户核算，并根据用途计入相关资产的成本或者当期损益。其中，基本生产车间的计入制造费用，管理部门的计入管理费用；销售部门的计入销售费用，经营租出的计入其他业务成本，企业自行建造固定资产过程中使用的计入在建工程成本，研发无形资产过程中使用的计入研发支出，未使用的固定资产，其计提的折旧计入管理费用，即借记"制造费用""销售费用""管理费用"等，贷记"累计折旧"账户。

例 5-16 卓立有限责任公司 2019 年 6 月的固定资产折旧汇总计算表见表 5-6。

表 5-6　固定资产折旧计算汇总表

2019 年 6 月　　　　　　　　　　　　　　　单位：元

使用部门	上月计提折旧额	加：上月增加固定资产应计提折旧额	减：上月减少固定资产应计提折旧额	本月应计提折旧额
A 车间	28 150	1 350		29 500
B 车间	21 250		750	20 500
C 车间	24 200	100		24 300
车间合计	73 600	1 450	750	74 300
行政管理部门	4 050	250	100	4 200
出租	1 500			1 500
合计	79 150	1 700	850	80 000

根据表 5-6，应做如下会计分录：

借：制造费用　　　　　　　　　　　　　　　　　　　　74 300

　　　管理费用　　　　　　　　　　　　　　　　　　　　4 200

其他业务成本		1 500
贷：累计折旧		80 000

任务实施

活动一　讨论固定资产折旧的影响因素

活动二　分析各种折旧计算方法

活动三　用表格比较各种计提折旧方法的异同，体会每种折旧计提方法的关键

知识拓展

1. 企业在确定固定资产的使用寿命时，应当考虑以下因素

（1）该固定资产的预计生产能力或实物产量。

（2）该固定资产的有形损耗，如设备在使用中发生磨损、房屋建筑物受到自然侵蚀等。

（3）该固定资产的无形损耗，如因新技术的进步而使现有的资产技术水平相对陈旧、市场需求变化使产品过时等。

（4）有关固定资产使用的法律或者类似的限制。

2. 年限平均法的折旧率有三种，即个别折旧率、分类折旧率和综合折旧率

（1）个别折旧率，是指按某项固定资产逐个计算的折旧率。如上例中的折旧率。

（2）分类折旧率，是指将性质、结构和使用年限大体相同的固定资产归并为同一类，按照固定资产的类别计算的折旧率。其计算公式为：

$$某类固定资产年分类折旧率 = \frac{该类固定资产年折旧额之和}{该类固定资产原价之和} \times 100\%$$

（3）综合折旧率，是指就整个企业的全部固定资产综合计算的折旧率。其计算公式为：

$$固定资产年综合折旧率 = \frac{各项固定资产年折旧之和}{各项固定资产原价之和} \times 100\%$$

采用综合折旧率，计算比较简便，但计算的折旧额有较大的误差性，因此，现行制度规定一般不得使用。

课堂巩固

业务分析题

1. 甲公司的某项生产设备原价160 000元，预计净残值率为3%，预计使用年限为5年，分别用年限平均法、双倍余额递减法和年数总和法计算每月应计提的折旧额并编制会计分录。

2. 乙公司6月自行建造的一条生产线投入使用，该生产线建造成本为108万元，预计工作总量为72 000小时，预计净残值率为5%。采用工作量法计提折旧。7月，该设备实际工作量为200小时，则7月应计提的折旧额为多少？计算折旧额并编制相关分录。

3. 丙公司2019年12月1日购入某项不需要安装的管理部门用设备，原价200 000元，当天投入使用，预计净残值率为3%，公司预计使用年限为5年，采用双倍余额递减法计提折旧。

（1）请计算2019年每月计提折旧的会计分录。

（2）会计上2019年因该管理用固定资产计提折旧而计入管理费用的金额总共为多少？

任务四　核算固定资产的后续支出

任务描述

一般情况下，企业的固定资产投入使用后，由于各个组成部分耐用程度不同或者使用条件不同，因而往往发生固定资产的局部损坏。为了保持固定资产的正常运转和使用，充分发挥其使用效能，往往需要对现有固定资产进行必要的后续支出。关于固定资产的后续支出，同学们有以下观点：

观点1：固定资产的后续支出应当全部资本化，计入固定资产的价值。

观点2：固定资产的后续支出包括资本化支出和费用化的支出，两者的处理方式不同。

以上观点正确吗？亲爱的同学们，你怎么看？

知识储备

一、固定资产后续支出的概念及核算原则

固定资产的后续支出是指固定资产使用过程中发生的更新改造支出、修理费用等，包括企业对固定资产进行维护、改建、扩建或者改良等发生的支出。其具体内容有：①对自有固定资产进行维护所发生的大修理或中小修理支出。②对自有固定资产进行改建、扩建所发生的支出。③对自有或者租入固定资产进行改良或者装修等所发生的支出。

后续支出的处理原则为：符合固定资产确认条件的，应当计入固定资产成本，同时将被替换部分的账面价值扣除；不满足固定资产确认条件的，应当计入当期损益。

二、固定资产后续支出的核算

（一）资本化的后续支出

固定资产发生可资本化的后续支出时，企业一般应将该固定资产的原价、已计提的累计折旧和减值准备转销，将固定资产的账面价值转入在建工程，并在此基础上重新确定固定资产原价。因固定资产已转入在建工程，因此停止计提折旧。在固定资产发生的后续支出完工并达到预定可使用状态时，再从在建工程转入固定资产，并按重新确定的固定资产原价、使用寿命、预计净残值和折旧方法计提折旧。固定资产发生的可资本化的后续支出，通过"在建工程"账户核算。

若企业发生的某些固定资产后续支出涉及替换原固定资产的某些组成部分，应将发生的后续支出计入固定资产成本，同时将被替换部分的账面价值扣除。

企业对固定资产进行定期检查发生的大修理费用，有确凿证据表明符合固定资产确认条件的部分，可以计入固定资产成本，不符合固定资产确认条件的应当费用化，计入当期损益。固定资产在定期大修理间隔期间，照提折旧。

例 5-17　2019年7月1日，卓立有限责任公司对现有的一台生产设备进行改扩建，该生

产设备的原价为 2 000 万元，已提折旧 800 万元。在改扩建中，领用工程物资 300 万元，（不含增值税）；领用生产用原材料 80 万元。发生改扩建工程人员工资 90 万元，用银行存款支付其他相关费用 140 万元，符合资本化条件。2019 年 9 月 12 日，达到预定可使用状态。该公司对改扩建后的固定资产采用直线法计提折旧，预计尚可使用年限为 5 年，预计净残值为 10 万元。

① 固定资产转入改扩建：

借：在建工程	12 000 000
累计折旧	8 000 000
贷：固定资产	20 000 000

② 领用工程物资：

| 借：在建工程 | 3 000 000 |
| 　　贷：工程物资 | 3 000 000 |

③ 领用材料：

| 借：在建工程 | 800 000 |
| 　　贷：原材料 | 800 000 |

④ 计提工程人员工资：

| 借：在建工程 | 900 000 |
| 　　贷：应付职工薪酬——工资 | 900 000 |

⑤ 支付其他相关费用：

| 借：在建工程 | 1 400 000 |
| 　　贷：银行存款 | 1 400 000 |

⑥ 达到预定可使用状态：

| 借：固定资产 | 18 100 000 |
| 　　贷：在建工程 | 18 100 000 |

⑦ 从 10 月开始每月计提折旧：

改扩建后每月应计提的折旧额＝（18 100 000－100 000）÷5÷12=300 000（元）

| 借：制造费用 | 300 000 |
| 　　贷：累计折旧 | 300 000 |

（二）费用化的后续支出

为了维护固定资产的正常运转和使用，充分发挥其使用效能，企业经常对固定资产进行必要的维护和维修，所发生的维护、维修费用等后续支出不符合资本化条件的，应当根据不同情况分别在发生时计入当期管理费用或销售费用。企业生产车间（部门）和行政管理部门等发生的固定资产修理费用等后续支出计入管理费用；企业专设销售机构的，其发生的固定资产修理费用等后续支出，计入销售费用。

例 5-18 2019 年 7 月 8 日，卓立有限责任公司对现有的一台管理部门使用的设备进行日常修理，修理过程中应支付的维修人员工资为 6 000 元。会计处理如下：

| 借：管理费用 | 6 000 |
| 　　贷：应付职工薪酬——工资 | 6 000 |

例 5-19 2019 年 9 月 8 日，卓立有限责任公司对现有的一台生产车间使用的设备进行日常修理，修理过程中应支付的维修人员工资为 3 080 元。会计处理如下：

借：管理费用   3 080

        贷：应付职工薪酬——工资   3 080

任务实施

活动一   描述固定资产后续支出的种类及区分关键

活动二   总结固定资产资本化后续支出和费用化后续支出的账务处理

知识拓展

企业为固定资产发生的支出符合下列条件之一者，应确认为固定资产改良支出：

（1）使固定资产的使用年限延长。

（2）使固定资产的生产能力提高。

（3）使产品质量提高。

（4）使产品品种、性能、规格等发生良好的变化。

（5）使产品的成本降低。

（6）使企业经营管理环境或条件改善。

课堂巩固

业务分析题

1. 2019年8月1日，甲公司对现有的一台生产设备进行改扩建，该生产设备的原价为25万元，已提折旧8万元。在改扩建中，领用工程物资13万元（不含增值税）；领用生产用原材料10万元。发生改扩建工程人员工资2万元，用银行存款支付其他相关费用3万元，符合资本化条件。2019年9月12日，达到预定可使用状态。请进行账务处理。

2. 卓立有限责任公司对现有的一台生产用设备进行修理维护，领用一批库存原材料，价值为5 000元，为购买该原材料支付的增值税进项税额为650元；发生维修人员工资2 000元。不考虑其他因素，请编制相关会计分录。

任务五 核算固定资产清理

任务描述

关于固定资产的清理，同学们为讨论中产生了相冲突的观点：

观点1：固定资产报废时，不需要进行任何账务处理。

观点2：固定资产报废时，应按规定程序办理有关手续，结转固定资产的账面价值，计算有关的清理收入、清理费用及残料价值等。

以上两种观点是否正确？亲爱的同学们，你怎么看？

一、固定资产终止确认的条件

固定资产满足下列条件之一的，应当予以终止确认。

1. 该固定资产处于处置状态

固定资产处置包括固定资产的出售、转让、报废或毁损、对外投资、非货币性资产交换、债务重组等。处于处置状态的固定资产不再用于生产商品、提供劳务、出租或经营管理，因此不再符合固定资产的定义，应予终止确认。

2. 该固定资产预期通过使用或处置不能产生经济利益

固定资产的确认条件之一是"与该固定资产有关的经济利益很可能流入企业"，如果一项固定资产预期通过使用或处置不能产生经济利益，就不再符合固定资产的定义和确认条件，应予终止确认。

二、固定资产处置的账户设置

固定资产处置一般通过"固定资产清理"账户进行核算。"固定资产清理"账户核算企业因出售、报废、毁损等原因转出的固定资产价值以及在清理过程中发生的费用、清理收入及清理净损益等，借方登记转出的固定资产的账面价值和清理过程中应支付的相关税费及其他费用，贷方登记发生的固定资产清理收入，期末借方余额反映企业尚未清理完毕的固定资产清理净损失，期末贷方余额反映企业尚未清理完毕的固定资产清理净收益。该账户应按被清理的固定资产项目设明细账，进行明细核算。

三、固定资产处置的账务处理

企业因出售、报废或毁损等处置固定资产时，其会计处理一般需经过以下步骤。

1. 将固定资产转入清理

固定资产转入清理时，按固定资产账面价值，借记"固定资产清理"账户，按已计提的累计折旧，借记"累计折旧"账户，按已计提的减值准备，借记"固定资产减值准备"账户，按固定资产账面原价，贷记"固定资产"账户。

2. 支付清理费用

对于固定资产清理过程中发生的有关费用以及应支付的相关税费，应借记"固定资产清理"账户，贷记"银行存款""应交税费"等账户。原已抵扣进项税额的固定资产报废毁损，还可能涉及进项税转出问题。

3. 回收残值

收回出售固定资产的价款、残料价值和变价收入等，应冲减清理支出。借记"银行存款""原材料"等账户，贷记"固定资产清理""应交税费——应交增值税"等账户。

4. 收取赔偿

企业计算或收到的应由保险公司或过失人赔偿的损失，应冲减清理支出，借记"其他应收款""银行存款"等账户，贷记"固定资产清理"账户。

5. 结转清理净损益

"固定资产清理"账户如为借方余额，表示固定资产清理发生净损失，如为贷方余额，表示固定资产清理产生净收益。若因为处置出售固定资产而产生，则结转净损益时，由"固定资产清理"账户转入"资产处置损益"账户；若因为报废、毁损而清理固定资产而产生，则结转净损益时，由"固定资产清理"账户转入"营业外收入"或"营业外支出"账户。

例 5-20 2019年6月卓立有限责任公司在生产经营期间出售一自建建筑物，原价2 400 000元，已使用2年，共计提折旧700 000元，发生清理费5 000元，出售时收到含税总价款3 300 000元。

① 转入清理：

借：固定资产清理	1 700 000
累计折旧	700 000
贷：固定资产	2 400 000

② 支付清理费用：

借：固定资产清理	5 000
贷：银行存款	5 000

③ 收到出售固定资产的价款：

借：银行存款	3 300 000
贷：固定资产清理	3 300 000

④ 计算应缴纳的增值税：

应交增值税税额 =3 300 000÷（1+10%）×10%=300 000（元）

借：固定资产清理	300 000
贷：应交税费——应交增值税（销项税额）	300 000

⑤ 结转固定资产清理净收益：

固定资产清理净收益 =3 300 000−1 700 000−5 000−300 000=1 295 000（元）

借：固定资产清理	1 295 000
贷：资产处置损益	1 295 000

> **🖎 特别提醒**
>
> 该题最终的固定资产处置收益（"资产处置损益"账户有贷方余额），最终填列在利润表"资产处置收益"项目，影响营业利润。

例 5-21 2019年9月卓立有限责任公司在生产经营期间出售一台闲置机器，其原值为127 500元，已提折旧7 500元，出售总价款为113 000元，含增值税。款项已存入银行。

① 将固定资产转入清理

借：固定资产清理	120 000
累计折旧	7 500
贷：固定资产	127 500

② 取得出售机器收入

借：银行存款	113 000
贷：固定资产清理	100 000
应交税费——应交增值税（销项税额）	13 000

③ 结转固定资产清理净损失

借：资产处置损益　　　　　　　　　　　　　　　　　　　　　　　　　20 000

　　贷：固定资产清理　　　　　　　　　　　　　　　　　　　　　　　　　　20 000

🖐 **特别提醒**

> 该题最终的固定资产处置损失（"资产处置损益"有借方余额），也是填列在利润表"资产处置收益"项目，用"一"填列，同样影响营业利润。

例5-22　2019年4月卓立有限责任公司有一栋旧厂房，原值1 600 000元，已提折旧1 565 000元，因使用期满，经批准报废。在清理过程中以银行存款支付拆除费19 000元，出售残值取得变价收入46 000元。

① 注销报废的固定资产账面原值和已提折旧：

借：固定资产清理　　　　　　　　　　　　　　　　　　　　　　　　　35 000

　　累计折旧　　　　　　　　　　　　　　　　　　　　　　　　　　1 565 000

　　贷：固定资产　　　　　　　　　　　　　　　　　　　　　　　　　1 600 000

② 支付清理费用时：

借：固定资产清理　　　　　　　　　　　　　　　　　　　　　　　　　19 000

　　贷：银行存款　　　　　　　　　　　　　　　　　　　　　　　　　　19 000

③ 收到残值变价收入时：

借：银行存款　　　　　　　　　　　　　　　　　　　　　　　　　　　46 000

　　贷：固定资产清理　　　　　　　　　　　　　　　　　　　　　　　　46 000

④ 结转固定资产清理净损失：

借：营业外支出——处理非流动资产损失　　　　　　　　　　　　　　　　8 000

　　贷：固定资产清理　　　　　　　　　　　　　　　　　　　　　　　　　8 000

任务实施

活动一　讨论"固定资产清理"账户的设置

活动二　分析固定资产清理的关键环节

活动三　讨论固定资产清理的账务处理

活动四　区分营业外收支和资产处置损益两个账户在运用上的差别

课堂巩固

业务分析题

1. 卓立有限责任公司因火灾烧毁一台检验用精密仪器，其原值为240 000元，已提折旧136 000元；经保险公司核准应赔偿款项120 000元，清理中以现金支付清理费300元，残值变价收入3 400元已存入银行。卓立有限责任公司应作怎样的会计处理呢？

2. 卓立有限责任公司在生产经营期间出售一台闲置机器，其原值为150 000元，已提折旧70 000元，出售总价款为135 600元（含增值税，增值税税率13%）。款项已存入银行。请作出相应的会计处理。

任务六　核算固定资产的清查与减值

任务描述

固定资产作为一种单位价值较高、使用期限较长的有形资产，企业应当健全制度，加强管理，定期或者至少于每年年末对固定资产进行清查盘点，以保证固定资产核算的真实性和完整性，充分挖掘企业现有固定资产的潜力。在清查盘点中发生了固定资产盘盈或盘亏，该如何处理呢？

固定资产的初始入账价值是历史成本，由于固定资产使用年限较长，市场条件和经营环境的变化、科学技术的进步以及企业经营管理不善等原因，都可能导致固定资产创造未来经济利益的能力大大下降。那么固定资产减值计提时应当减少固定资产账户吗？固定资产计提减值后，如果后续又升值了，是否应当将计提的减值损失转回？

亲爱的同学们，你怎么看？

知识储备

一、固定资产的清查

在固定资产清查过程中，如果发现盘盈、盘亏的固定资产，应填制固定资产盘盈盘亏报告表，并及时查明原因，在期末结账前处理完毕。

对于企业在财产清查中盘亏的固定资产，应通过"待处理财产损溢"账户核算。发生盘亏时，按盘亏固定资产的账面价值，借记"待处理财产损溢——待处理固定资产损溢"账户，按已经计提的累计折旧，借记"累计折旧"账户，按已经计提的减值准备，借记"固定资产减值准备"账户，按固定资产的原价，贷记"固定资产"账户。按管理权限报经批准处理后，按可收回的保险赔偿金和过失人赔偿金额，借记"其他应收款"账户，按应计入损失的金额，借记"营业外支出——盘亏损失"账户，贷记"待处理财产损溢——待处理固定资产损溢"账户。

企业在财产清查中盘盈的固定资产，作为前期差错处理。盘盈的固定资产按重置成本计价，通过"以前年度损益调整"账户核算。

例5-23 卓立有限责任公司在固定资产清查时发现短缺一台笔记本电脑，原价为10 000元，已计提折旧5 000元。盘亏的笔记本电脑经批准转作企业损失。

① 盘亏固定资产时：

借：待处理财产损溢——待处理固定资产损溢　　　　　　　　　　　5 000
　　累计折旧　　　　　　　　　　　　　　　　　　　　　　　　　5 000
　　贷：固定资产　　　　　　　　　　　　　　　　　　　　　　　　10 000

② 报经批准转作企业损失时：

借：营业外支出——固定资产盘亏损失　　　　　　　　　　　　　　5 000
　　贷：待处理财产损溢——待处理固定资产损溢　　　　　　　　　　5 000

例 5-24 卓立有限责任公司在固定资产清查中，发现有一台账外设备，重置成本为 10 000 元，假设企业适用所得税税率为 25%，按净利润的 10% 计提法定盈余公积。

① 盘盈时：

借：固定资产　　　　　　　　　　　　　　　　　　　　　　　　　10 000
　　贷：以前年度损益调整　　　　　　　　　　　　　　　　　　　　　　10 000

② 补计应缴纳的所得税时：

借：以前年度损益调整　　　　　　　　　　　　　　　　　　　　　　2 500
　　贷：应交税费——应交所得税　　　　　　　　　　　　　　　　　　　2 500

③ 结转为留存收益时：

借：以前年度损益调整　　　　　　　　　　　　　　　　　　　　　　7 500
　　贷：盈余公积——法定盈余公积　　　　　　　　　　　　　　　　　　750
　　　　利润分配——未分配利润　　　　　　　　　　　　　　　　　　6 750

二、固定资产减值

固定资产在资产负债表日存在可能发生减值的迹象时，其可收回金额低于账面价值的，企业应当将该固定资产的账面价值减记至可收回金额，减记的金额确认为减值损失，计入当期损益，同时计提相应的资产减值准备，借记"资产减值损失——计提的固定资产减值准备"账户，贷记"固定资产减值准备"账户。固定资产减值损失一经确认，在以后会计期间不得转回。

例 5-25 卓立有限责任公司有一台 2018 年 12 月 12 日购入的生产设备，其固定资产原值为 60 000 元。2019 年 12 月 31 日，已提折旧额为 24 000 元，由于市场需求发生不利变化，致使该项固定资产发生减值，估计其可收回金额为 30 000 元。以前年度未对该项设备计提过减值准备。

2019 年 12 月 31 日固定资产账面价值为 36 000（60 000–24 000）元，当期可收回金额为 30 000 元，低于固定资产的账面价值，公司应当按 6 000（36 000–30 000）元计提减值准备。

借：资产减值损失——计提的固定资产减值准备　　　　　　　　　　6 000
　　贷：固定资产减值准备　　　　　　　　　　　　　　　　　　　　　6 000

任务实施

活动一　描述固定资产清查的核算过程

活动二　分析固定资产盘亏的账务处理

获得三　讨论固定资产盘盈的账务处理

活动四　体会固定资产的减值核算过程，能联系固定资产折旧的计算，结合固定资产的可收回金额，判断固定资产是否发生减值

知识拓展

资产减值损失确定后，减值资产的折旧或者摊销费用应当在未来期间作相应的调整，以使该资产在剩余使用寿命内，系统地分摊调整后的资产账面价值（扣除预计净残值），而且固定资产减值准备一旦计提，在以后期间不得转回。

课堂巩固

业务分析题

1. 卓立有限责任公司在固定资产的清查时发现短缺一台设备，其原价为17 000元，已计提折旧8 500元。盘亏设备经批准转作企业损失。请编制相关会计分录。

2. 天联公司有一台2018年12月12日购入的生产设备，其固定资产原值为60 000元，预计净残值为6 000元，预计使用年限为5年，按照双倍余额法计提折旧。2019年12月31日，由于市场需求发生不利变化，致使该项固定资产发生减值，估计其可收回金额为10 000元。以前年度未对该项设备计提过减值准备。请编制相关会计分录。

新规速览

2021年财政部颁布的《会计改革与发展"十四五"规划纲要》中明确指出，大数据、人工智能、移动互联网、物联网、区块链接等技术革新，催生新产业、新业态、新模式，进一步推动会计工作与经济业务深度融合、推动会计智能化发展，迫切需要一批既精通专业又熟悉信息技术，及具备战略思维又富有创新能力的复合型会计人才，推动会计工作适应数字化转型，实现"提质增效"的改革发展目标。

面对会计行业发展的新态势、新技术，作为准会计从业者的我们，要坚持守正创新、不断学习、与时俱进，培养具有数字化思维、创新能力和跨学科知识整合能力的复合型会计人才，紧跟时代潮流，以便服务于我国快速发展的财务管理实践。

学习无形资产及长期待摊费用

知识目标

1. 了解无形资产及长期待摊费用的分类与计价；
2. 了解无形资产的内容；
3. 掌握无形资产的取得、摊销、处置和减值的账务处理；
4. 了解长期待摊费用的概念和内容；
5. 理解长期待摊费用的性质及其核算。

技能目标

1. 能够在实务工作中辨认无形资产；
2. 具有灵活处理无形资产取得、摊销、减值等会计信息的能力；
3. 具备与专利及资产评估等中介服务机构交流与合作的能力。

素养目标

1. 养成勤于动脑、勇于探索的职业精神；
2. 树立科技创新意识，增强爱国情怀；
3. 学习新思维、新理念，积极培养和建立学生"互联网+"的思维模式。

项目导航

在现实生活中，很多消费者在购买商品时，自然会想到名牌商品。如购买可乐，选择可口可乐；购买坚果，会想到百草味；购买创可贴时，选择邦迪；购买冰箱会想到海尔等。在同等价格和相同质量的前提下自然会选择名牌产品，即使在不同价格的情况也会优先考虑名牌产品，其实这就是品牌效应，是无形资产创造的价值。

随着知识经济时代的到来，产业不断向技术密集和智力密集型转化。企业的竞争体现在市场上，市场的竞争体现在商品上，商品的竞争体现在技术上，技术的竞争体现在无形资产上，以无形资产形态存在的知识资本，如专利技术、专业知识、经验技能、产品设计、管理方法等对企业的生存与发展尤为重要。

本项目主要让你了解无形资产的定义和特征，熟悉无形资产的内容及其账务处理。

任务一　了解无形资产

任务描述

通过预习，同学们对无形资产有了一定的认识，以下是他们的发言：

观点1：顾名思义，只要是看不见摸不着的就是无形资产，比如专利权、商标权等。

观点2：并不是所有看不见摸不着的都是无形资产，无形资产必须能够为企业带来经济利益，比如专利权、商标权、独特的配方等。

观点3：无形资产除了看不见摸不着，能为企业带来经济利益外还必须能单独计量，能够脱离企业产品和文化单独存在，比如企业的信誉、口碑等。

以上观点是否正确？什么样的资产属于无形资产？无形资产有什么样的特征？要想确认无形资产需要具备哪些条件呢？亲爱的同学们，你怎么看？

知识储备

一、无形资产的定义和特征

无形资产，是指企业拥有或者控制的没有实物形态的可辨认非货币性资产。无形资产具有以下三个特征。

1. 无形资产不具有实物形态

无形资产不具有实物形态，看不见，摸不着，这是无形资产区别于其他资产的显著标志。无形资产通常表现为某种权利、某项技术或某种获取超额利润的综合能力，如商标权、土地使用权、专利技术、非专利技术等。而固定资产、存货等有形资产具有实物形态。

2. 无形资产具有可辨认性

可辨认性是指能够脱离企业而单独存在，具有相对独立性，可以个别取得、单独计价和单独转让等。比如专利权，甲企业可以用，乙企业也可以用，这就说明此资产可以脱离企业而存在，可以单独用于交易，此即可辨认性。

某些情况下无形资产可能需要与相关合同、资产或负债一起用于出售转让等，这种情况下也视为具有可辨认性。

商誉只能在天时、地利、人和等要素的共同作用下，才能为企业创造超额收益，商誉的存在无法与企业自身分离，不具有可辨认性，不属于无形资产的范畴。会计上将其单独列为"商誉"处理。

3. 无形资产属于非货币性长期资产

无形资产属于非货币性资产且能够在多个会计期间为企业带来经济利益。无形资产的使用期限在一年以上，其价值将在各个受益期间逐渐摊销。

无形资产往往通过自身所具有的技术等优势为企业带来经济利益。企业的有形资产，例如固定资产，同样也能为企业带来经济利益，但其为企业带来经济利益的方式与无形资产不同，固定资产是通过实物价值的磨损和转移来为企业带来经济利益的。

二、无形资产的内容

无形资产通常包括专利权、非专利技术、商标权、著作权、特许权、土地使用权等。

1. 专利权

专利权，是指国家专利主管机关依法授予发明创造专利申请人，对其发明创造在法定期限内所享有的专有权利，包括发明专利权、实用新型专利权和外观设计专利权。它给予持有和独家使用或控制某项发明的特殊权利，如图6-1所示。

图 6-1　专利权

2. 非专利技术

非专利技术，也称专有技术、秘密或诀窍。它是指未公开的、在生产经营活动中已采用了的、先进的、未申请专利的、可以带来经济效益的各种技术和诀窍。非专利技术一般包括工业专有技术、商业（贸易）专有技术、管理专有技术等，如图6-2所示。

图 6-2　非专利技术

3. 商标权

商标是用来辨认特定的商品或劳务的标记。商标权指专门在某类指定的商品或产品上使用特定的名称或图案的权利，如图6-3所示。

图 6-3　商标权

4. 著作权

著作权又称版权，指作者对其创作的文学、科学和艺术作品依法享有的某些特殊权利。著作权包括作品署名权、发表权、修改权和保护作品完整权，还包括复制权、发行权、出租权、展览权、表演权、放映权、广播权、信息网络传播权、摄制权、改编权、翻译权、汇编权以及应当由著作权人享有的其他权利，如图6-4所示。

图 6-4　著作权

5. 特许权

特许权，又称经营特许权、专营权，指企业在某一地区经营或销售某种特定商品的权利或是一家企业接受另一家企业使用其商标、商号、技术秘密等的权利。通常有两种形式，一种是由政府机构授权，准许企业使用或在一定地区享有经营某种业务的特权，如水、电、邮电通信等专营权、烟草专卖权等；另一种指企业间依照签订的合同，有限期或无限期使用另一家企业的某些权利，如连锁店分店使用总店的名称等，如图6-5所示。

图 6-5　特许权

6. 土地使用权

土地使用权，指国家准许某一企业或单位在一定期间内对国有土地享有开发、利用、经营的权利，如图6-6所示。

图 6-6　土地使用权

三、无形资产的确认条件

一项资产能否确认为无形资产，在满足无形资产定义的前提下，还需要同时满足以下两个条件才能加以确认，二者缺一不可。

（一）与该无形资产有关的经济利益很可能流入企业

资产的最基本特征是预期会给企业带来经济利益，如果某一项目产生的经济利益预期不能流入企业，就不能确认为企业的资产。对无形资产的确认而言只有其产生的经济利益很可能流入企业才有可能确认为无形资产，反之不然。例如，某企业外购一项商标权，从而拥有法定所有权，使得企业的相关权利受到法律的保护，此时，表明企业能够控制该项无形资产所产生的经济利益的流入，应当确认为无形资产。

（二）该无形资产的成本能够可靠计量

资产确认的基本条件之一就是成本能够可靠地计量。这也是确认无形资产的必要条件之一。比如，一些高科技领域的高科技人才，假定其与企业签订了服务合同，且合同规定其在一定期限内不能为其他企业服务。在这种情况下，虽然这些人才的知识在规定的期限内预期能够给企业带来经济利益，但是形成这些知识所发生的支出难以计量，并且这些高科技人才的知识难以确定或合理辨认，因此，高科技人才不能确认为无形资产。

任务实施

活动一　讨论实务中的无形资产有哪些，请大家举例说明

活动二　判断有赖于实物载体的权利、技术是否属于无形资产

活动三　分析会产生经济利益的技术知识，若其受到版权、贸易协议约束（如果允许）等法定权利或雇员保密法定职责的保护，是否属于无形资产

活动四　分析客户关系、人力资源等是否属于无形资产。分析内部产生的品牌、报刊名、刊头、客户名单和实质上类似的项目支出，是否属于无形资产

知识拓展

1. 某些无形资产的存在有赖于实物载体。比如，计算机软件需要存储在磁盘中。但这并不改变无形资产本身不具实物形态的特性。在确定一项包含无形和有形要素的资产是属于固定资产还是属于无形资产时，需要通过判断来加以确定，通常以哪个要素更重要作为判断的依据。例如，计算机控制的机械工具没有特定计算机软件就不能运行时，说明该软件是构成相关硬件不可缺少的组成部分，该软件应作为固定资产处理；如果计算机软件不是相关硬件不可缺少的组成部分，则该软件应作为无形资产核算。

2. 如果企业有权获得一项无形资产产生的未来经济利益，并能约束其他方获取这些利益，则表明企业控制了该项无形资产。例如，对于会产生经济利益的技术知识，若其受到版权、贸易协议约束（如果允许）等法定权利或雇员保密法定职责的保护，那么说明该企业控制了相关利益。

客户关系、人力资源等，由于企业无法控制其带来的未来经济利益，不符合无形资产的定义，不应将其确认为无形资产。

内部产生的品牌、报刊名、刊头、客户名单和实质上类似的项目支出，由于不能与整个业务开发成本区分开来。因此，这类项目不应确认为无形资产。

课堂巩固

判断题

1. 企业自行设计并注册使用的商标权属于无形资产。　　　　　　　　　　（　　　）
2. 商誉不具有实物形态，应确认为企业的无形资产。　　　　　　　　　　（　　　）

任务二　学习无形资产的账务处理

任务描述

同学们就无形资产核算的发言观点如下：

观点1：无形资产作为企业的资产，企业在取得时应该入账，需要进行账务处理。

观点2：无形资产虽然不像固定资产一样使用一段时间后有表面上的磨损或折耗，但是有一些无形资产也是有使用寿命的，既然有使用寿命，那它的价值在使用的过程中也应该有损耗，那么应该计提折旧，这时也需要进行账务处理。

观点3：无形资产作为企业的资产，它就有可能离开企业，那么企业在处置无形资产时也需要进行账务处理。

观点4：固定资产在资产负债表日，企业基于谨慎性要求，要对资产计提减值准备，那么无形资产也应该计提减值准备，也需要进行账务处理。

亲爱的同学们，你怎么看？

知识储备

一、账户设置

为了核算无形资产取得、摊销及处置等情况，企业一般需要设置"无形资产""累计摊销""研发支出"等账户。

"无形资产"账户核算企业持有的无形资产成本。借方登记取得无形资产的成本；贷方登记出售无形资产时转出无形资产账面余额；期末余额在借方，表明企业无形资产的成本。该账户应按无形资产项目设置明细账，进行明细核算。

"累计摊销"账户属于"无形资产"的备抵调整账户，核算企业对使用寿命有限的无形资产计提的累计摊销额。贷方登记企业计提的无形资产摊销额；借方登记处置无形资产时转出的累计摊销额；期末余额在贷方，反映企业无形资产的累计摊销额。

"研发支出"账户核算企业在研究与开发无形资产过程中发生的各项支出。借方登记研发过程中发生的各项支出；贷方登记期末结转的费用化支出及无形资产研发成功时转出的无形资产研发成本。本账户一般按研究开发项目，分列"费用化支出""资本化支出"进行明细核算。

二、无形资产取得的账务处理

无形资产应当按照成本进行初始计量。企业取得无形资产的主要方式有外购、自行研究开发等。取得方式不同，会计处理也不尽相同。

（一）外购无形资产

外购无形资产的成本包括购买价款、相关税费（可抵扣的增值税除外）以及直接归属于使该项资产达到预定用途所发生的其他支出。但为引入新产品进行宣传而发生的广告费、管理费用及其他间接费用以及无形资产已达到预定用途后所发生的费用不能计入无形资产的成本。

例6-1 A企业为增值税一般纳税人。2019年1月10日，A企业以2 018万元的价格（含增值税118万元）购入一项专利技术，另支付其他相关税费90万元，上述款项均用银行存款支付。A企业应作以下账务处理：

借：无形资产——专利技术　　　　　　　　　　　　　　　　　　19 900 000

　　应交税费——应交增值税（进项税额）　　　　　　　　　　　 1 180 000

　　　贷：银行存款　　　　　　　　　　　　　　　　　　　　　21 080 000

（二）自行研究开发无形资产

自行研究开发无形资产时，企业内部研究开发项目所发生的支出应区分研究阶段支出和开发阶段支出。

企业自行研发无形资产发生的支出，不符合资本化条件的，应借记"研发支出——费用化支出"账户，符合资本化条件的，应借记"研发支出——资本化支出"账户；研究开发项目达到预定用途形成无形资产的，应按"研发支出——资本化支出"账户余额转入无形资产初始成本。

1. 研究阶段支出

由于研究阶段具有探索性和研究成果具有不确定性，所以企业研究阶段的支出全部费用化，计入当期损益。发生费用化的支出时，借记"研发支出——费用化支出"账户，贷记"原材料""银行存款""应付职工薪酬"等账户。期末将"研发支出——费用化支出"账户的金额转入"管理费用"账户。

2. 开发阶段的支出

开发阶段的支出需要区分是否符合资本化条件，不符合资本化条件的予以费用化，其账务处理与研究阶段相同。满足资本化条件的支出予以资本化，发生支出时借记"研发支出——资本化支出"账户，贷记"原材料""银行存款""应付职工薪酬"等账户。待研究开发项目达到预定用途形成无形资产时，将"研发支出——资本化支出"账户的余额转入"无形资产"账户，即借记"无形资产"账户，贷记"研发支出——资本化支出"账户。

如果确实无法可靠区分研究阶段的支出和开发阶段的支出，应将其所发生的研发支出全部费用化，计入当期损益"管理费用"账户。

例6-2 卓立有限责任公司正在研究开发一项新技术，截至2018年12月31日，发生研发支出合计1 000 000元，经测试该项研发活动完成了研究阶段，从2019年1月1日开始进入开发阶段。2019年发生开发支出500 000元，假定符合《企业会计准则第6号——无形资产》规定的开发支出资本化条件。2019年7月31日，该项研发活动结束，最终开发出一项非专利技术。A企业应编制如下会计分录：

① 2018年发生的研发支出：

借：研发支出——费用化支出　　　　　　　　　　　　　　　　 1 000 000

　　　贷：银行存款　　　　　　　　　　　　　　　　　　　　 1 000 000

② 截至 2018 年 12 月 31 日，发生的研发支出全部属于研究阶段的支出：

借：管理费用   1 000 000

  贷：研发支出——费用化支出   1 000 000

③ 2019 年，发生开发支出并满足资本化确认条件：

借：研发支出——资本化支出   500 000

  贷：银行存款   500 000

④ 2019 年 7 月 31 日，该技术研发完成并形成无形资产：

借：无形资产   500 000

  贷：研发支出——资本化支出   500 000

三、无形资产的摊销

企业在取得无形资产时应分析判断其使用寿命。如无形资产的使用寿命为有限或确定的，应当估计该资产的使用寿命年限或者构成使用寿命产量等类似计量单位数量，对该无形资产进行摊销；如无法预见无形资产为企业带来经济利益期限的，视为无形资产使用寿命不确定，对于使用寿命不确定的无形资产，则不进行摊销，期末进行减值测试。

（一）无形资产使用寿命的确定

（1）源自合同性权利或其他法定权利的无形资产，其使用寿命不应超过合同性权利或其他法定权利规定的期限。

（2）如果无形资产的预计使用期限短于合同性权利或其他法定权利规定的期限的，则应当按预计使用期限确认其使用寿命。

（3）如果合同性权利或其他法定权利能够在到期时延续，而且此延续不需付出重大成本时，续约期应作为使用寿命的一部分。

（4）没有明确的合同或法定期限的，应合理推定。当合理推定无法实现时，应界定为使用寿命不确定的无形资产，不摊销。

（二）无形资产摊销的方法

无形资产摊销的方法包括直线法、生产总量法等。企业选择的无形资产摊销方法，应当反映与该项无形资产有关的经济利益的预期实现方式。企业一般采用直线法摊销。

使用寿命有限的无形资产，其残值通常应当视为零。对于使用寿命有限的无形资产应当自可供使用（即其达到预定用途）当月起开始摊销，处置当月不再摊销。企业应该按月对无形资产进行摊销。无形资产摊销额一般应当计入当期损益，企业自用的无形资产，其摊销金额计入管理费用；出租的无形资产，其摊销金额计入其他业务成本；某项无形资产包含的经济利益通过所生产的产品或其他资产实现的，其摊销金额应当计入相关资产成本。

例 6-3 2019 年 1 月 1 日，卓立有限责任公司购买了一项著作权，成本为 3 600 000 元，合同规定受益年限为 10 年，卓立有限责任公司每月应摊销 30 000 元。每月摊销时，卓立有限责任公司应编制如下会计分录：

借：管理费用   30 000

  贷：累计摊销   30 000

例 6-4 卓立有限责任公司将其自行开发完成的发明出租给 B 企业，合同规定出租期限为三年，每月租金收入为 300 000 元，每月月末收取当月租金。2018 年 7 月 31 日收到当月的租金及增值税合计 318 000 元，已办理进账手续。该发明的每月摊销额为 100 000 元。卓立有限责任公司应编制如下会计分录：

借：银行存款		318 000
贷：其他业务收入		300 000
应交税费——应交增值税（销项税额）		18 000
借：其他业务成本		100 000
贷：累计摊销		100 000

四、无形资产的处置

无形资产的处置，主要是指无形资产出售、对外捐赠，以及当无形资产无法再为企业带来未来经济利益时，予以转销并终止确认。

企业出售无形资产，应当将取得的价款扣除该无形资产账面价值以及相关税费后的差额计入资产处置损益，其他予以转销的无形资产净损失计入营业外支出。

例 6-5 卓立有限责任公司为增值税一般纳税人，2018 年 1 月 2 日，出售一项空调商标权，开出的增值税专用发票上注明价款 200 000 元，增值税税额为 12 000 元，款项已经存入银行。该商标的账面余额为 210 000 元，累计摊销额为 60 000 元，未计提减值准备。公司应编制如下会计分录：

借：银行存款		212 000
累计摊销		60 000
贷：无形资产		210 000
应交税费——应交增值税（销项税额）		12 000
资产处置收益——非流动资产处置利得		50 000

五、无形资产的减值

无形资产在资产负债表日存在可能发生减值的迹象时，其可收回金额低于账面价值的，企业应当将该无形资产的账面价值减记至可收回金额，减记金额确认为减值损失，按应减记的金额，借记"资产减值损失——计提的无形资产减值准备"账户，计入当期损益，同时计提相应的资产减值准备，贷记"无形资产减值准备"账户。无形资产减值损失一经确认，在以后会计期间不得转回。

例 6-6 2018 年 12 月 31 日，市场上某项新配方食品销售得非常好，已对卓立有限责任公司产品的销售产生重大不利影响。卓立有限责任公司外购的类似食品配方的账面价值为 900 000 元，剩余摊销年限为 5 年，经减值测试，该专利技术的可收回金额为 850 000 元。卓立有限责任公司应编制如下会计分录：

借：资产减值损失——计提的无形资产减值准备		50 000
贷：无形资产减值准备		50 000

任务实施

活动一　分析无形资产的入账价值如何确定

活动二　讨论无形资产研发支出的划分

活动三　讨论无形资产摊销的会计处理

活动四　请以思维导图的形式总结无形资产的账务处理

知识拓展

会计准则如何区分自行研究开发无形资产的研究阶段和开发阶段：

1. 研究阶段是指为获取新的技术和知识等进行的有计划的调查。例如，意在获取知识而进行的活动，研究成果或其他知识的应用研究、评价和最终选择，材料、设备、产品、工序、系统或服务替代品的研究，以及新的或经改进的材料、设备、产品、工序、系统或服务的可能替代品的配制、设计、评价和最终选择等，均属于研究阶段。

从研究活动的特点看，其研究是否能在未来形成成果，即通过开发后是否会形成无形资产均有很大的不确定性，企业也无法证明其研究活动一定能够形成带来未来经济利益的无形资产，因此，研究阶段的有关支出在发生时应当费用化，计入当期损益。

2. 开发阶段是指在进行商业性生产或使用前，将研究成果或其他知识应用于某项计划或设计，以生产出新的或具有实质性改进的材料、装置、产品等。例如，生产前或使用前的原型或模型的设计、建造和测试，不具有商业性生产经济规模的试生产设施的设计、建造和运营等，均属于开发活动。由于开发阶段相对于研究阶段更进一步，且很大程度上形成一项新产品或新技术的基本条件已经具备，此时如果企业能够证明满足无形资产的定义及相关确认条件，所发生的开发支出可资本化，确认为无形资产的成本。

课堂巩固

一、单选题

1. 2019年1月1日，某企业开始自行研究开发一套软件，研究阶段发生支出30万元，开发阶段发生支出125万元，开发阶段的支出均满足资本化条件。4月15日，该软件开发成功并依法申请了专利，支付相关手续费1万元。不考虑其他因素，该项无形资产的入账价值为（　　　）万元。

　　A. 126　　　　　　B. 155　　　　　　C. 125　　　　　　D. 156

2. 某企业转让一项专利权，与此有关的资料如下：该专利权的账面余额500万元，已摊销200万元，计提资产减值准备50万元，取得转让价款280万元，假设不考虑相关税费及其他因素，该企业应确认的转让无形资产净收益为（　　　）万元。

　　A. −2　　　　　　B. 16　　　　　　C. 30　　　　　　D. 8

二、多选题

1. 某企业为改进技术自行研究开发了一项无形资产。研究阶段发生的支出为50万元，开发阶段发生的符合资本化条件的支出为120万元，不符合资本化条件的支出为80万元，研发结束形成无形资产。不考虑其他因素，下列各项中，关于上述研发支出的会计处理结果正确的有（　　　　）。

　　A. 计入管理费用的金额为130万元　　　B. 无形资产的入账价值为120万元

　　C. 计入制造费用的金额为80万元　　　　D. 无形资产的入账价值为170万元

2. 下列各项中，企业计提的资产减值准备在以后期间不得转回的有（　　　　）。

　　A. 投资性房地产减值准备　　　　　　　B. 无形资产减值准备

　　C. 长期股权投资减值准备　　　　　　　D. 存货跌价准备

三、判断题

1. 企业无法可靠区分研究阶段和开发阶段支出的，应将其所发生的研发支出全部资本化，计入无形资产成本。 （   ）

2. 使用寿命有限的无形资产应自取得的次月起摊销。 （   ）

任务三　学习其他资产——长期待摊费用的账务处理

任务描述

"摊销"这个词，我们并不陌生，如包装物和低值易耗品的摊销，又如无形资产的摊销，它们的核算思路和方法我们已经掌握了。但若现在发生一项经营性租入固定资产的改良支出，亲爱的同学们，你认为它需要摊销吗？如果需要，怎么摊销？

知识储备

其他资产是指除货币资金、交易性金融资产、应收及预付款项、存货、长期股权投资、固定资产、无形资产等以外的资产，如长期待摊费用等。

一、长期待摊费用的概念

长期待摊费用是指企业已经发生但应由以后各期负担的、分摊期限在一年以上的各项费用，如以经营租赁方式租入的固定资产的改良支出等。

二、账户设置

企业应通过"长期待摊费用"账户核算长期待摊费用的发生、摊销和结存等情况。企业发生长期待摊费用时，借记"长期待摊费用"账户，贷记"原材料""银行存款"等账户；摊销长期待摊费用时，借记"管理费用""销售费用"等账户，贷记"长期待摊费用"账户；期末余额在借方，反映企业尚未摊销完毕的长期待摊费用。"长期待摊费用"账户可按费用项目进行明细核算。

三、长期待摊费用的账务处理

（一）开办费

开办费是指企业在筹建期间发生的不能计入各项资产价值的支出，主要包括筹建期间的人员工资、办公费、培训费、差旅费、印刷费、注册登记费、不计入固定资产价值的汇兑损益、利息支出等。开办费应在企业开始生产经营以后的第一个月全部摊销。

企业发生各项开办费时，应借记"长期待摊费用——开办费"账户，贷记有关账户；摊销时，应借记"管理费用"账户，贷记"长期待摊费用——开办费"账户。

例6-7 某企业在筹建期间发生人员工资、注册登记费、差旅费、办公费等开办费共计300 000元，根据以上资料，编制会计分录如下：

① 发生开办费时：

借：长期待摊费用——开办费   300 000
 贷：应付工资、银行存款等   300 000

② 摊销时：

借：管理费用   300 000
 贷：长期待摊费用——开办费   300 000

（二）经营租入固定资产的改良支出

企业采用经营租赁方式租入的固定资产，所有权属于出租方，企业只享有该项固定资产的使用权。在租赁期间，企业按期交纳租赁费，不将其作为固定资产入账。一般来说，租赁双方应在租赁合同中注明固定资产改良、修理的责任。如果合同规定由承租方负责改良，则承租企业在租赁期间发生的改良支出也不能作为固定资产处理，只能作为递延资产，在一定期间内平均摊销。摊销年限一般按租赁期间和改良受益期间孰短的原则确定。

企业发生经营租入固定资产改良支出时，应借记"长期待摊费用——租入固定资产改良支出"账户，贷记有关账户；分期摊销时，借记有关账户，贷记"长期待摊费用——租入固定资产改良支出"账户。

例 6-8 卓立有限责任公司采用经营租赁方式租入经营用厂房一栋，租期为 10 年，租赁合同规定，房屋装修及修理费由租入方负责。卓立有限责任公司租入后开始装修，用银行存款支付装修费 120 000 元，在租赁期间内平均摊销，每月摊销 1 000（即 120 000÷10÷12）元。根据以上资料，编制会计分录如下：

① 支付装修费

借：长期待摊费用——租入固定资产改良支出   120 000
 贷：银行存款   120 000

② 分期摊销

借：管理费用   1 000
 贷：长期待摊费用——租入固定资产改良支出   1 000

任务实施

活动一 讨论除了固定资产改良支出通过"长期待摊费用"账户核算外，在实务中还有哪些情况会用到这一账户

活动二 分析长期待摊费用的相关核算

课堂巩固

一、单选题

下列各项中，应计入长期待摊费用的是（ ）。

A. 生产车间固定资产日常修理

B. 生产车间固定资产更新改造支出

C. 经营租赁方式租入固定资产改良支出

D. 融资租赁方式租入固定资产改良支出

二、判断题

企业以经营租赁方式租入的固定资产发生的改良支出，应直接计入当期损益。 （ ）

知识目标

1. 掌握短期借款取得、计息和归还的业务处理；
2. 掌握应付账款、应付票据、预收账款的核算；
3. 熟悉职工薪酬包括的内容，掌握各类职工薪酬的核算；
4. 掌握应交增值税、应交消费税及其他应交税费的核算；
5. 了解其他应付款的内容，熟悉其他应付款的核算；
6. 了解长期借款的基本核算。

技能目标

1. 能熟练办理关于往来款项的各项工作；
2. 能良好地与银行、税务等单位沟通交流；
3. 能灵活运用信息化手段处理会计信息；
4. 具有一定的税收筹划能力和团队协作能力。

素养目标

1. 强化劳动观念，培养公德意识；
2. 提高自我管理、自我约束的能力；
3. 勇于面对困难，树立顽强拼搏的精神。

项目导航

卓立有限责任公司发生如下两笔业务：

1. 由于工程建设借入一笔长期借款。

2. 2019年元旦将至，公司决定将自己生产的西服作为员工福利发放，该批西服的成本为50 000元，实际售价为70 000元。

在进行具体账务处理时产生了意见分歧。对于第一笔业务，有人认为长期借款的利息应当计入工程成本，有人认为应当计入期间费用。对第二笔业务，有人认为自己生产的产品发给自己的员工，不属于销售，没有必要考虑增值税，而有人认为自己生产的产品发给自己的员工，也要考虑增值税，但可以按照成本价来计算增值税。

亲爱的同学们，你支持谁的观点呢？若都不支持，你又有什么好想法？

任务一　核算借入和归还短期借款

任务描述

在学习短期借款时，同学们遇到了以下问题：

1. 一年期限的借款属于长期借款还是短期借款呢？

2. 查阅资料的同学说："企业从银行借入短期借款的利息，一般按季定期支付；若从其他金融机构或有关企业借入，借款利息一般于到期日连同本金一起支付。那么是不是说明利息不可以当月支付？"

3. 利息的入账时间。为了正确反映各月借款利息的实际情况，应按月计提利息；如果数额不大，也可于实际支付月份一次计入当期损益，这一做法遵循的是什么会计质量要求？

4. 短期借款利息一般计入财务费用，如果预提利息，应在"应付利息"账户还是"短期借款"账户核算？

亲爱的同学们，你能帮忙解决上述问题吗？你会计算借款利息吗？

知识储备

负债作为一种现时义务包括流动负债和非流动负债两大类。流动负债主要包括短期借款、应付账款、预收账款、应付票据、应付职工薪酬、应交税费、应付利息、应付股利和其他应付款等。非流动负债主要包括长期借款、应付债券及长期应付款等。

短期借款是企业为了满足正常生产经营资金周转的需要向银行或其他金融机构等借入的期限在1年以内（含1年）的各种借款，其目的一般是为了弥补企业自有流动资金的不足，属于企业流动负债。短期借款主要有经营周转借款、临时借款、结算借款、票据贴现借款、预购定金借款和专项储备借款等。

一、账户设置

为了总括反映短期借款的取得和归还情况，企业应设置"短期借款"账户。向银行借款需要按期偿还的利息，应设置"应付利息"账户核算。

"短期借款"账户属于负债类账户，核算企业向银行或其他金融机构等借入的期限在1年以下（含1年）的各种借款。贷方登记取得的借款本金数额；借方登记归还的借款本金数额；期末余额在贷方，表示尚未归还的借款。该账户按借款种类或债权人进行明细核算。

"应付利息"账户属于负债类账户，核算企业按照合同约定应支付的利息，包括短期借款、分期付息到期还本的长期借款、企业债券等应支付的利息。贷方登记企业按照合同约定应支付但尚未支付的利息；借方登记已经支付的利息；期末余额在贷方，表示期末应付而未付的利息。该账户按债权人设置明细账户进行明细核算。

二、短期借款的账务处理

短期借款的账务处理的内容一般包括借款的取得、持有期间利息的计提或支付、到期还本及付息三个方面。

（一）短期借款的取得

企业根据借款合同向银行借入各种短期借款时，按照实际借款的金额，借记 "银行存款" 账户，贷记 "短期借款" 账户。

例 7-1 卓立有限责任公司于 2019 年 1 月 1 日向银行借入一笔生产经营用短期借款，共计 100 000 元。会计分录如下：

借：银行存款　　　　　　　　　　　　　　　　　　　　　　　 100 000
　　贷：短期借款　　　　　　　　　　　　　　　　　　　　　　　 100 000

（二）短期借款利息的账务处理

企业为了正确反映各期财务状况和经营成果，对短期借款的利息一般按月计提。作为一项筹资费用，短期借款利息应记入 "财务费用" 账户。企业按月计提利息时，借记 "财务费用" 账户，贷记 "应付利息" 账户；实际支付利息时，借记 "应付利息" 账户，贷记 "银行存款" 账户；若企业于每月支付利息，则直接借记 "财务费用" 账户，贷记 "银行存款" 账户。

在实际工作中，银行或其他金融机构对于短期借款的利息一般按季结算，所以企业对短期借款利息一般按月计提，按季支付。

例 7-2 接上例，短期借款期限为 6 个月，年利率为 6%。根据与银行签署的借款协议，该项借款的本金到期后一次性归还；利息分月预提，按季支付。

① 1 月末，计提当月利息：

每月应计提的利息金额 =100 000×6%÷12=500（元）

借：财务费用　　　　　　　　　　　　　　　　　　　　　　　　 500
　　贷：应付利息　　　　　　　　　　　　　　　　　　　　　　　　 500

② 2 月末计提 2 月份利息费用的处理同 1 月份。

③ 3 月末，支付第一季度利息

借：财务费用　　　　　　　　　　　　　　　　　　　　　　　　 500
　　应付利息　　　　　　　　　　　　　　　　　　　　　　　　 1 000
　　贷：银行存款　　　　　　　　　　　　　　　　　　　　　　　 1 500

例 7-3 接 **例 7-1**，如果双方约定每月末支付利息一次，则月末支付利息时：

借：财务费用　　　　　　　　　　　　　　　　　　　　　　　　 500
　　贷：银行存款　　　　　　　　　　　　　　　　　　　　　　　　 500

例 7-4 用银行存款支付上月借款利息 600 元，则会计分录为：

借：应付利息　　　　　　　　　　　　　　　　　　　　　　　　 500
　　贷：银行存款　　　　　　　　　　　　　　　　　　　　　　　　 500

（三）短期借款的归还

短期借款到期归还时，按照实际归还的本金数，借记 "短期借款" 账户，贷记 "银行存款" 账户。

例 7-5 接上例，卓立有限责任公司于 2019 年 6 月 30 日归还本金及第二季度利息。4 月和 5 月末的会计处理同 1 月和 2 月，略。

6月末支付本金和利息时的会计处理如下：

借：财务费用　　　　　　　　　　　　　　　　　　　　　500
　　应付利息　　　　　　　　　　　　　　　　　　　　 1 000
　　短期借款　　　　　　　　　　　　　　　　　　　 100 000
　　贷：银行存款　　　　　　　　　　　　　　　　　 101 500

任务实施

活动一　分析短期借款的期限和种类

活动二　分析借入和归还短期借款本金的核算

活动三　讨论核算短期借款利息的计提和支付的账务处理

知识拓展

银行借款原则上按季计息，每季末月份20日为结息日。短期借款利息计算公式：

$$利息 = 本金 × 利率 × 期限$$

银行借款利率通常为月利率（‰）或年利率（%），计息公式中利率与期限应当一致。如果期限按天计算时，将年利率或月利率折合为日利率（年利率÷360或月利率÷30）。

课堂巩固

一、单选题

下列有关短期借款的说法中，不正确的有（　　　　）。

    A. 短期借款利息属于筹资费用，应当于发生时直接计入当期财务费用

    B. 短期借款属于企业的非流动负债

    C. 企业从银行取得短期借款时，借记"银行存款"等账户，贷记"短期借款"账户

    D. 短期借款到期偿还本金时，借记"短期借款"账户，贷记"银行存款"账户

二、业务分析题

某企业于2019年4月1日向当地农行申请临时借款80 000元，借款期限3个月，年利率为6%，款项收存银行，按月预提利息，季末还本付息。请编制相关会计分录。

任务二　核算应付及预收款

任务描述

学习应付预收款核算时出现了几个让人纠结的问题：

1. 支付装修费用和计提房租水电等杂项支出的时候，是通过应付账款还是其他应付款？

2. 拖欠的材料款、职工未按期领取的工资、包装物押金等应计入应付账款还是其他应付款？

3. 企业如有划转出去或者确实无法支付的应付账款，应按其账面余额，将其转为坏账准

备吗？

4. 应付账款和应付票据是一回事吗？

5. 清算预收款（即多退少补）时，可以用"应付账款"或"应收账款"账户核算吗？

亲爱的同学们，你有相同的疑惑吗？你能解决这些问题吗？

知识储备

一、应付账款的核算

应付账款是指企业因购买材料、商品或接受劳务供应等经营活动应支付的款项。它是购销双方在购销活动中由于取得物资或接受劳务与支付货款在时间上不一致而产生的负债。

应付账款入账时间的确定，应以与购入货物所有权相关的主要风险和报酬转移或所购买的劳务已经接受为标志。但在实际工作中，应区别情况处理：

若货物和发票账单同时到达付款企业，一般待货物验收无误后，按发票账单登记入账，确认应付账款；若货物已到付款企业，而发票账单尚未到达，对于付款企业而言，此笔负债虽已成立，但由于负债金额不能准确计量，暂不确认负债。等到会计期末，如果仍没有收到发票账单，则将该项应付账款暂估入账，下月初做相反分录予以冲回。

（一）账户设置

为了总括地核算和监督企业应付账款的发生和偿还情况，企业应设置"应付账款"账户。该账户属于负债类账户，贷方登记企业因购买材料、商品和接受劳务供应等而应付给供应单位的款项；借方登记偿还的应付账款以及以其他方式抵付的应付账款；余额一般在贷方，表示尚未支付的应付款项。本账户可按债权人进行明细核算。

（二）账务处理

应付账款的核算包括发生、偿还和转销三个内容。

1. 发生应付账款的账务处理

（1）企业购入材料、商品，但货款尚未支付。根据有关凭证（发票账单、随货同行发票上记载的实际价款或暂估价值），借记"材料采购""在途物资"等账户，按专用发票上注明的增值税额，借记"应交税费——应交增值税（进项税额）"账户，按应付的款项，贷记"应付账款"账户。

例7-6 卓立有限责任公司于2019年6月1日，从A公司购入一批材料，货款为100 000元，增值税13 000元，对方代垫运杂费1 000元，增值税90元。材料尚未运到（该企业材料按实际成本计价核算），款项尚未支付。

借：在途物资　　　　　　　　　　　　　　　　　　　　　101 000
　　应交税费——应交增值税（进项税额）　　　　　　　　　 13 090
　　贷：应付账款——A公司　　　　　　　　　　　　　　　　　　114 090

（2）接受供应单位提供劳务而发生的应付未付款项。根据供应单位的发票账单，借记"生产成本""管理费用""销售费用"等账户，贷记"应付账款"账户。

例7-7 2019年8月1日，卓立有限责任公司销售产品，发生运输费3 000元，增值税270

元，款项尚未支付。

借：销售费用 3 000

应交税费——应交增值税（进项税额） 270

贷：应付账款——某公司 3 270

（3）实务中，企业外购电力、燃气等支出一般通过"应付账款"账户核算，即在每月付款时先作暂付款处理。月末再按照外购动力的用途分配动力费用。

例 7-8 2019 年 5 月，根据供电部门通知，卓立有限责任公司本月应支付电费 48 000 元，增值税 6 240 元。其中生产车间电费 32 000 元，企业行政管理部门电费 16 000 元，款项尚未支付。

借：制造费用 32 000

管理费用 16 000

应交税费——应交增值税（进项税额） 6 240

贷：应付账款——×× 电力公司 54 240

2. 偿还应付账款的账务处理

企业可以用货币偿还应付账款，也可以签发商业汇票抵付应付账款，借记"应付账款"账户，贷记"银行存款""应付票据"等账户。

例 7-9 2019 年 6 月 7 日卓立有限责任公司支付例 7-6 资料中所述的应付 A 公司材料款。

借：应付账款——A 公司 114 090

贷：银行存款 114 090

3. 转销应付账款的账务处理

由于债权人撤销等原因造成企业确实无法支付的应付账款，应按其账面余额转销，计入营业外收入，借记"应付账款"账户，贷记"营业外收入"账户。

例 7-10 若卓立有限责任公司发现例 7-6 资料中所述的应付 A 公司材料款，由于 A 公司破产确实已无法支付，应予转销。

借：应付账款——A 公司 114 090

贷：营业外收入 114 090

二、应付票据的核算

应付票据是指企业因购买材料、商品和接受劳务供应等而开出、承兑的商业汇票，包括商业承兑汇票和银行承兑汇票。

（一）账户设置

为了核算和监督企业商业汇票开出、承兑以及支付情况，企业应设置"应付票据"账户，该账户属于负债类账户，贷方登记开出并承兑的汇票的面值和带息票据期末计提的利息；借方登记已支付汇票的面值和已计提的利息；期末余额在贷方，表示尚未到期的商业汇票的票面余额。

为了加强对应付票据的管理，企业应设置"应付票据备查簿"，详细登记每一应付票据的种类、号数、签发日期、票面金额、合同交易号、收款单位名称，以及付款日期和金额等资料。应付票据到期结清时，应当在备查簿内逐笔注销。

（二）账务处理

应付票据核算包括签发汇票、到期兑付或到期无力兑付等内容。

1. 签发汇票的账务处理

企业因购买材料、商品或接受劳务供应等而开出的应付商业汇票，或以商业汇票抵付应付账款时，应按其票面金额作为应付票据的入账金额，借记"材料采购""在途物资""原材料""库存商品""应交税费——应交增值税（进项税额）""应付账款"等账户，贷记"应付票据"账户。

如果企业开出的是银行承兑汇票，需要支付的手续费，应当计入当期财务费用，借记"财务费用"账户，贷记"银行存款"账户。

例 7-11 卓立有限责任公司于 2019 年 4 月 6 日开出并承兑一张面值为 58 000 元，期限 5 个月的不带息商业承兑汇票，用以采购一批布料，布料已验收入库，按实际成本核算。增值税专用发票上注明的布料价款为 50 000 元，增值税税额为 6 500 元。该公司的有关会计分录如下：

借：原材料——布料　　　　　　　　　　　　　　　　　　　50 000
　　应交税费——应交增值税（进项税额）　　　　　　　　　　6 500
　　　贷：应付票据　　　　　　　　　　　　　　　　　　　　56 500

2. 汇票到期兑付的账务处理

商业汇票到期时，企业支付票据款，此时应借记"应付票据"账户，贷记"银行存款"账户。

例 7-12 接上例，卓立有限责任公司在票据到期日支付货款时，有关会计分录如下：

借：应付票据　　　　　　　　　　　　　　　　　　　　　　56 500
　　　贷：银行存款　　　　　　　　　　　　　　　　　　　　56 500

3. 汇票到期无力兑付的账务处理

汇票到期时，若企业无力支付票款，则要视情况而定。

若企业开出的是商业承兑汇票，则转为应付账款，借记"应付票据"账户，贷记"应付账款"账户。

若企业开出的是银行承兑汇票，则应将应付票据的账面余额转作短期借款，借记"应付票据"账户，贷记"短期借款"账户。

例 7-13 接例 7-11，若票据到期，卓立有限责任公司无力支付货款，则应进行的会计处理如下：

借：应付票据　　　　　　　　　　　　　　　　　　　　　　56 500
　　　贷：应付账款　　　　　　　　　　　　　　　　　　　　56 500

三、预收账款的核算

预收账款是指企业按照合同规定向购货单位预收的款项。与应付账款不同，预收账款所形成的负债一般不是以货币偿付，而是以货物或者劳务偿付。

（一）账户设置

为了核算和监督预收账款的增减变动情况，企业应设置"预收账款"账户。该账户属于负债类账户，贷方登记预收的货款和购货单位补付的货款；借方登记企业发货后冲销的预收账款数额和退回多收的货款；期末余额一般在贷方，表示企业预收的款项但尚未发货的数额；如果出现借方余额则表示应收账款数。该账户按购买单位或接受劳务单位设明细账户。

对于预收账款业务不多的企业，也可以不单独设置"预收账款"账户，将企业发生的预收款项直接记入"应收账款"账户的贷方核算。

（二）账务处理

预收账款的核算包括预收款项、发货确认收入、补付货款或退回多收款项等三个内容。

1. 预收款项的核算

企业向购货单位预收款项时，借记"银行存款"账户，贷记"预收账款"账户。

例 7-14 卓立有限责任公司于 2019 年 5 月 3 日与甲公司签订供货合同，向其出售一批西服，根据购货合同的规定，甲公司在购货合同签订后一周内，应当向该公司预付货款 20 000 元，剩余货款在交货后付清。2019 年 5 月 5 日，该公司收到甲公司交来的预付货款 20 000 元并存入银行。卓立公司收到预收货款时的会计分录如下：

借：银行存款 20 000
　　贷：预收账款——甲公司 20 000

2. 发货确认收入

企业交付货物实现销售后，按实现的收入和应交的增值税销项税额，借记"预收账款"账户，按照实现的营业收入，贷记"主营业务收入"账户，按照增值税专用发票上注明的增值税额，贷记"应交税费——应交增值税（销项税额）"等账户。

例 7-15 接上例，2019 年 5 月 9 日，卓立公司把西服发到甲公司并开出增值税专用发票，发票上注明：价款 20 000 元，增值税 2 600 元。则在销售实现时该公司的会计分录如下：

借：预收账款——甲公司 22 600
　　贷：主营业务收入 20 000
　　　　应交税费——应交增值税（销项税额） 2 600

3. 补付账款或退回多收款项的账务处理

企业收到购货单位补付的款项时，借记"银行存款"账户，贷记"预收账款"账户；向购货单位退回其多付的款项时，借记"预收账款"账户，贷记"银行存款"账户。

例 7-16 接上例，甲公司收到西服后，补付余下的货款 2 600 元。则卓立有限责任公司应进行会计处理如下：

借：银行存款 2 600
　　贷：预收账款——甲公司 2 600

例 7-17 接例 7-14，假设卓立有限责任公司不设"预收账款"账户，其预收的款项通过"应收账款"账户核算。

① 收到甲公司预付的货款：

借：银行存款 20 000
　　贷：应收账款——甲公司 20 000

② 向甲公司发出货物：

借：应收账款——甲公司 22 600
　　贷：主营业务收入 20 000
　　　　应交税费——应交增值税（销项税额） 2 600

③ 收到甲公司补付的货款：

借：银行存款 2 600
　　贷：应收账款——甲公司 2 600

任务实施

活动一 分析应付账款的发生及偿还业务的账务处理

活动二 分析应付票据的相关经济业务的账务处理

活动三 讨论核算预收账款的相关经济业务的账务处理，分析"预收账款"账户的结构及核算方法

知识拓展

附有现金折扣条件的应付款的处理方法如下：

应付账款附有现金折扣的，应按照扣除现金折扣前的应付款总额入账。在折扣期限内付款而获得的现金折扣，应在偿付应付账款时冲减财务费用。

例 7-18 接例 7-14，如果 A 公司现金折扣条件为"2/10，1/20，n/30"，则 10 天内支付（计算现金折扣时不考虑增值税）时的会计分录为：

借：应付账款——甲公司   22 600

  贷：银行存款   22 200

    财务费用   400

课堂巩固

业务分析题

1. 某企业从大河公司购买了一批B商品，收到的增值税专用发票上注明的该商品价款为200 000元，增值税进项税额26 000元，商品已验收入库，开出转账支票支付100 000元，其余货款尚欠。试写出该企业购买商品时的会计分录。

2. 接1题，他日，开出商业汇票一张抵付大河公司货款126 000元。

3. 2019年9月1日某企业与大海公司签订协议，采用预收货款的方式销售一批商品给大海公司。该商品的售价为500 000元，协议规定大海公司应于协议签订之日起按销售价格的60%预付货款，其余部分于9月20日付清，该企业当日收到60%的货款并存入银行。试编制该企业2019年9月1收到大海公司的预付货款时和9月20日对方付清货款时的会计分录。试想一想：假如你是大海公司的会计，又该如何进行账务处理呢？

4. 某企业从大江公司购买了一批电扇，收到的增值税专用发票上注明的该批电扇价款为10 000元，增值税进项税额1 300元；电扇已验收入库。该企业开出一张期限为3个月、面值为11 300元的不带息银行承兑汇票。票据到期后该企业无力支付票据款，试编制该企业购买电扇时开出银行承兑汇票及汇票到期时的会计分录。

任务三 核算应付职工薪酬

任务描述

工资薪酬不仅与员工的利益息息相关，同时也是公司日常运营的一项重要成本。如何正确进

行工资薪酬的账务处理，对整个财务核算工作来讲意义重大。其实在日常核算中并不是很难，很多大型的公司都有专门的人力资源管理部门，主要考核和计算职工薪酬的工作都是人力资源部门的职责，财务部的任务就是按照他们提交的表单进行账务处理，当然小公司可能都是一肩挑。

有人说职工薪酬的核算其实就是两部分：个人部分和企业承担部分。个人部分也就是职工的工资条，应发工资数字就是个人部分。企业承担部分就是职工看不到的，是按照一定标准计算缴纳的社保和公积金。所以企业承担的人工成本不仅显示在工资条上，还有一部分是企业为职工承担的社保公积金。

亲爱的同学们，你怎么看？

知识储备

一、应付职工薪酬的组成内容

职工薪酬是指企业为获得职工提供的服务而给予各种形式的报酬和其他与获得职工提供的服务相关的支出，包括短期薪酬、离职后福利、辞退福利和其他长期职工福利，还包括企业提供给职工配偶、子女、受赡养人、已故员工遗属及其他收益人的福利。职工薪酬包括提供给职工的全部货币性薪酬和非货币性福利。

（一）短期薪酬

短期薪酬是指企业在职工提供相关服务的年度报告期间结束后十二个月内需要全部予以支付的职工薪酬，因解除与职工的劳动关系给予的补偿除外。短期薪酬具体包括职工工资、奖金、津贴和补贴，职工福利费，医疗保险费、工伤保险费和生育保险费等社会保险费，住房公积金，工会经费和职工教育经费，短期带薪缺勤，短期利润分享计划，非货币性福利以及其他短期薪酬。

1. 职工工资、奖金、津贴和补贴

职工工资、奖金、津贴和补贴是指按照构成工资总额的计时工资、计件工资、支付给职工的超额劳动报酬和增收节支的劳动报酬、为了补偿职工特殊或额外的劳动消耗和因其他特殊原因支付给职工的津贴，以及为了保证职工工资水平不受物价影响支付给职工的物价补贴等。企业按规定支付给职工的加班加点工资，病事假、工伤、产假等按计时工资或计件工资标准的一定比例支付的工资，也属于职工工资范畴。

2. 职工福利费

职工福利费指尚未实行分离办社会或主辅分离、辅业改制的企业内设医务室、职工浴室、理发室、托儿所等集体福利机构人员的工资、医务经费，职工因公负伤赴外地就医路费，职工生活困难补助，未实行医疗统筹企业职工医疗费用，以及按规定开支的其他职工福利支出。

3. 医疗、工伤、生育等社会保险费

社会保险费是指企业按照国务院、各地方政府或企业年金计划规定的基准和比例计算，向社会保险经办机构缴纳的医疗保险费、工伤保险费和生育保险费，向有关单位缴纳的补充养老保险费。此外，以商业保险形式提供给职工的各种保险待遇也属于企业提供的职工薪酬，但不包括养老保险和失业保险。

4. 住房公积金

住房公积金是指企业按照国家规定的基准和比例计算，向住房公积金管理机构缴存的住房公积金。

5. 工会经费和职工教育经费

工会经费和职工教育经费是指企业为了改善职工文化生活、学习先进技术和提高职工文化水平及业务素质，用于开展工会活动、职工教育及职业技能培训等，根据国家规定的基准和比例，从成本费用中提取的金额。

6. 短期带薪缺勤

短期带薪缺勤是指企业支付工资或提供补偿的职工缺勤，包括年休假、病假、短期伤残、婚假、产假、丧假、探亲假等。

7. 短期利润分享计划

短期利润分享计划是指因职工提供服务而与职工达成的基于利润或其他经营成果提供薪酬的协议。

8. 其他与获得职工提供的服务相关支出

其他与获得职工提供的服务相关支出是指上述七种薪酬以外的其他为获得职工提供的服务而给予的薪酬。

（二）离职后福利

离职后福利是指企业为获得职工提供的服务而在职工退休或与企业解除劳动关系后，提供的各种形式的报酬和福利，短期薪酬和辞退福利除外。离职后福利计划分类为设定提存计划和设定受益计划。其中，设定提存计划是指向独立的基金缴存固定费用后，企业不再承担进一步支付义务的离职后福利计划，如养老保险和失业保险。设定受益计划是指除设定提存计划以外的离职后福利计划。

（三）辞退福利

辞退福利是指企业在职工劳动合同到期之前解除与职工的劳动关系，或者为鼓励职工自愿接受裁减而给予职工的补偿。

（四）其他长期职工福利

其他长期职工福利是指除短期薪酬、离职后福利、辞退福利之外所有的职工薪酬，包括长期带薪缺勤、长期残疾福利、长期利润分享计划等。

总之，从薪酬的涵盖时间和支付方式来看，职工薪酬包括企业在职工在职期间和离职后给予的所有货币性薪酬和非货币性福利；从薪酬的支付对象来看，职工薪酬包括提供给职工本人及其配偶、子女或其他被赡养人的福利，比如支付给因公伤亡职工的配偶、子女或其他被赡养人的抚恤金。

二、应付职工薪酬的核算

（一）账户设置

为了总括地核算企业支付和应付给职工的各项劳动报酬，企业应设置"应付职工薪酬"账户。该账户属于负债类账户，核算应付职工薪酬的提取、结算、使用等情况。贷方登记分配计入有关成本费用项目的职工薪酬的数额；借方登记实际发放或支付的职工薪酬的数额；期末余额一般在贷方，反映企业应付未付的职工薪酬。根据规定，企业"应付职工薪酬"一般按照

"工资、奖金、津贴和补贴""职工福利费""非货币性福利""社会保险费""住房公积金""工会经费和职工教育经费""带薪缺勤""利润分享计划""设定提存计划""设定受益计划义务""辞退福利"等职工薪酬项目进行明细核算。

（二）应付职工薪酬的账务处理

企业应当在职工为其提供服务的会计期间，将职工薪酬确认为负债，并根据职工提供服务的受益对象，分别计入相关资产成本或当期损益。

1. 货币性职工薪酬的账务处理

（1）职工的工资、奖金、津贴和补贴。

企业应当根据职工提供服务情况和工资标准计算应计入职工薪酬的工资总额。按照受益对象计入相关资产的成本或当期损益，同时确认为应付职工薪酬。具体分别以下情况处理：生产部门人员的职工薪酬，借记"生产成本""制造费用""劳务成本"等账户；管理部门人员的职工薪酬，借记"管理费用"账户；销售人员的职工薪酬，借记"销售费用"账户；应由在建工程、研发支出负担的职工薪酬，借记"在建工程""研发支出"账户；外商投资企业按规定从净利润中提取的职工奖励及福利基金，记入"利润分配——提取的职工奖励及福利基金"科目；贷记"应付职工薪酬——工资、奖金、津贴和补贴"账户。

发放工资时，借记"应付职工薪酬——工资、奖金、津贴和补贴"账户，贷记"库存现金""银行存款"等账户；企业从应付职工薪酬中扣还的各种款项（代垫的家属药费、个人所得税等），借记"应付职工薪酬——工资、奖金、津贴和补贴"账户，贷记"银行存款""其他应收款""应交税费——应交个人所得税"等账户。

企业应付职工薪酬一般编制职工薪酬结算单、职工薪酬结算汇总表及"职工薪酬分配表"并据以进行账务处理。

例7-19 卓立有限责任公司 2019 年 5 月应付职工工资总额为 473 458 元，职工薪酬分配汇总表中列示的产品生产人员工资为 320 000 元，车间管理人员工资为 40 000 元，企业行政管理人员工资为 68 000 元，销售人员工资为 45 458 元，见表 7-1 ～表 7-3。

表 7-1 职工薪酬结算单

2019年5月　　　　　　　　　　　　　　　　　　　　　单位：元

姓名	基本工资	经常性奖金	津贴和补贴			加班工资	应扣工资		应付工资	代扣款项			实发金额
			各种补贴	夜班津贴	住房补贴		病假	事假		个人所得税	社会保险费	住房公积金	
李燕	3 400	353	260	705	220	213			5 151	83	568	413	4 087
安平	3 480	357	260	300	220				4 617	56	508	369	3 684
王家力	2 490	300	260		220	130	36		3 364		370	269	2 725
张金	2 450	293	260		220			33	3 190		351	255	2 584
合计	400 580	34 540	15 860	6 250	13 420	3 408	400	200	473 458	4 353	52 080.38	56 814.96	360 209.66

会计主管：张三　　　　记账：李斯　　　　审核：王武　　　　制表：赵柳

表7-2　职工薪酬结算汇总表

2019年5月31日　　　　　　　　　　　　　　　　　　单位：元

部门		应付工资	代扣款项						实发工资
			个人所得税	养老保险（8%）	失业保险（1%）	医疗保险（2%）	住房公积金（12%）	小计	
生产车间	甲产品生产工人	180 000	1 572	14 400	1 800	3 600	21 600	42 972	137 028
	乙产品生产工人	140 000	977	11 200	1 400	2 800	16 800	33 177	106 823
	管理人员	40 000	344	3 200	400	800	4 800	9 544	30 456
行政管理人员		68 000	750	5 440	680	1 360	8 160	16 390	51 610
专设销售机构		45 458	710	3 636.64	454.58	909.16	5 454.96	11 165.34	34 292.66
合计		473 458	4 353	37 876.64	4 734.58	9 469.16	56 814.96	113 248.34	360 209.66

会计主管：张三　　　　　记账：李斯　　　　　审核：王武　　　　　制表：赵柳

表7-3　职工薪酬分配表

2019年5月31日　　　　　　　　　　　　　　　　　　单位：元

应借账户		生产工人	车间管理人员	企业管理人员	销售机构人员	合计
总账	明细账					
生产成本	甲产品	180 000				180 000
	乙产品	140 000				140 000
	合计	320 000				320 000
制造费用			40 000			40 000
管理费用				68 000		68 000
销售费用					45 458	45 458
合计		320 000	40 000	68 000	45 458	473 458

会计主管：张三　　　　　记账：李斯　　　　　审核：王武　　　　　制表：赵柳

借：生产成本——甲产品　　　　　　　　　　　　　　　　　180 000

　　　　　　——乙产品　　　　　　　　　　　　　　　　　140 000

　　制造费用　　　　　　　　　　　　　　　　　　　　　 40 000

　　管理费用　　　　　　　　　　　　　　　　　　　　　 68 000

　　销售费用　　　　　　　　　　　　　　　　　　　　　 45 458

　　贷：应付职工薪酬——工资、奖金、津贴和补贴　　　　　473 458

例7-20 接例7-19，卓立有限责任公司根据"工资结算汇总表"结算本月应付工资总额473 458元，其中代扣个人所得税4 353元，代扣社保费及住房公积金108 895.34元，实发360 209.66元。

借：应付职工薪酬——工资、奖金、津贴和补贴　　　　　360 209.66

　　贷：银行存款　　　　　　　　　　　　　　　　　　360 209.66

代扣个人所得税：

借：应付职工薪酬——工资、奖金、津贴和补贴　　　　　　　 4 353

　　贷：应交税费——应交个人所得税　　　　　　　　　　　 4 353

若企业代扣职工房租20 000元、代垫职工家属医药费8 000元。

借：应付职工薪酬——工资、奖金、津贴和补贴　　　　　　　28 000

　　贷：其他应收款——职工房租　　　　　　　　　　　　　20 000

　　　　　　　　——代垫医药费　　　　　　　　　　　　　 8 000

（2）社会保险费、住房公积金、工会经费及教育经费。

企业为职工缴纳的"五险一金"以及工会经费和职工教育经费，应当在职工为其服务的会计期间，按照国家规定的计提基础和比例计算，按照受益对象计入当期损益或者相关资产的成本，借记"生产成本""制造费用""管理费用""销售费员"等账户，确认应付职工薪酬，贷记"应付职工薪酬"。

社会保险费和住房公积金，企业应当按照国务院、所在地政府或者企业年金计划规定的标准计提。"五险"应向社会保险经办机构（或企业年金基金账户管理人）缴纳，住房公积金应向住房公积金管理中心缴存。

工会经费和职工教育经费分别按照工资总额的2%和2.5%计提，其中工会经费应向企业及上级工会部门缴纳，职工教育经费主要用于职工在职培训等。

例7-21 卓立有限责任公司按规定计提"五险一金"，编制"五险一金"计提分配表，见表7-4。

表7-4　"五险一金"计提分配表

2019年5月31日　　　　　　　　　　　　　　　　　　　单位：元

借记 ＼ 贷记		应付工资	应付职工薪酬						
			医疗保险（10%）	养老保险（20%）	失业保险（1.5%）	工伤保险（1%）	生育保险（1%）	住房公积金（10%）	合计
生产成本	甲产品	180 000	18 000	36 000	2 700	1 800	1 800	18 000	78 300
	乙产品	140 000	14 000	28 000	2 100	1 400	1 400	14 000	60 900
制造费用		40 000	4 000	8 000	600	400	400	4 000	17 400
管理费用		68 000	6 800	13 600	1 020	680	680	6 800	29 580
销售费用		45 458	4 545.80	9 091.60	681.87	454.58	454.58	4 545.80	19 774.23
合计		473 458	47 345.80	94 691.60	7 101.87	4 734.58	4 734.58	47 345.80	205 954.23

会计主管：张三　　　　记账：李斯　　　　审核：王武　　　　制表：赵柳

```
借：生产成本——甲产品                              78 300
        ——乙产品                              60 900
    制造费用                                    17 400
    管理费用                                    29 580
    销售费用                                 19 774.23
  贷：应付职工薪酬——社会保险费——医疗保险费          47 345.80
                        ——工伤保险          4 734.58
                        ——生育保险          4 734.58
              ——住房公积金                  47 345.80
              ——设定提存计划                101 793.47
```

例7-22 接例7-19 2019年5月，卓立有限责任公司根据相关规定，分别按照职工工资总额的2%和2.5%计提工会经费和职工教育经费。

```
借：生产成本——甲产品                            8 100.00
        ——乙产品                            6 300.00
    制造费用                                  1 800.00
    管理费用                                  3 060.00
    销售费用                                  2 045.61
```

　　贷：应付职工薪酬——工会经费和职工教育经费——工会经费　　　　　　　 9 469.16
　　　　　　　　　　　　　　　　　　　　　　　　 ——职工教育经费　　　　 11 836.45

　　企业实际缴纳"五险一金"等社会保险费时（含个人负担部分和企业负担部分），应编制"社会保险费汇总表"。属于职工个人负担部分，借记"应付职工薪酬——工资、奖金、津贴和补贴"，企业负担部分，应借记"应付职工薪酬——社会保险费"等明细账，企业按比例提存的养老保险费和失业保险费部分，应借记"应付职工薪酬——设定提存计划"账户。

　　企业按规定缴纳住房公积金时，应编制住房公积金缴存表，属于职工个人负担的部分，借记"应付职工薪酬——工资、奖金、津贴和补贴"，企业负担部分，应借记"应付职工薪酬——住房公积金"账户，贷记"银行存款"。

　　企业实际缴纳工会经费和职工教育经费时，应编制"工会经费和职工教育经费缴存表"等，借记"应付职工薪酬——工会经费和职工教育经费"，贷记"银行存款"账户。

例 7-23 2019 年 6 月 6 日，卓立有限责任公司根据"职工薪酬结算汇总表"和"五险一金"计提分配表编制社会保险费汇总表，见表 7-5。

表 7-5　社会保险费汇总表

2019年6月6日　　　　　　　　　　　　　　　　　　　　　　　　单位：元

类别	社会保险费		
	企业承担部分	个人承担部分	小计
医疗保险费	47 345.80	9 469.16	56 814.96
养老保险费	94 691.60	37 876.64	132 568.24
失业保险费	7 101.87	4 734.58	11 836.45
工伤保险费	4 734.58		4 734.58
生育保险费	4 734.58		4 734.58
合计	158 608.43	52 080.38	210 688.81

会计主管：张三　　　　　　记账：李斯　　　　　　审核：王武　　　　　　制表：赵柳

根据"社会保险费汇总表"进行账务处理如下：
　　借：应付职工薪酬——工资、奖金、津贴和补贴　　　　　　　 52 080.38
　　　　　　　　——社会保险费——医疗保险费　　　　　　　　 47 345.80
　　　　　　　　——社会保险费——工伤保险费　　　　　　　　　4 734.58
　　　　　　　　——社会保险费——生育保险费　　　　　　　　　4 734.58
　　　　　　　　——设定提存计划　　　　　　　　　　　　　 101 793.47
　　　　贷：银行存款　　　　　　　　　　　　　　　　　　　 210 688.81

例 7-24 2019 年 6 月 6 日，卓立有限责任公司根据"住房公积金缴存表"（表略）进行账务处理，其中个人负担部分 56 814.96 元，企业负担部分 47 345.80 元。

　　借：应付职工薪酬——工资、奖金、津贴和补贴　　　　　　　 56 814.96
　　　　　　　　——住房公积金　　　　　　　　　　　　　　 47 345.80
　　　　贷：银行存款　　　　　　　　　　　　　　　　　　　 104 160.76

例 7-25 2019 年 6 月 6 日，卓立有限责任公司根据"工会经费和职工教育经费缴存表"进行账务处理，其中工会经费 9 469.16 元，职工教育经费 11 836.45 元。

借：应付职工薪酬——工会经费和职工教育经费——工会经费　　　　9 469.16
　　　　　　　　　　　　　　　　　　　　——职工教育经费　　　　11 836.45
　　贷：银行存款　　　　　　　　　　　　　　　　　　　　　　　　21 305.61

（3）职工福利费的核算。

对于职工福利费，企业应当在实际发生时根据实际发生额计入当期损益或相关资产成本，借记"生产成本""制造费用""管理费用"等账户，贷记"应付职工薪酬——职工福利费"账户。

例 7-26 用现金支付职工困难补助 3 000 元。

借：应付职工薪酬——职工福利费　　　　　　　　　　　　　　　　3 000
　　贷：库存现金　　　　　　　　　　　　　　　　　　　　　　　　3 000

对于职工福利费等职工薪酬，国家（或企业年金计划）没有明确规定计提基础和计提比例，特定情况下，企业应当根据历史经验数据和当期福利计划，预计当期应计入职工薪酬的福利费金额；每一资产负债表日，企业应当对实际发生的福利费金额和预计金额进行调整。福利费当期实际发生金额大于预计金额的，应当补提福利费，借记"生产成本""制造费用""管理费用"等账户，贷记"应付职工薪酬——职工福利费"账户。当期实际发生金额小于预计金额的，应当冲回多提的福利费，借记"应付职工薪酬"账户，贷记"生产成本""制造费用""管理费用"等账户。职工福利费期末余额清算结零。

例 7-27 卓立有限责任公司下设一所职工食堂，每月根据在岗职工数量来确定因职工食堂需要承担的福利费金额。2019 年 5 月，企业在岗职工共计 500 人，其中生产车间工人 380 人，车间管理人员 40 人，行政管理人员 80 人，每个职工每月需补贴食堂 100 元。

① 分配福利费用：

职工福利 =100×500=50 000（元）

借：生产成本　　　　　　　　　　　　　　　　　　　　　　　　　　38 000
　　制造费用　　　　　　　　　　　　　　　　　　　　　　　　　　4 000
　　管理费用　　　　　　　　　　　　　　　　　　　　　　　　　　8 000
　　贷：应付职工薪酬——职工福利　　　　　　　　　　　　　　　　50 000

② 实际支付补贴金额给食堂：

借：应付职工薪酬——职工福利　　　　　　　　　　　　　　　　　　50 000
　　贷：银行存款　　　　　　　　　　　　　　　　　　　　　　　　50 000

2. 非货币性职工薪酬的账务处理

（1）企业以其自产产品作为非货币性福利发放给职工。企业以其自产产品作为非货币性福利发放给职工的，应当根据受益对象，按照该产品的含税公允价值，计入相关资产成本或当期损益，同时确认应付职工薪酬，借记"管理费用""生产成本""制造费用"等账户，贷记"应付职工薪酬——非货币性福利"账户。

例 7-28 接 **例** 7-27，卓立有限责任公司 2019 年 5 月 20 日，决定以其生产的每套成本为 700 元的西服套装作为福利发放给公司的每名职工，西服套装的市场售价为每套 1 000 元。

应确认的职工薪酬 =500×1 000+500×1 000×13%=565 000（元）

应记入"生产成本"账户的金额 =380×1 000+380×1 000×13%=429 400（元）

应记入"制造费用"账户的金额 =40×1 000+40×1 000×13%=45 200（元）

应记入"管理费用"账户的金额 = 80×1 000+80×1 000×13%=90 400（元）

① 分配福利费：

借：生产成本　　　　　　　　　　　　　　　　　　　　429 400

　　制造费用　　　　　　　　　　　　　　　　　　　　　45 200

　　管理费用　　　　　　　　　　　　　　　　　　　　　90 400

　　　贷：应付职工薪酬——非货币性福利　　　　　　　　　　　565 000

② 实际发放：

借：应付职工薪酬——非货币性福利　　　　　　　　　　565 000

　　　贷：主营业务收入　　　　　　　　　　　　　　　　　　500 000

　　　　　应交税费——应交增值税（销项税额）　　　　　　　　 65 000

借：主营业务成本　　　　　　　　　　　　　　　　　　350 000

　　　贷：库存商品——西服　　　　　　　　　　　　　　　　 350 000

（2）将企业拥有的房屋等资产无偿提供给职工。将企业拥有的房屋等资产无偿提供给职工使用的，应当根据受益对象，将该住房每期应计提的折旧计入相关资产成本或当期损益，同时确认应付职工薪酬，借记"管理费用""制造费用"等账户，贷记"应付职工薪酬——非货币性福利"账户，并且同时借记"应付职工薪酬——非货币性福利"账户，贷记"累计折旧"账户。

例7-29 卓立有限责任公司共有部门经理以上职工 10 名，公司决定为各部门经理级别以上的职工提供汽车，供其免费使用，假定每辆汽车每月计提折旧 1 000 元，卓立有限责任公司的有关会计处理如下：

① 确认职工福利：

应确认的职工薪酬 =10×1 000=10 000（元）

借：管理费用　　　　　　　　　　　　　　　　　　　　10 000

　　　贷：应付职工薪酬——非货币性福利　　　　　　　　　　　 10 000

② 每月计提折旧：

借：应付职工薪酬——非货币性福利　　　　　　　　　　10 000

　　贷：累计折旧　　　　　　　　　　　　　　　　　　　　　10 000

（3）租赁住房等资产供职工无偿使用

租赁住房等资产供职工无偿使用的，应当根据受益对象，将每期应付的租金计入相关资产成本或当期损益，并确认应付职工薪酬，借记"管理费用""制造费用"等账户，贷记"应付职工薪酬——非货币性福利"账户。

难以认定受益对象的非货币性福利，直接计入当期损益和应付职工薪酬。

例7-30 卓立有限责任公司有副总裁以上高级管理人员 5 名，公司决定为副总裁以上高级管理人员每人租赁一套住房。一套住房的月租金为 5 000 元。

① 确认职工福利：

应确认的职工薪酬 =5×5 000=25 000（元）

借：管理费用　　　　　　　　　　　　　　　　　　　　25 000

　　　贷：应付职工薪酬——非货币性福利　　　　　　　　　　　 25 000

② 每月支付房租时：

借：应付职工薪酬——非货币性福利　　　　　　　　　　　25 000
　　贷：银行存款　　　　　　　　　　　　　　　　　　　　　　25 000

任务实施

活动一　认识应付职工薪酬的内容
活动二　分析应付职工薪酬的构成特点
活动三　讨论应付职工薪酬的分配及核算
活动四　讨论货币性应付职工薪酬的账务处理
活动五　讨论非货币性应付职工薪酬的账务处理

知识拓展

职工薪酬中的"职工"是指与企业订立劳动合同的所有人员，含全职、兼职和临时职工，也包括虽未与企业订立劳动合同但由企业正式任命的人员。未与企业订立劳动合同或未由其正式任命，但向企业所提供服务与职工所提供服务类似的人员，也属于职工的范畴，包括通过企业与劳务中介公司签订用工合同而向企业提供服务的人员。

课堂巩固

一、多选题

1. 下列各项中，应通过"应付职工薪酬"科目核算的有（　　　）。
　　A. 提取的工会经费　　　　　　　　　　B. 计提的职工住房公积金
　　C. 计提的职工医疗保险费　　　　　　　D. 确认的职工短期带薪缺勤
2. 下列各项中，应确认为应付职工薪酬的有（　　　）。
　　A. 非货币性福利　　　　　　　　　　　B. 社会保险费和辞退福利
　　C. 职工工资和福利费　　　　　　　　　D. 工会经费和职工教育经费

二、业务分析题

1. 某企业2019年9月份发生下列有关工资核算业务：
（1）15日，从银行提取现金44 000元以备发工资。
（2）15日，以现金44 000元发放本月工资。
（3）15日，将当月应由职工个人交纳的个人所得税480元、替职工个人垫付的房租1 080元，从应付给职工的工资中扣还。
（4）16日，公司医务室购入零星药品一批，价款800元，以转账支票付讫。
（5）18日，职工张某报销医药费400元，以现金支付。
（6）28日，公司浴室添置一批拖鞋、浴巾等，价款680元，以转账支票付讫。
（7）30日，根据本月工资总额45 560元进行如下分配：直接生产工人工资30 000元，车间管理人员工资2 000元，销售人员工资3 000元，厂部管理人员工资9 600元，福利人员工资960元。请根据以上资料编制会计分录。
2. 某公司分别按照职工工资总额的10%计提医疗保险费36 600元，按工资总额的8%计提住房公积金29 280元，总计65 880元。分别由生产工人负担50 400元，车间管理人员负担7 200元，管理部门人员负担3 690元，销售部门人员负担4 590元。请根据资料编制会计分录。

（1）计提保险费及公积金的会计分录。

（2）实际缴纳保险费及公积金的会计分录。

任务四　核算应交税费

任务描述

继2017年《国务院关于废止〈中华人民共和国营业税暂行条例〉和修改〈中华人民共和国增值税暂行条例〉的决定》第二次修订之后，关于增值税的规定、公告密集颁布，昭示着增值税转型成功，我国税法建设更趋完善。那么增值税的核算是不是应缴税费核算中最主要的核算内容呢？

应缴增值税采用进项税抵扣销项税的方法计算，那么应缴增值税明细核算除了这两个明细项目外，还会涉及哪些明细项目呢？

是不是所有税种都须通过"应交税费"账户核算？

现行主要税种形成的税费都通过"税金及附加"账户核算吗？

亲爱的同学，你怎么看？

知识储备

企业根据税法规定应缴纳的各种税费包括增值税、消费税、城市维护建设税、教育费附加、资源税、土地增值税、企业所得税、房产税、土地使用税、车船税、矿产资源补偿税、印花税、耕地占用税、契税等。此外，企业还以代理人身份代理国家向应纳税的自然人征收某种税金，然后再上缴国家，如个人所得税等。这些应缴的税费，按照权责发生制要求，一般需要预计应交数的税金，通过"应交税费"账户核算，但有少数税费如印花税、耕地占用税、契税等是不需要预计应交数的税金，不在"应交税费"账户核算。

一、总账设置

为了核算企业税费的缴纳情况，应设置"应交税费"账户。该账户属于负债类账户，核算企业按照税法规定计算应缴纳的各种税费；贷方登记计算出的应缴纳的税费；借方登记已缴纳的税费；余额一般在贷方，表示尚未缴纳的税费；余额如在借方表示多交或尚未抵扣的税费。该账户按照税种设置明细账进行明细核算。

二、一般纳税人应交增值税的核算

增值税是以商品和劳务在流转过程中产生的增值额作为计税依据而征收的一种流转税。在中华人民共和国境内销售货物或者加工、修理修配劳务（以下简称劳务），销售服务、无形资产、不动产以及进口货物的单位和个人，为增值税的纳税人。

（一）"应交税费"账户下，涉及增值税核算的明细账的设置

为了详细反映一般纳税企业各月增值税的发生、抵扣、缴纳、退税及转出等情况，增值税一般纳税人应当在"应交税费"账户下设置"应交增值税""未交增值税""预缴增值税""待抵扣进项税额""待认证进项税额""待转销项税额""增值税留抵税额""简易计税""转让金融商品应交增值税""代扣代缴增值税"等明细账户。

小规模纳税人只需在"应交税费"账户下设置"应交增值税"明细账户，不需要设置上述专栏及除"转让金融商品应交增值税""代扣代缴增值税"外的明细账户。

（1）"未交增值税"明细账户，核算一般纳税人月度终了从"应交增值税"或"预缴增值税"明细账户转入当月应缴未缴、多缴或预缴的增值税额，以及当月缴纳以前期间未缴的增值税额。

（2）"预缴增值税"明细账户，核算一般纳税人转让不动产、提供不动产经营租赁服务、提供建筑服务、采用预收款方式销售自行开发的房地产项目等，以及其他按现行增值税制度规定应预缴的增值税额。

（3）"待抵扣进项税额"明细账户，核算一般纳税人已取得增值税扣税凭证并经税务机关认证，按照现行增值税制度规定准予以后期间从销项税额中抵扣的进项税额。该明细账户核算的内容包括一般纳税人自2016年5月1日后取得并按固定资产核算的不动产或者2016年5月1日后取得的不动产在建工程，按现行增值税制度规定准予以后期间从销项税额中抵扣的进项税额；实行纳税辅导期管理的一般纳税人取得的尚未交叉稽核比对的增值税扣税凭证上注明或计算的进项税额。

（4）"待认证进项税额"明细账户，核算一般纳税人由于未经税务机关认证而不得从当期销项税额中抵扣的进项税额。该明细账户核算的内容包括一般纳税人已取得增值税扣税凭证、按照现行增值税制度规定准予从销项税额中抵扣，但尚未经税务机关认证的进项税额；一般纳税人已申请稽核但尚未取得稽核相符结果的海关缴款书进项税额。

（5）"待转销项税额"明细账户，核算一般纳税人销售货物、加工修理修配劳务、服务、无形资产或不动产，已确认相关收入（或利得）但尚未发生增值税纳税义务而需于以后期间确认为销项税额的增值税额。

（6）"增值税留抵税额"明细账户，核算兼有销售服务、无形资产或者不动产的原增值税一般纳税人，截至纳入营改增试点之日前的增值税期末留抵税额按照现行增值税制度规定不得从销售服务、无形资产或不动产的销项税额中抵扣的增值税留抵税额。

（7）"简易计税"明细账户，核算一般纳税人采用简易计税方法发生的增值税计提、扣减、预缴、缴纳等业务。

（8）"转让金融商品应交增值税"明细账户，核算增值税纳税人转让金融商品发生的增值税额。

（9）"代扣代缴增值税"明细账户，核算纳税人购进在境内未设经营机构的境外单位或个人在境内的应税行为代扣代缴的增值税。

（二）"应交增值税"明细账的设置

增值税一般纳税人"应交增值税"明细账户采用借贷多栏式账页结构。其中借方专栏一般包括"进项税额""销项税额抵减""已交税金""减免税款""出口抵减内销产品应

纳税额""转出未交增值税";贷方专栏一般包括"销项税额""出口退税""进项税额转出""转出多交增值税"等专栏,见表7-6。

表 7-6　应交增值税明细账

年　月　日

年		凭证		摘要	借方						贷方				借或贷	余额
月	日	类型	号码		进项税额	销项税额抵减	已交税金	减免税款	出口抵减内销产品应纳税额	转出未交增值税	销项税额	出口退税	进项税额转出	转出多交增值税		

　　(1)"进项税额"专栏,记录一般纳税人购进货物、加工修理修配劳务、服务、无形资产或不动产而支付或负担的、准予从当期销项税额中抵扣的增值税税额。

　　(2)"销项税额抵减"专栏,记录一般纳税人按照现行增值税制度规定因扣减销售额而减少的销项税额。

　　(3)"已交税金"专栏,记录一般纳税人当月已缴纳的应交增值税税额。

　　(4)"减免税款"专栏,记录一般纳税人按现行增值税制度规定准予减免的增值税税额。

　　(5)"出口抵减内销产品应纳税额"专栏,记录实行"免、抵、退"办法的一般纳税人按规定计算的出口货物的进项税抵减内销产品的应纳税额。

　　(6)"转出未交增值税"和"转出多交增值税"专栏,分别记录一般纳税人月度终了转出当月应缴未缴或多缴的增值税税额。

　　(7)"销项税额"专栏,记录一般纳税人销售货物、加工修理修配劳务、服务、无形资产或不动产应收取的增值税税额。

　　(8)"出口退税"专栏,记录一般纳税人出口货物、加工修理修配劳务、服务、无形资产按规定退回的增值税税额。

　　(9)"进项税额转出"专栏,记录一般纳税人购进货物、加工修理修配劳务、服务、无形资产或不动产等发生非正常损失以及其他原因而不应从销项税额中抵扣、按规定转出的进项税额。

(三)进项税额的核算

1. 一般纳税人购进货物、加工修理修配劳务、服务、无形资产或不动产

　　一般纳税人购进货物、加工修理修配劳务、服务、无形资产或不动产,按应计入相关成本费用或资产的金额,借记"在途物资""原材料""库存商品""生产成本""无形资产""固定资产""管理费用"等账户,按当月已认证的可抵扣增值税额,借记"应交税费——应交增值税(进项税额)"账户。按当月未认证的可抵扣增值税额,借记"应交税费——待认证进项税额"账户,按应付或实际支付的金额,贷记"应付账款""应付票据""银行存款"等账户。发生退货的,如原增值税专用发票已做认证,应根据税务机关开具的红字增值税专用发票做相反的会计分录;如

原增值税专用发票未做认证，应将发票退回并做相反的会计分录。

📒7-31 卓立有限责任公司采用实际成本对原材料进行核算。2019年6月发生下列经济业务。

① 11日，购进一批材料，增值税专用发票上注明的材料价款为5 500元，增值税税率为16%，货款已通过银行转账支付，材料已经到达并验收入库。

　　借：原材料　　　　　　　　　　　　　　　　　　　　　　　　　5 500
　　　　应交税费——应交增值税（进项税额）　　　　　　　　　　　715
　　　　贷：银行存款　　　　　　　　　　　　　　　　　　　　　　　　6 215

② 15日，购进一批材料，增值税专用发票上注明的材料价款为100 000元，增值税税率为16%，货款已通过银行转账支付，材料尚未到达。

　　借：在途物资　　　　　　　　　　　　　　　　　　　　　　　　100 000
　　　　应交税费——应交增值税（进项税额）　　　　　　　　　　　13 000
　　　　贷：银行存款　　　　　　　　　　　　　　　　　　　　　　　　113 000

③ 20日，收到15日购入的材料并验收无误。同日，与运输公司结清该材料的运输费用，增值税专用发票注明的运输费用为3 000元，增值税税额为270元，运费及增值税税额已开出转账支票付讫。

　　借：原材料　　　　　　　　　　　　　　　　　　　　　　　　　103 000
　　　　应交税费——应交增值税（进项税额）　　　　　　　　　　　270
　　　　贷：银行存款　　　　　　　　　　　　　　　　　　　　　　　　3 270
　　　　　　在途物资　　　　　　　　　　　　　　　　　　　　　　　100 000

④ 22日，企业行政管理部门开出转账支票支付设备修理费，取得的增值税专用发票上注明的修理费2 000元，增值税260元。

　　借：管理费用　　　　　　　　　　　　　　　　　　　　　　　　2 000
　　　　应交税费——应交增值税（进项税额）　　　　　　　　　　　260
　　　　贷：银行存款　　　　　　　　　　　　　　　　　　　　　　　　2 260

⑤ 25日，购入一台需安装的设备，增值税专用发票上注明的材料价款为80 000元，增值税1 040元，款项尚未支付。

　　借：在建工程　　　　　　　　　　　　　　　　　　　　　　　　80 000
　　　　应交税费——应交增值税（进项税额）　　　　　　　　　　　1 040
　　　　贷：应付账款　　　　　　　　　　　　　　　　　　　　　　　　81 040

2. 购进不动产或不动产在建工程按规定进项税额分年抵扣的账务处理

一般纳税人取得按固定资产核算的不动产或者不动产在建工程，应当按取得成本，借记"固定资产""在建工程"等账户，按当期可抵扣的增值税额，借记"应交税费——应交增值税（进项税额）"账户，按应付或实际支付的金额，贷记"应付账款""应付票据""银行存款"等账户。

📒7-32 卓立有限责任公司2019年6月10日购进一栋简易办公楼，取得认证的增值税专用发票上注明的价款为2 000 000元，增值税180 000元，款项已用银行存款支付，当月投入使用。

　　借：固定资产　　　　　　　　　　　　　　　　　　　　　　　　2 000 000
　　　　应交税费——应交增值税（进项税额）　　　　　　　　　　　180 000
　　　　贷：银行存款　　　　　　　　　　　　　　　　　　　　　　　　2 180 000

3. 货物等已验收入库但尚未取得增值税扣税凭证的账务处理

一般纳税人购进的货物等已到达并验收入库，但尚未收到增值税扣税凭证并未付款的，应在月末按货物清单或相关合同协议上的价格暂估入账，不需要将增值税的进项税额暂估入账。下月初，用红字冲销原暂估入账金额，待取得相关增值税扣税凭证并经认证后，按应计入相关成本费用或资产的金额，借记"原材料""库存商品""固定资产""无形资产"等账户，按可抵扣的增值税额，借记"应交税费——应交增值税（进项税额）"账户，按应付金额，贷记"应付账款"等账户。

例 7-33 卓立有限责任公司 2019 年 6 月 20 日，购进原材料一批，已经验收入库，但尚未收到增值税扣税凭证，款项也未支付。随货同行的材料清单列明的原材料价格为 400 000 元。

① 月末，增值税扣税凭证仍未到，则：

借：原材料 400 000

　　贷：应付账款 400 000

② 下月初，用红字冲回：

借：原材料 400 000

　　贷：应付账款 400 000

4. 进项税额转出

企业已单独确认进项税额的购进货物、加工修理修配劳务、服务、无形资产或者不动产等，在事后改变用途（如用于免征增值税项目、集体福利、个人消费及用于简易办法计税方法计税项目）或者发生非正常损失等，原已计入进项税额、待抵扣进项税额或待认证进项税额，但按现行增值税制度规定不得从销项税额中抵扣。

"非正常损失"指因管理不善造成货物被盗、丢失、霉烂变质，以及因违反法律法规造成货物或者不动产被依法没收、销毁、拆除的情形。

当进项税额需转出时，借记"待处理财产损溢""应付职工薪酬""固定资产""无形资产"等账户，贷记"应交税费——应交增值税（进项税额转出）""应交税费——待抵扣进项税额"或"应交税费——待认证进项税额"账户。

属于转做待处理财产损失的进项税额，应与非正常损失的购进货物、在产品或库存商品、固定资产及无形资产的成本一并结转。

原不得抵扣且未抵扣进项税额的固定资产、无形资产等，因改变用途等用于允许抵扣进项税额的应税项目的，应按允许抵扣的进项税额，借记"应交税费——应交增值税（进项税额）"账户，贷记"固定资产""无形资产"等账户。固定资产、无形资产等经上述调整后，应按调整后的账面价值在剩余尚可使用寿命内计提折旧或摊销。

例 7-34 卓立有限责任公司 2019 年 6 月 22 日发生下列经济业务：

① 因管理不善造成部分原材料丢失，材料实际成本 30 000 元，相关增值税专用发票上注明的增值税税额为 3 900 元。

借：待处理财产损溢——待处理流动资产损溢 33 900

　　贷：原材料 30 000

　　　　应交税费——应交增值税（进项税额转出） 3 900

② 领用一外购材料用于计提福利，该批材料的购进成本为 100 000 元，进项税额 13 000 元。

借：应付职工薪酬——职工福利费 113 000
  贷：原材料 100 000
    应交税费——应交增值税（进项税额转出） 13 000

③ 将外购的布料用于该公司所属医院，总价值 60 000 元，增值税额为 7 800 元。

借：应付职工薪酬——职工福利费 67 800
  贷：原材料 60 000
    应交税费——应交增值税（进项税额转出） 7 800

（四）销项税额的核算

企业销售货物、加工修理修配劳务、服务、无形资产或不动产，应当按应收或已收的金额，借记"应收账款""应收票据""银行存款"等账户，按取得的收入金额，贷记"主营业务收入""其他业务收入""固定资产清理""工程结算"等账户，按现行增值税制度规定计算的销项税额或采用简易计税方法计算的应纳增值税额，贷记"应交税费——应交增值税（销项税额）"或"应交税费——简易计税"账户。发生销售退回的，应根据按规定开具的红字增值税专用发票做相反的会计分录。

例 7-35 卓立有限责任公司 2019 年 6 月 19 日销售一批产品，开出的增值税专用发票上注明：货款共计 200 000 元，增值税税率为 13%，货已发出，收到对方开出的商业承兑汇票一张。

借：应收票据 226 000
  贷：主营业务收入 200 000
    应交税费——应交增值税（销项税额） 26 000

企业发生税法上视同销售的行为，应当按照《企业会计准则》和《企业会计制度》相关规定进行相应的会计处理，并按照现行增值税制度规定计算的销项税额，借记"应付职工薪酬""利润分配"等账户，贷记"应交税费——应交增值税（销项税额）"或"应交税费——简易计税"账户。

将自产产品用于对外捐赠，在会计处理上不需要确认收入，仅仅需要将对外捐赠的产品按成本结转至营业外支出中，而对应的增值税需要按市场公允价作为计税基础，计算销项税额。

例 7-36 卓立有限责任公司 2019 年 6 月 25 日，将公司自制服装捐赠给某希望小学，该批服装的生产成本为 500 000 元，市场公允价值为 800 000 元。

借：营业外支出——捐赠支出 628 000
  贷：库存商品 500 000
    应交税费——应交增值税（销项税额） 128 000

企业以自产产品作为职工薪酬发放给职工时，应确认主营业务收入，借记"应付职工薪酬——非货币性福利"账户，贷记"主营业务收入"账户，同时结转相关成本；另外需以公允价值计算增值税销项税额。

例 7-37 卓立有限责任公司 2019 年 6 月 26 日，公司决定将自制服装作为福利发放给职工。该批服装的生产成本为 600 000 元，市场公允价值为 900 000 元。

① 确认职工福利：

借：应付职工薪酬——非货币性福利 1 017 000
  贷：主营业务收入 900 000
    应交税费——应交增值税（销项税额） 117 000

②发放服装时：

借：主营业务成本　　　　　　　　　　　　　　　　　　　　　600 000

　　贷：库存商品　　　　　　　　　　　　　　　　　　　　　　600 000

（五）交纳增值税的账务处理

企业交纳当月应交的增值税，借记"应交税费——应交增值税（已交税金）"账户，贷记"银行存款"账户。

例7-38 2019年6月30日，卓立有限责任公司交纳当月增值税200 000元，通过银行付讫。

借：应交税费——应交增值税（已交税金）　　　　　　　　　　200 000

　　贷：银行存款　　　　　　　　　　　　　　　　　　　　　　200 000

（六）月末转出多缴增值税和未缴增值税的账务处理

月度终了，企业应当将当月应缴未缴或多缴的增值税从"应交增值税"明细科目转入"未交增值税"明细科目。对于当月应缴未缴的增值税，借记"应交税费——应交增值税（转出未交增值税）"科目，贷记"应交税费——未交增值税"科目；对于当月多缴的增值税，借记"应交税费——未交增值税"科目，贷记"应交税费——应交增值税（转出多交增值税）"科目。

例7-39 2019年卓立有限责任公司发生下列相关经济业务：

①6月30日，将当月应缴未缴增值税额30 000元从"应交税费——应交增值税"账户转入"未交增值税"账户。

借：应交税费——应交增值税（转出未交增值税）　　　　　　　30 000

　　贷：应交税费——未交增值税　　　　　　　　　　　　　　　30 000

②7月31日，将当月多交的增值税额10 000元从"应交税费——应交增值税"账户转入"未交增值税"账户。

借：应交税费——未交增值税　　　　　　　　　　　　　　　　10 000

　　贷：应交税费——应交增值税（转出多交增值税）　　　　　　10 000

③9月3日，交纳8月份未交的增值税额60 000元。

借：应交税费——未交增值税　　　　　　　　　　　　　　　　60 000

　　贷：银行存款　　　　　　　　　　　　　　　　　　　　　　60 000

三、小规模纳税人应交增值税的核算

根据财政部税务总局《关于统一增值税小规模纳税人标准的通知》（财税〔2018〕33号文件）的规定，增值税小规模纳税人标准为年应征增值税销售额500万元及以下。

小规模纳税人采用简易的核算方法来计算应纳税额，即按照不含税销售额和规定的征收率计算应纳税额。小规模纳税人销售物资、服务、无形资产或不动产时只能开具普通发票，不能开具增值税专用发票。其计算公式为

$$不含税销售额 = 含税销售额 \div （1 + 征收率）$$

$$应交增值税额 = 不含税销售额 \times 征收率$$

小规模纳税人一般只需在"应交税费"账户下设置"应交增值税""转让金融商品应交

增值税""代扣代缴增值税"三个二级明细账户，不需要在"应交增值税"明细账户中设置专栏，该明细账采用三栏式的账页格式。

小规模纳税人不享有进项税额的抵扣权，购买物资、服务、无形资产或不动产即使取得增值税专用发票，也不得抵扣进项税额，发生的增值税直接计入相关成本费用或资产，借记"材料采购""在途物资""原材料"等账户，贷记"银行存款"或"应付账款"等账户，不通过"应交税费——应交增值税"账户核算。

小规模纳税人销售货物或提供应税劳务，按实现的销售收入和按规定收取的增值税税额，借记"应收账款""银行存款"等账户；按实现的销售收入，贷记"主营业务收入""其他业务收入"等账户；按应收取的增值税税额，贷记"应交税费——应交增值税"账户。

小规模纳税人按规定的纳税期限缴纳税款时，借记"应交税费——应交增值税"账户，贷记"银行存款"等账户。收到退回多交的增值税时，作相反的会计处理。

例7-40 A企业为小规模纳税人，2019年5月15日购进一批材料，增值税发票上注明的货款为50 000元，增值税税率为13%，A企业开出承兑的商业汇票，材料已验收入库。

借：原材料   56 500
  贷：应付票据   56 500

A企业本月销售产品的含税收入为82 400元（增值税征收率为3%），货款尚未收到。

不含税价格 =82 400÷（1+3%）=80 000（元）

应交增值税 =80 000×3%=2 400（元）

借：应收账款   82 400
  贷：主营业务收入   80 000
    应交税费——应交增值税   2 400

四、应交消费税的核算

消费税是指在我国境内生产、委托加工和进口应税消费品的单位和个人，按其流转额缴纳的一种税。

消费税有从价定率和从量定额两种征收方法。采取从价定率方法征收的消费税，以不含增值税的销售额为税基，按照税法规定的税率计算。企业的销售收入包含增值税的，应将其换算为不含增值税的销售额。采取从量定额计征的消费税，根据按税法确定的企业应税消费品的数量和单位应税消费品应缴纳的消费税额计算确定。

企业应在"应交税费"账户下设置"应交消费税"明细账户，核算应交消费税的发生、缴纳情况；该账户的贷方登记应缴纳的消费税；借方登记已缴纳的消费税；期末贷方余额为尚未缴纳的消费税，借方余额为多缴纳的消费税。

1. 计算应交消费税的核算

企业销售应税消费品，按应税消费品的售价计算应缴纳的消费税，借记"税金及附加"等账户，贷记"应交税费——应交消费税"账户。企业实际缴纳消费税时，借记"应交税费——应交消费税"账户，贷记"银行存款"等账户。

例7-41 某公司为增值税一般纳税人，应税消费品的售价为 12 000 元（不含增值税），产品成本为 8 000 元，该产品的增值税税率为 13%，消费税税率为 10%，产品已发出，符合收入确认条件，款项尚未收到。

向购买方收取的增值税额为：12 000×16%=1 920（元）

应交的消费税：12 000×10%=1 200（元）

①销售应税消费品

借：应收账款 13 560

　　贷：主营业务收入 12 000

　　　　应交税费——应交增值税（销项税额） 1 560

②计算应交纳的消费税

借：税金及附加 1 200

　　贷：应交税费——应交消费税 1 200

2. 缴纳消费税的核算

企业实际缴纳消费税时，借记"应交税费——应交消费税"账户，贷记"银行存款"等账户。上例中缴纳消费税时的财务处理

借：应交税费——应交消费税 1 200

　　贷：银行存款 1 200

五、应交城市维护建设税

城市维护建设税简称城建税，是国家为了加强城市的维护建设，扩大和稳定城市维护建设资金的来源而开征的一种税。城市维护建设税的计税依据是企业实际缴纳的增值税和消费税的税额，规定税率因纳税人所在地区不同而异，市区为7%，县城为5%，乡镇和工矿区为1%，农村不征城建税。

其计算公式为

$$应纳税额 = （应交增值税 + 应交消费税）× 适用税率$$

企业在经营活动中发生的应交的城市维护建设税，借记"税金及附加"等账户，贷记"应交税费——应交城市维护建设税"账户。

例7-42 某公司 2019 年 7 月实际应缴纳增值税 60 000 元、消费税 20 000 元。该公司适用的城市维护建设税税率为 7%。

①应缴纳的城市维护建设税 =（60 000+20 000）×7%=5 600（元）

借：税金及附加 5 600

　　贷：应交税费——应交城市维护建设税 5 600

②用银行存款缴纳城市维护建设税：

借：应交税费——应交城市维护建设税 5 600

　　贷：银行存款 5 600

六、应交教育费附加

教育费附加是为了发展教育事业而向企业征收的附加费用，企业按应缴流转税的一定比例

计算缴纳。

其计算公式为

$$应纳税额 = （应交增值税 + 应交消费税）× 征收率$$

企业在按规定计算出应缴纳的教育费附加，借记"税金及附加"等账户，贷记"应交税费——应交教育费附加"账户。

例7-43 接 **例7-41**，假如教育费附加的征收率为3%，则：

$$应缴纳的教育费附加 = （60\ 000 + 20\ 000）× 3\% = 2\ 400（元）$$

借：税金及附加   2 400

  贷：应交税费——应交教育费附加   2 400

任务实施

活动一 分析"应交税费"账户下设的涉及增值税的二级明细账核算的内容

活动二 讨论"应交税费——应交增值税"明细账的专栏设置

活动三 讨论应交增值税的账务处理

活动四 讨论应交消费税的账务处理

活动五 讨论应交城建税等的账务处理

知识拓展

1. 增值税由税务机关征收，进口货物的增值税由海关代征。

增值税纳税义务发生时间为：

（1）发生应税销售行为，为收讫销售款项或者取得索取销售款项凭据的当天；先开具发票的，为开具发票的当天。

（2）进口货物，为报关进口的当天。

（3）增值税扣缴义务发生时间为纳税人增值税纳税义务发生的当天。

2. "待转销项税额"明细账户，核算一般纳税人销售货物、加工修理修配劳务、服务、无形资产或不动产，已确认相关收入（或利得）但尚未发生增值税纳税义务而需于以后期间确认为销项税额的增值税额。这是由于会计与税法在确认收入时点不一致时，产生的待后期开票确认的销项金额。

如房屋租赁公司的跨年出租房产业务，如果合同约定承租方在最后一年的期末支付全部租金，出租方收到租金后开具增值税发票，出租方在第一年的期末会计处理为借记"应收账款"或"应收票据"等账户，贷记"主营业务收入"和"应交税费——待转销税额"账户。

3. 按现行增值税制度规定，企业初次购买增值税税控系统专用设备支付的费用以及缴纳的技术维护费允许在增值税应纳税额中全额抵减的，按规定抵减的增值税应纳税额，借记"应交税费——应交增值税（减免税款）"账户（小规模纳税人应借记"应交税费——应交增值税"账户），贷记"管理费用"等账户。

4. 其他税金的核算

（1）应交资源税。对外销售应税产品应缴纳的资源税应记入"营业税金及附加"账户；自产自用应税产品应缴纳的资源税应记入"生产成本""制造费用"等账户。

（2）应交土地增值税。土地增值税是指在我国境内有偿转让土地使用权及地上建筑物和其他附着物产权的单位和个人，就其土地增值额征收的一种税。企业应缴纳的土地增值税视情况不同记入不同账户：企业转让的土地使用权连同地上建筑物及其附着物一并在"固定资产"等账户核算的，转让时应交的土地增值税，借记"固定资产清理"账户，贷记"应交税费——应交土地增值税"账户；土地使用权在"无形资产"账户核算的，按实际收到的金额，借记"银行存款"账户，按应交的土地增值税，贷记"应交税费——应交土地增值税"账户，同时冲销土地使用权的账面价值，贷记"无形资产"账户，按其差额，借记"营业外支出"账户或贷记"营业外收入"账户。

（3）应交房产税、土地使用税、车船税等。企业应缴纳的房产税、土地使用税、车船税、矿产资源补偿费，记入"税金及附加"账户，借记"税金及附加"账户，贷记"应交税费——应交房产税（或应交土地使用税、应交车船税、应交矿产资源补偿费）"账户。

例 7-44 某公司 2019 年 7 月应交的房产税、土地使用税、车船税分别为 25 000 元、12 000 元、2 500 元，则会计分录如下：

借：税金及附加　　　　　　　　　　　　　　　 39 500
　　贷：应交税费——应交房产税　　　　　　　　　 25 000
　　　　　　　——应交土地使用税　　　　　　　　 12 000
　　　　　　　——应交车船税　　　　　　　　　　　 2 500

课堂巩固

业务分析题

昌盛公司为增值税的一般纳税人，材料按实际成本核算，销售货物的增值税税率为13%，2019年11月，昌盛公司发生下列有关税金核算业务：

（1）向甲公司购进A材料，已取得增值税专用发票，价款600 000元，增值税税额78 000元，款项以存款支付，材料已入库。

（2）以存款支付向小规模纳税人购进并已验收入库的B材料50 000元。

（3）销售应交消费税成品取得销售收入1 000 000元，增值税税额130 000元，价税款均已收存银行。

（4）将一批自制产品无偿赠送给客户，成本价20 000元，计税价格为24 000元。

（5）将上月购进的10 000元（不含增值税）原材料用于职工福利。

（6）以银行存款缴纳上月应缴未缴的增值税税额10 000元。

（7）结转本月应缴未缴增值税税额。

（8）按消费税税率10%计算本月应缴未缴消费税税额。

（9）分别按7%和3%计算本月应缴未缴的城市维护建设税税额和教育费附加。

要求：根据上述资料逐一编制会计分录。

任务五　核算其他应付款

任务描述

　　购买商品的欠款不属于其他应付款，接受劳务供应产生的应付款也不属于其他应付款，那么，还有那些行为会产生应付款项呢？

　　企业未按期发放工资，需要转让其他应付款吗？如果需要，怎么转呢？

　　亲爱的同学们，你怎么看？

知识储备

　　其他应付款是指公司除了短期借款、应付账款、预收账款、应付票据、应付职工薪酬、应交税费等以外的各种应付、暂收款项，主要包括应付经营租入固定资产和包装物的租金、存入保证金、应付及暂收其他单位的款项等。其中，存入保证金是指为保证出租或出借财产能如期完整无损地收回而向客户收取的一定数量的押金。

一、账户设置

　　企业为了核算和监督其他应付款的发生和支付情况，应设置"其他应付款"账户。该账户属于负债类账户，贷方登记其他应付、暂收款的发生数；借方登记已经偿还给其他单位和个人的款项；期末余额在贷方，表示尚未偿还其他单位和个人的款项。该账户应按"存入保证金""应付租金"等其他应付和暂收款的类别和单位、个人进行明细核算。

二、账务处理

（一）发生应付、暂收款项的核算

　　企业发生其他各种应付、暂收款项时，借记"银行存款""制造费用""管理费用""其他业务成本"等账户，贷记"其他应付款"账户。

例7-45 卓立有限责任公司出租给甲公司一台机器设备，收到租用押金6 000元。

借：银行存款　　　　　　　　　　　　　　　　　　　　　6 000

　　贷：其他应付款　　　　　　　　　　　　　　　　　　　　　6 000

例7-46 卓立有限责任公司因扩大生产需要向乙公司租入10间生产车间，每月需要支付房租5 000元。该公司处理如下：

借：制造费用　　　　　　　　　　　　　　　　　　　　　5 000

　　贷：其他应付款　　　　　　　　　　　　　　　　　　　　　5 000

他日，实际支付房租5 000元，增值税450元。

借：其他应付款　　　　　　　　　　　　　　　　　　　　　5 000

　　应交税费——应交增值税（进项税额）　　　　　　　　　　450

　　贷：银行存款　　　　　　　　　　　　　　　　　　　　　5 450

（二）支付其他应付款的核算

支付的其他各种应付、暂收款项时，借记"其他应付款"账户，贷记"银行存款"等账户。

例7-47 接例7-45，甲公司租赁期结束退还该机器设备，卓立有限责任公司退还押金。

借：其他应付款　　　　　　　　　　　　　　　　　　　　　　6 000

　　贷：银行存款　　　　　　　　　　　　　　　　　　　　　　　　6 000

任务实施

活动一　认识其他应付款的内容

活动二　讨论其他应付款相关经济业务的账务处理

课堂巩固

业务分析题

大力公司从2019年7月1日起，以经营租赁方式租入管理用办公设备一批，每月租金3 000元，租金按季支付。2019年9月30日，甲公司以银行存款支付租金9 000元，增值税税额900元。试编制大力公司每月计提租金及季末支付租金的会计分录。

✎小知识

财务共享服务中心

财务共享服务中心（FSSC）是近年来出现并流行起来的会计和报告业务管理方式。它是将不同国家、地点的实体会计业务汇集到一个共享服务中心来进行账务处理和生成报告，其好处是保证了会计记录和会计报告的规范性以及结构的统一。而且由于不需要在各公司和办事处设立会计部门，节省了系统和人工成本，但这种操作受限于某些国家的法律规定。

财务共享服务中心一般适合于为人员素质较高的制造业企业所属各分支机构、办事处进行服务。这些分支机构、办事处往往只承担销售任务，而无复杂的财务核算需求。例如戴尔在我国各个地区设立的销售网点，这些网点仅由一个销售团队及服务人员构成，一般通过设在厦门的总部统一处理业务，财务则可以共享至厦门。适合建立财务共享服务中心的企业包括金融企业、服务企业、制造业的销售网点、连锁企业、通信服务业等；目前技术条件下不适合建立财务共享服务中心的企业包括制造业的工厂、勘探业、信息化程度较低的企业等。我国国内已经建立财务共享服务中心的企业有中兴通讯、海尔集团等。

核算所有者权益

知识目标

1. 熟悉所有者权益的概念及内容；
2. 掌握实收资本的核算；
3. 掌握留存收益的核算。

技能目标

1. 掌握投资者投入资本入账价值的计算；
2. 掌握盈余公积的增减变动以及对所有者权益总额的影响；
3. 掌握年末未分配利润的计算。

素养目标

1. 培养学生敢于天下先的创新精神；
2. 培养学生诚恳踏实的专业精神；
3. 树立风险防范意识，培养学生谨慎、务实的品格，强调做事未雨绸缪，提高人生抗风险能力。

项目导航

　　王某、赵某、李某合伙开立一家快递公司，约定投资比例为1:1:1，并拟定了公司章程。随后王某以50万货币入股，赵某以价值50万的货车入股，李某以价值50万的房产入股。公司注册为买买快递有限责任公司（简称"买买快递"）。经协商，公司暂由王某全权处理快递公司业务，现聘请你为该公司的会计。

　　企业正式成立并开始运作。作为买买快递公司的会计，你将开始处理第一笔业务。

任务一　核算实收资本

任务描述

一个企业成立时，需要有原始资本，经营一段时间后，根据企业发展的需要，规模会扩大或者缩减，原来的资本需要变更。又该如何进行业务处理呢？

知识储备

一、所有者权益的内容及确认

（一）所有者权益的内容

所有者权益是指企业资产扣除负债后由所有者享有的剩余权益，即企业投资人对企业净资产的所有权。相对于债权人权益，所有者权益具有以下特征：

（1）企业不需要偿还各投资者的资本，除非发生减资、清算或分派现金股利时。

（2）投资者有权管理企业或者授权他人管理企业，并有权参与企业利润的分配。

（3）企业破产清算时，只有清偿债权人的债权后，才能返还投资者。

所有者权益按来源包括投资者投入的资本、其他综合收益、留存收益等。投资者投入企业资本包括初建企业时，各投资者按合同或者协议及公司章程投入企业形成注册资本的部分，形成实收资本或股本；也包括企业增资时，新投资者缴纳的出资超出按约定比例计算的注册资本中所占的份额部分，由投资者共同所有，形成资本公积——资本溢价/股本溢价。

其他综合收益是指企业根据其他会计准则规定未在当期损益中确认的各项利得和损失。

留存收益是指企业从历年实现的利润中提取或者形成的企业由所有者共同拥有的积累资金，包括盈余公积和未分配利润。

（二）所有者权益的确认

所有者权益在数量上等于企业资产总额扣除债权人权益后的净额，即企业的净资产。

所有者权益的确认、计量不能单独进行，主要取决于资产、负债、收入、费用等其他会计要素的确认和计量。

本项目主要学习实收资本（股本）、资本公积（含资本溢价或股本溢价）、盈余公积和未分配利润。

二、实收资本的核算

（一）账户设置

实收资本是指企业按照章程规定或合同、协议约定，接受投资者投入企业的资本。为了反映企业投资人投入企业的资本情况，应设置"实收资本"账户（股份有限公司应设置"股本"账户）。该账户贷方登记投资人投入企业的资金中按合同规定应计入实收资本的部分以及企业从资本公积或盈余公积中转增资本的部分；借方登记由于企业要减资而减少投资人的实收资本部分；期末余额在贷方，反映实收资本的实有数额。除极特殊情况下，一般不存在需要登记在借方的业务。实收资本账户按投资者名称设置明细账，进行明细核算。

投入资本按照所有者的性质不同，可以分为国家投入资本、法人投入资本、个人投入资本和外商投入资本。按照投入资产形式的不同，投入资本可以分为货币投资、实物投资和无形资产投资。

（二）实收资本增加的核算

企业接受的投资可以是货币资产投资，也可以是非货币资产投资。

投资者以货币资金出资的，应当将出资款足额存入该公司在银行开立的临时验资账户中。对于有限责任公司，借记"银行存款"等账户，按照投资合同或者协议约定的投资者在企业注册资本中所占份额的部分，贷记"实收资本"；对于股份有限公司，通过发行股票的方式筹集股本，借记"银行存款"等账户，按每股股票面值和发行股份总数的乘积，贷记"股本"账户。

投资者以非货币资产（存货、固定资产、无形资产等）出资的，应当依法办理其财产转移手续，并按投资合同或者协议约定价值确定资产的入账价值（合同或协议价不公允的除外），借记"原材料""固定资产""无形资产"等账户，贷记"实收资本"或"股本"账户。

如果资产价值超过其在注册资本中所占份额的部分，记入"资本公积—资本溢价"账户（这一部分价值一般是新投资者投资时对原投资者资本增值的补偿）。

1. 公司成立时的初始投资

例8-1 买买快递有限责任公司接受投资者投资，王某投资的50万元已存入公司账户；赵某以货车投资，投资合同约定该设备价值50万元（与公允价值相同且不考虑增值税）；李某以房屋投资，投资合同约定该房屋价值50万元（与公允价值相同且不考虑增值税）。三人的投资均为50万元，不考虑其他因素，买买快递公司的会计分录如下：

```
借：银行存款                          500 000
    固定资产——设备                    500 000
          ——房屋                      500 000
  贷：实收资本——王某                         500 000
            ——赵某                         500 000
            ——李某                         500 000
```

如果投资者给买买快递投资时，出具了增值税专用发票，则会计处理为：

```
借：固定资产（按合同或者协议约定的公允价值）
    应交税费——应交增值税（进项税额）（如果投入的是不动产，进项税 ×60%）
    应交税费——待抵扣进项税额（如果投入的是不动产，进项税 ×40%）
  贷：实收资本（投资方在注册资本中应享有的份额）
      资本公积（资产价值超过其在注册资本中所占份额）
```

2. 追加资本的核算

企业增加资本的途径一般有三条：一是投资者追加投资，包括原投资者追加和新投资者投资；二是资本公积转增资本；三是盈余公积转增资本。

（1）追加投资。

例 8-2 买买快递有限责任公司经营半年后，公司资金紧张，正在此时，张某有意投资快递这一行。经过与张某协商，决定由张某以货币出资 50 万元入股，与其他三位股东具有同等股份份额。当即张某将款项存入买买快递的开户行。会计处理为

借：银行存款   500 000
  贷：实收资本——张某   500 000

若为股份有限公司，则贷记"股本"账户。

（2）资本公积转增资本。资本公积转增资本时，按照转增的金额，借记"资本公积—资本溢价（或股本溢价）"账户，贷记"实收资本"账户（或"股本"账户）。需要注意的是，独资企业，直接结转即可；有限责任公司或者股份有限公司应按照原投资者各自出资比例相应增加各投资者的出资额。

例 8-3 买买快递原注册资本为 200 万，王某、赵某、李某及张某分别出资 50 万。为扩大公司经营规模，买买快递决定将资本公积 100 万转增资本。会计处理为

借：资本公积   1 000 000
  贷：实收资本——王某   250 000
      ——赵某   250 000
      ——李某   250 000
      ——张某   250 000

（3）盈余公积转增资本。资本公积转增资本时，按照转增的金额，借记"盈余公积"账户，贷记"实收资本"账户（或"股本"账户）。需要注意的是，独资企业，直接结转即可；有限责任公司或者股份有限公司应按照原投资者各自出资比例相应增加各投资者的出资额。

例 8-4 接**例 8-3** 买买快递为扩大公司经营规模，将盈余公积 100 万转增资本。会计处理为

借：盈余公积   1 000 000
  贷：实收资本——王某   250 000
      ——赵某   250 000
      ——李某   250 000
      ——张某   250 000

（三）实收资本减少的核算

实收资本的减少按公司类型的不同，分为有限责任公司的减资和股份有限公司的减资。

有限责任公司减少注册资本通过发还股款的方式，按照法定程序报经批准后，借记"实收资本"账户，贷记"银行存款"账户。

股份有限公司通过回收股票的方式减少股本。核算过程中，通过"库存股"账户进行核算。"库存股"属于所有者权益的备抵账户，核算股份有限公司已发行的股票，由发行公司通过购入等方式重新获得，可供再次出售或者注销之用的股票。借方表示增加，贷方表示减少。

回购时，按每股回购价和股票数量的乘积，借记"库存股"，贷记"银行存款"；在减资过程中，如果回购股票支付的总价款高于面值总额的，根据股票面值和注销的股数计算的股票面值总额，借记"股本"账户，按回购总价款，贷记"库存股"账户，其差额，借记"资本公

积——股本溢价"账户，溢价不足冲减的，依次借记"盈余公积""利润分配——未分配利润"账户；如果回购股票支付的总价款低于面值总额的，根据股票面值和注销的股数计算的股票面值总额，借记"股本"账户，按回购总价款，贷记"库存股"账户，其差额，贷记"资本公积——股本溢价"账户。

例8-5 甲股份有限公司截至2019年12月31日有股本1 000万元（面值1元），资本公积（资本溢价）300万元，盈余公积400万元。经股东大会批准，以现金方式回购本公司股票200万股，假定甲公司按每股3元收回股票，不考虑其他因素，会计处理如下：

① 回购时：

回购股票支付的总价款=2 000 000×3=6 000 000元

借：库存股		6 000 000
贷：银行存款		6 000 000

② 注销股份时：

应冲减的资本公积=2 000 000×3-2 000 000×1=4 000 000元

应冲减的盈余公积=4 000 000-3 000 000=1 000 000元

借：股本	2 000 000
资本公积	3 000 000
盈余公积	1 000 000
贷：库存股	6 000 000

任务实施

活动一　讨论企业变更注册资本对所有者权益总额的影响

活动二　讨论将资本公积或者盈余公积转增资本对所有者权益总额的影响

活动三　讨论投资者和债权人的区别和联系

知识拓展

为简化核算，以上例题不包括增值税的核算。实务中，投资方需向被投资方提供增值税专用发票。大家需要注意的是，如果接受不动产投资时，增值税当期可以抵扣税额的60%，另外的40%放入"应交税费——待抵扣进项税额"账户核算。

课堂巩固

业务分析题

1. 2018年1月1日，A、B、C三方各出资200万元共同设立甲公司。

2. 2019年1月1日为扩大经营规模，A、B、C决定重组公司，吸收投资者D加入。投资者D投入一台不需要安装的设备，合同约定的价值为300万元（与公允价值相等），同时开具增值税专用发票，增值税税额为48万元。接受投资者D后的注册资本为800万元，且四方投资者占比均为25%。

3. 2020年6月，甲公司将企业的资本公积200万按出资比例转增实收资本。

试编制相关业务的会计分录。

任务二　核算资本公积

任务描述

买买快递经过几年的经营，效益可观，于是公司考虑进一步扩大企业的规模。此时，董某有意加入买买快递。经过协商，董某可以加入买买快递，条件是董某需要出资90万元，才能享有同原来股东相同的份额（即每人50万）。同时，买买快递变更注册资本，由原来的200万（王、赵、李、张各50万）变成290万。

亲爱的同学们，你觉得应该如何核算呢？

知识储备

一、资本公积的概述

资本公积是指企业收到投资者的超出其在注册资本（或股本）中所占份额的投资，以及直接计入所有者权益的利得和损失等。资本公积包括资本溢价（或股本溢价）和其他资本公积。

资本溢价是指投资者缴付企业的出资额大于其在企业注册资本中所拥有份额的数额。股本溢价是指股份有限公司溢价发行股票时实际收到的款项超过股票面值总额的数额，发行过程中的手续费、佣金等交易费用需从中扣除。

二、资本公积的核算

企业应当设置"资本公积"账户，该账户属于所有者权益类账户，贷方登记实际收到的投资者出资额超过其在注册资本或股本中所占份额的部分等；借方登记资本公积的减少，如资本公积转增资本；期末余额在贷方，表示资本公积实有数额。该账户一般设置"资本溢价（股本溢价）""其他资本公积"等明细账户进行明细核算。

1. 资本溢价（股本溢价）

例8-6 买买快递有限责任公司注册资本200万元，目前由四位投资者各出资50万组成。经营几年后，第五位投资者董某加入，买买快递的注册资本由200增加到290万元。按投资协议约定，董某以货币资金出资90万元，占注册资本的1/5的份额。不考虑其他因素，买买快递公司的会计处理为

```
借：银行存款                              900 000
    贷：实收资本                            500 000
        资本公积——资本溢价                  400 000
```

例8-7 2019年10月，甲股份有限公司委托证券公司代理发行普通股1 000万股，每股面值为1元，每股发行价格为3元，按照协议约定，证券公司从发行收入中提取2%的手续费，从发行收入中扣除，剩余款项应存入甲公司的开户行。甲公司的会计处理如下：

甲公司的发行收入=1 000×3=3 000（万元）

证券公司收取的手续费=3 000×2%=60（万元）

存入甲银行账户的款项=3 000-60=2 940（万元）

资本公积——股本溢价 =1 000×3-1 000×1-60=1 940 万元

借：银行存款　　　　　　　　　　　　　　　　　　　　　　　29 400 000

　　贷：股本　　　　　　　　　　　　　　　　　　　　　　　　10 000 000

　　　　资本公积——股本溢价　　　　　　　　　　　　　　　　19 400 000

2. 资本公积转增资本

资本公积转增资本时，借记"资本公积"账户，贷方按照转增资本前的实收资本（或股本）的结构或者比例金额分别计入"实收资本"下各个明细账户。详细内容见任务一。

任务实施

活动一　分析资本公积和实收资本的区别和联系

活动二　讨论实收资本的账务处理

活动三　讨论资本公积能否转增资本，如果能，如何进行具体账务处理

知识拓展

直接计入所有者权益的利得和损失，一般记入"资本公积——其他资本公积"。

课堂巩固

单选题

1. 新投资实际缴纳的出资大于其在注册资本中所占份额，多余金额记入（　　　）。

　　A."资本公积——资本溢价"　　　　　　　B."实收资本"

　　C."盈余公积"　　　　　　　　　　　　　D."资本公积——其他资本公积"

2. 甲股份有限公司委托证券公司代理发行普通股1 000万股，每股面值1元，每股发行价格3元，按照协议约定，证券公司收取手续费100万，从发行收入中扣除，该业务计入资本公积的金额为（　　　）万元。

　　A. 3 000　　　　　B. 2 000　　　　　C. 1 900　　　　　D. 2 200

任务三　核算留存收益

任务描述

企业存在的主要目的是赚取更多的资金，扩大再生产。企业赚取的资金形成企业的利润，那么哪些资金可以分配呢？又该如何分配这一部分资金呢？

亲爱的同学们，你怎么看？

知识储备

一、净利润分配顺序

根据《中华人民共和国公司法》（以下简称《公司法》）等相关法律的规定，企业当年实现的净利润，一般应该按下列顺序进行分配：

（1）弥补亏损以前年度有亏损的，应先弥补亏损。

（2）提取法定盈余公积。按照《公司法》的有关规定，企业应按照当年净利润（以前年度没有亏损）的10%提取法定盈余公积。法定盈余公积累计达到注册资本的50%时可以不再提取。

（3）提取任意盈余公积。按照股东会或者股东大会等权力机构决议提取。

（4）向投资者分配利润。公司弥补亏损和提取盈余公积后，还有剩余利润的，有限责任公司按出资比例或者股份有限公司按股东持有的股份比例进行利润分配，但是股东约定或者章程约定不分配的除外。

企业历年从净利润中提取的盈余公积以及企业将实现的净利润经过弥补亏损、提取盈余公积和向投资者分配利润以后留存在企业的、历年结存形成的未分配利润，形成企业的留存收益。留存收益是留存于企业的内部积累。

二、相关账务处理

企业通过"利润分配"账户核算企业利润的分配、弥补亏损以及企业累计盈亏的情况。该账户属于所有者权益类账户，借方核算利润的分配数以及从本年利润转入的当年净亏损；贷方登记从本年利润转入的当年净利润。该账户一般下设"提取法定盈余公积""提取任意盈余公积""应付现金股利或利润""盈余公积补亏""未分配利润"等明细账户进行明细核算。

（一）利润分配的账务处理

1. 结转本年度净利润

企业年度终了后，将当年的净利润或者净亏损从"本年利润"转入"利润分配—— 未分配利润"。

例8-8　买买快递有限责任公司第一年经营实现的净利润为1 000 000 元。年末结转净利润时：

借：本年利润　　　　　　　　　　　　　　　　　　　　　　　　1 000 000

　　贷：利润分配—— 未分配利润　　　　　　　　　　　　　　　　　　　1 000 000

2. 提取盈余公积

企业提取盈余公积的核算过程，需要通过"盈余公积"账户具体核算。该账户属于所有者权益类账户，贷方登记盈余公积的提取数；借方登记用盈余公积弥补亏损和转增注册资本数。下设"法定盈余公积""任意盈余公积"两个明细账户。

例8-9　接**例**8-8，买买快递按当年净利润的10%提取法定盈余公积，按当年净利润的5%提取任意盈余公积。

借：利润分配—— 提取法定盈余公积　　　　　　　　　　　　　　　100 000

　　　　　　　—— 提取任意盈余公积　　　　　　　　　　　　　　　50 000

　　贷：盈余公积—— 法定盈余公积　　　　　　　　　　　　　　　　　100 000

　　　　　　　　—— 任意盈余公积　　　　　　　　　　　　　　　　　50 000

3. 向投资者分配利润

例8-10　接**例**8-9，经研究决定，买买快递宣告向投资者发放现金股利300 000 元。

借：利润分配—— 应付现金股利　　　　　　　　　　　　　　　　300 000

　　贷：应付股利　　　　　　　　　　　　　　　　　　　　　　　　300 000

他日，发放股利时：

借：应付股利　　　　　　　　　　　　　　　　　　　　　　　　300 000

　　贷：银行存款　　　　　　　　　　　　　　　　　　　　　　　　300 000

（二）盈余公积补亏以及转增资本

例8-11 经过股东会批准，甲股份有限公司用以前年度的盈余公积弥补当年的亏损 400 000 元。

借：盈余公积　　　　　　　　　　　　　　　　　　　　　　　　　400 000

　　贷：利润分配——盈余公积补亏　　　　　　　　　　　　　　　　　400 000

例8-12 经股东大会研究决定，为扩大企业的经营规模，将盈余公积 500 000 转增股本。

借：盈余公积　　　　　　　　　　　　　　　　　　　　　　　　　500 000

　　贷：股本　　　　　　　　　　　　　　　　　　　　　　　　　　500 000

（三）历年累计利润（亏损）的形成

利润分配的过程结束后，将"利润分配"下属除"未分配利润"之外其他明细账户的余额，转入"未分配利润"明细账户。结转后，"利润分配——未分配利润"如为贷方余额，表示未分配的利润；如果出现借方余额，表示未弥补的亏损。结转后，利润分配的其他明细账户无余额。

例8-13 接例8-8 至例8-10，结转利润分配的明细账户。

借：利润分配——未分配利润　　　　　　　　　　　　　　　　　　450 000

　　贷：利润分配——提取法定盈余公积　　　　　　　　　　　　　　100 000

　　　　　　　　——提取任意盈余公积　　　　　　　　　　　　　　 50 000

　　　　　　　　——应付现金股利　　　　　　　　　　　　　　　　300 000

通过上例，结转以后，"利润分配——未分配利润"账户为贷方余额550 000元，表示累计可供以后年度继续分配的未分配的利润。

任务实施

活动一　分析如果以前年度未分配利润有盈余，那么在计算提取法定盈余公积的基数包括不包括年初未配分配利润

活动二　分析法定盈余公积和任意盈余公积的区别和联系

活动三　讨论留存收益的相关账务处理

活动四　分析提取盈余公积和向投资者分配利润这两项业务，对留存收益和所有者权益有何影响

知识拓展

利润补亏包括税前利润补亏和税后利润补亏。需要注意的是，税前弥补亏损可以抵减应纳税所得额，减少当期应纳所得税。用税后净利润弥补亏损的，不需要进行账务处理，将当年实现的净利从"本年利润"转入"利润分配——未分配利润"贷方，自动抵减即可完成。

课堂巩固

业务分析题

1. 甲公司年初未分配利润为500万元，当年实现净利润1 000万元，按净利润的10%提取法定盈余公积，按5%提取任意盈余公积。宣告分派现金股利100万元。

2. 乙公司年初所有者权益总额为1 000万，其中实收资本600万元、资本公积150万元，盈余公积100万元，未分配利润150万元。当年利润总额为400万元，所得税费用100万元，按净利润的10%提取法定盈余公积，经股东大会批准将盈余公积50万元转增资本。那么乙公司盈余公积年末余额为多少万元？

请编制上述业务的相关会计分录。

核算收入、费用和利润

知识目标

1. 了解财务成果的形成；
2. 掌握收入业务、费用相关业务的核算；
3. 掌握所得税的计算和结转业务的核算；
4. 掌握利润的形成和分配相关业务的核算。

技能目标

1. 具备收入、费用和利润核算岗位人员的基本知识与素养；
2. 能够完成收入、费用、利润的计算及账务处理；
3. 具备准确确认计量、记录收入和费用，计算利润的职业判断能力。

素养目标

1. 深刻理解企业可持续发展的必要性，要力求把对环境、消费者以及对社会的贡献作为长远追求目标。
2. 树立防患于未然的良好意识，秉持防范终身制的思想。

项目导航

在我国这样一个多元化的市场环境下，我们的经营者小到个人微商，大到上市公司、企业集团，他们经营的主要目的是营利。卓立有限责任公司作为一个大型的综合企业，经营范围主要是生产销售产品（包括实体店销售和网络销售），并且提供安装、运输、快递等服务。税务局将其核定为一般纳税人。大家试想一下，如果你是卓立有限责任公司的总会计，如何有条不紊地核算公司的各项收入和成本费用？卓立公司若把不需要的运输设备出售，取得的净收益，算不算企业的收入？会不会增加企业的利润？卓立公司向外捐赠的物资，是不是企业的费用？企业盈利后如何计算应向税务局缴纳的所得税？最终如何清晰明了地把公司一个期间的经营成果情况向经营管理者汇报呢？

任务一 核算相关收入和利得

任务描述

一个企业的经营离不开收入的取得，如何界定流入企业的资金是收入还是利得？一个多元化的企业，对于各种各样的收入，该如何区分主营业务收入和其他业务收入？

亲爱的同学们，你有什么想法？

知识储备

收入是指企业日常活动中形成的、会导致企业所有者权益的增加、与所有者投入资本无关的经济利益的总流入，但不包括代第三方收取的款项。在这里日常活动是指公司为完成经营目标所从事的经营活动和相关的其他活动。

《企业会计准则第14号——收入》已于2017年7月由财政部修订发布，自2018年1月1日起，在境内外同时上市的企业以及在境外上市并采用《国际财务报告准则》或《企业会计准则》编制财务报表的企业施行；自2020年1月1日起，在其他境内上市企业施行；自2021年1月1日起，在执行《企业会计准则》的非上市企业施行。本章内容是以2006年发布的《企业会计准则第14号——收入》为依据。

收入按企业经营业务的主次不同，分为主营业务收入和其他业务收入。主营业务收入是指企业为完成其经营目标所从事的经常性活动所实现的收入。其他业务收入是指企业为完成其经营目标所从事的与经常性活动相关的活动实现的收入。一个企业的主营业务收入和其他业务收入的界定不是一成不变的。

收入按企业从事日常活动的性质不同，分为销售商品收入、提供劳务收入和让渡资产使用权收入及合同收入。

在取得收入过程中，涉及的账户有"银行存款""应收账款""应收票据""预收账款""主营业务收入""其他业务收入""应交税费——应交增值税（销项税额）""主营业务成本""其他业务成本"等。

"主营业务收入"账户核算企业从事的某种行业主要生产、经营活动所取得的营业收入。"其他业务收入"账户核算企业主营业务收入以外的日常活动中所取得的营业收入，如材料物资及包装物销售、无形资产转让、固定资产出租、包装物出租取得的收入等。以上两个账户均属于损益类账户，贷方登记收入实现时取得的价款，期末从借方转入"本年利润"，结转后无余额。

"主营业务成本"账户核算企业生产和销售与主营业务有关的产品或者服务所必须投入的成本。"其他业务成本"账户核算企业除主营业务活动以外的其他经营活动所发生的成本，如销售材料成本、出租包装物成本、出租固定资产折旧额、出租无形资产摊销额等。以上两个账户均属于损益类账户，借方登记销售收入实现的同时结转的相应成本，期末通过贷方转入"本年利润"，结转后无余额。

一、销售商品收入

（一）销售商品收入的确认

对于以销售自产产品的工业企业或者买卖商品的商业企业来说，销售商品属于企业的主营业务收入。对于一些从事服务行业的企业来说，提供服务的同时附带销售商品，那么销售商品属于其他业务收入。不论哪种形式的销售，其收入的确认必须同时满足五个条件。

1. 企业已将商品所有权上的主要风险和报酬转移给购买方

这里要求与商品所有权有关的主要风险和报酬同时转移。与商品所有权有关的风险，是指商品可能发生减值或毁损等形成的损失；与商品所有权有关的报酬，是指商品价值增值或通过使用商品等产生的经济利益。判断企业是否已将商品所有权上的主要风险和报酬转移给购货方，应当关注交易的实质，并结合所有权凭证的转移进行判断。

一般而言，转移商品所有权凭证并交付实物后，商品所有权上的主要风险和报酬随之转移，如大多数零售商品。某些情况下，转移商品所有权凭证但未交付实物，商品所有权上的主要风险和报酬随之转移，企业只保留了次要风险和报酬，如交款提货方式销售商品，此时可以确认销售收入。有时，已交付实物但未转移商品所有权凭证，商品所有权上的主要风险和报酬未随之转移，如采用支付手续费方式委托代销的商品，此时不能确认销售收入。

2. 管理权的转移

企业既没有保留通常与所有权相联系的继续管理权，也没有对已售出的商品实施有效控制。通常情况下，企业售出商品后不再保留与商品所有权相联系的继续管理权，也不再对售出商品实施有效控制，表明商品所有权上的主要风险和报酬已经转移给购货方，此时一般应在发出商品时确认收入。

3. 收入的金额能够可靠地计量

能够可靠地计量是指收入的金额能够合理地估计。如果收入的金额不能够合理估计，则无法确认收入。通常情况下，企业在销售商品时，商品销售价格已经确定，企业应当按照从购货方已收或应收的合同或协议价款确定收入金额。由于销售商品过程中某些不确定因素的影响，也有可能存在商品销售价格发生变动的情况，则新的售价未确定前不应确认收入。

4. 相关的经济利益很可能流入企业

很可能是指销售商品价款收回的可能性大于不能收回的可能性，即销售商品价款收回的可能性超过50%。通常情况下企业销售的商品符合合同或协议要求，已将发票账单交付买方，买方承诺付款，就表明满足本确认条件（相关的经济利益很可能流入企业）。如果企业判断销售商品收入满足条件确认了一笔应收债权，以后由于购货方资金周转困难无法收回该债权时，不应调整原来确认的收入，而应对债权计提坏账准备，随之确认坏账损失。

5. 相关的已发生或将发生的成本能够可靠地计量

通常情况下，销售商品相关的已发生或将发生的成本能够合理地估计。对于生产产品的工业企业来说，其生产成本能够准确计算；对于商业企业来说，其采购成本，也是可计量的。但是对于已发生或将发生的成本不能够合理地估计时，即使已收到了货款也不应确认收入，只能作为负债来处理。比如在预收款销售方式下，收到购货方支付的预付款时。

（二）销售商品收入的账务处理

1. 一般销售商品收入的账务处理程序

对于一般销售商品业务符合收入实现的条件时，将已收或应收的合同或协议价款及应收取的增值税额，借记"银行存款""应收账款""应收票据"等账户，按收入金额贷记"主营业务收入""其他业务收入"等账户，按应收取的增值税额，贷记"应交税费——应交增值税（销项税额）"账户；同时结转已销产品的成本，借记"主营业务成本""其他业务成本"账户，贷记"库存商品""原材料"等账户。对于不符合收入实现条件的，则不能确认收入，对于发出的商品，借记"发出商品"账户，贷记"库存商品"账户。

例9-1 卓立有限责任公司是一般纳税人，2019年5月24日向A公司出售了一批产品，开出的增值税专用发票上注明的售价为300 000元，增值税税额为39 000元。卓立有限责任公司收到A公司开具的一张银行承兑汇票，票面金额为339 000元，期限为6个月。产品已经发出，该批产品的成本为270 000元。

① 确认销售收入：

借：应收票据　　　　　　　　　　　　　　　　　　　　　　　339 000
　　贷：主营业务收入　　　　　　　　　　　　　　　　　　　300 000
　　　　应交税费——应交增值税（销项税额）　　　　　　　　 39 000

② 同时，结转销售成本：

借：主营业务成本　　　　　　　　　　　　　　　　　　　　　270 000
　　贷：库存商品　　　　　　　　　　　　　　　　　　　　　270 000

例9-2 卓立有限责任公司向A公司出售一批产品，目前A公司出现暂时性的资金困难，为了减少本企业存货积压，也为了维持与A公司的商业关系，卓立有限责任公司仍将产品发出，但未开具增值税专用发票。该批产品的成本为270 000元。

借：发出商品　　　　　　　　　　　　　　　　　　　　　　　270 000
　　贷：库存商品　　　　　　　　　　　　　　　　　　　　　270 000

2. 销售过程中出现销售折让、销售退回

（1）销售折让是指企业将商品销售后，买方发现产品在质量、规格等方面不符合合同要求，要求卖方在售价上给予一定的减让。

例9-3 卓立有限责任公司将一批商品销售给甲公司，开出的增值税专用发票上注明的售价为200 000元，增值税税额为26 000元。该批商品的成本为140 000元。货物于销售当日已经发出，款项尚未收到。甲公司收到货后发现质量不符合要求，要求在价格上给予10%的折让。卓立有限责任公司查明后，同意甲公司提出的要求，并开具了红字发票专用发票。此前卓立有限责任公司确认了该批商品的销售收入，发生销售折让允许扣减当期增值税销项税额。不考虑其他因素，卓立有限责任公司的会计处理如下：

① 销售实现时：

借：应收账款　　　　　　　　　　　　　　　　　　　　　　　226 000
　　贷：主营业务收入　　　　　　　　　　　　　　　　　　　200 000
　　　　应交税费——应交增值税（销项税额）　　　　　　　　 26 000

借：主营业务成本 140 000

　　贷：库存商品 140 000

②发生销售折让时：

借：主营业务收入 20 000

　　应交税费——应交增值税（销项税额） 2 600

　　贷：应收账款 22 600

③实际收到款项时：

借：银行存款 203 400

　　贷：应收账款 203 400

（2）销售退回是指企业销售出去的商品由于质量、品种等不符合要求等原因而被退货。

例9-4 卓立有限责任公司 2019 年 6 月 1 日销售了一批商品给甲公司，增值税专用发票上注明的售价为 200 000 元，增值税税额为 26 000 元。该批商品的成本为 140 000 元。货物于销售当日已经发出，款项尚未收到。6 月 10 日，卓立有限责任公司收到货款。7 月 10 日，甲公司发现该批商品质量出现严重问题，要求全部退回。卓立有限责任公司同意退回，当即支付了退货款，并向购买方开具了增值税红字发票。不考虑其他因素，卓立有限责任公司的会计处理为：

①2019 年 6 月 1 日销售实现时：

借：应收账款 226 000

　　贷：主营业务收入 200 000

　　　　应交税费——应交增值税（销项税额） 26 000

借：主营业务成本 140 000

　　贷：库存商品 140 000

②2019 年 6 月 10 日收到货款时：

借：银行存款 226 000

　　贷：应收账款 226 000

③2019 年 7 月 10 日销售退回时：

借：主营业务收入 200 000

　　应交税费——应交增值税（销项税额） 26 000

　　贷：银行存款 226 000

借：库存商品 140 000

　　贷：主营业务成本 140 000

3. 销售材料等存货的账务处理

企业日常除了销售主营产品之外，可能对外销售原材料及随同产品出售单独计价的包装物等。

例9-5 卓立有限责任公司销售了一批原材料，开出的增值税专用发票上注明的价款为 30 000 元，增值税税额为 3 900 元，款项收妥存入银行。该批原材料的成本为 20 000 元。卓立有限责任公司的会计处理如下：

①确认收入：

借：银行存款	34 800
贷：其他业务收入	30 000
应交税费——应交增值税（销项税额）	4 800

② 同时结转销售成本

| 借：其他业务成本 | 20 000 |
| 贷：原材料 | 20 000 |

例 9-6 卓立有限责任公司销售了一批随同产品出售单独计价的包装物，开出的增值税专用发票上注明的价款为 20 000 元，增值税税款为 3 200 元。购买方当即开出一张银行承兑汇票交与卖方。该批包装物的成本为 15 000 元。卓立有限责任公司的会计处理如下：

① 确认收入：

借：应收票据	23 200
贷：其他业务收入	20 000
应交税费——应交增值税（销项税额）	3 200

② 同时结转包装物的成本：

| 借：其他业务成本 | 15 000 |
| 贷：周转材料——包装物 | 15 000 |

二、提供劳务收入

随着我国经济的发展，营业项目的多元化，通过提供劳务或者服务取得的收入，种类很多，比如运输、安装、培训、餐饮、理发、装修等。不同种类的劳务需要的完成时间不同，下面我们按照提供劳务时间的长短将其分为同一会计年度开始并完成的劳务和开始完成分属不同会计年度的劳务。

（一）关于同一会计年度开始并完成的劳务的账务处理

同一会计年度开始并完成的劳务分为一次就能完成的劳务和持续一段时间但在同一年度完成的劳务。对于一次就能完成的劳务，应在提供劳务完成时确认收入并结转相应成本。对于持续一段时间才能完成的劳务，在发生相关支出时确认为劳务成本，通过"劳务成本"账户归集所发生的成本支出，劳务完成后再确认收入并结转相关劳务成本。

例 9-7 卓立有限责任公司在 2019 年 8 月 1 日接受了一项远途运输劳务，8 月 10 日完成了运输任务，开出的增值专用发票上注明的运输价款为 10 000 元，增值税税额为 1 000 元，收到对方支付的款项并存入银行。在这项运输过程中支付的油费为 4 000 元，人员工资为 3 000 元。假定运输业务属于卓立有限责任公司的主要业务。会计处理如下：

① 2019 年 8 月 1 日到 10 日，发生劳务成本：

借：劳务成本	7 000
贷：银行存款	4 000
应付职工薪酬	3 000

② 收到运输款项时：

| 借：银行存款 | 11 000 |

```
        贷：主营业务收入                                          10 000
            应交税费——应交增值税（销项税额）                    1 000
    借：主营业务成本                                              7 000
        贷：劳务成本                                              7 000
```

（二）关于开始和完成分属不同会计年度的劳务的账务处理

对于劳务的开始和完成分属于不同的会计年度，且在资产负债表日提供劳务交易的结果能够可靠估计的，应当采用完工百分比法确认提供劳务收入。

三、让渡资产使用权收入

让渡资产使用权收入包括利息收入（金融企业对外贷款取得的收入）、使用费收入（企业转让无形资产使用权取得的收入）等。企业对外出租资产收取的租金、进行债权投资收取的利息、进行股权投资取得的现金股利等，也构成让渡资产使用权收入。

让渡资产使用权收入一般通过"其他业务收入"账户核算，让渡资产计提摊销以及所发生的让渡资产有关的支出通过"其他业务成本"账户核算。

例9-8 2019年1月1日卓立有限责任公司将一项专利出租给乙公司，双方签订的合同约定转让期为3年，每年年底支付使用费100 000元。2019年末，卓立有限责任公司开具的增值税专用发票上注明的价款为100 000元，增值税税额为6 000元，并收到乙公司支付的款项。该专利每年的摊销额为60 000元。卓立有限责任公司的会计处理如下：

① 确认收入：

```
    借：银行存款                                               106 000
        贷：其他业务收入                                        100 000
            应交税费——应交增值税（销项税额）                    6 000
```

② 按月计提摊销额时：

```
    借：其他业务成本                                    5 000（60 000÷12）
        贷：累计摊销                                             5 000
```

四、利得

利得指由企业非日常活动所形成的、会导致所有者权益增加的、与所有者投入资本无关的经济利益的流入，具体包括直接计入所有者权益的利得和直接计入当期利润的利得。本项目中我们仅介绍直接计入当期利润的利得，比如企业非日常活动取得的非流动资产处置利得、盘盈利得、捐赠利得、非货币性资产交换利得、债务重组利得等内容。

盘盈利得、捐赠利得、非货币性资产交换利得、债务重组利得等通过"营业外收入"账户核算。该账户属于损益类会计账户，核算营业利润以外的收益，贷方登记各项利得的增加，借方登记期末转入"本年利润"的数额，结转后无余额。

对于非流动资产处置利得，如果资产处置后还有使用价值，比如出售、抵债等，则需要通过"资产处置损益"科目核算，该科目反映企业出售划分为持有待售的非流动资产（金融工具、长期股权投资和投资性房地产除外）或处置组时确认的处置利得或损失，以及处置未划分为持有待售的固定资产、在建工程、生产性生物资产及无形资产而产生的处置利得或损失。债务重组中因处置非流动资产产生的利得或损失和非货币性资产交换产生的利得或损失也包括在本项目内；如果资产由于自然灾害或报废毁损的原因而处置的，由于其使用功能已经丧失。那么最后的净损益需要通过"营业外收入""营业外支出"来核算。该科目属于损益类账户，贷方登记处置利得，借方登记处置损失，期末转入"本年利润"。

例9-9 卓立有限责任公司2019年10月底对库存现金盘查时，发现盘盈现金500元，报经批准后转入营业外收入。

借：库存现金 500
　贷：待处理财产损溢 500
借：待处理财产损溢 500
　贷：营业外收入 500

例9-10 卓立有限责任公司于年末确认一项应付丙公司的30 000元款项为无法支付的款项。卓立有限责任公司的会计处理如下：

借：应付账款 30 000
　贷：营业外收入 30 000

例9-11 卓立有限责任公司将其购买的一项专利出售给甲公司（转入专利所有权），该专利的成本为100万，已经摊销30万。出售当日开具增值税专用发票，价款为800 000元，增值税为48 000元，甲公司当即将款项支付。会计处理如下：

借：银行存款 848 000
　累计摊销 300 000
　贷：无形资产 1 000 000
　　应交税费——应交增值税（销项税额） 48 000
　　资产处置损益 100 000

例9-12 卓立有限责任公司出售了一栋办公楼，该办公楼原值5 000 000元，已提折旧3 000 000元，未计提减值准备。出售时开具了增值税专用发票，发票价款为4 000 000元，增值税税款360 000元。收到的款项存入银行。卓立有限责任公司的账务处理如下：

① 转入清理：
借：固定资产清理 2 000 000
　累计折旧 3 000 000
　贷：固定资产 5 000 000
② 收到售楼款时：
借：银行存款 4 360 000
　贷：固定资产清理 4 000 000
　　应交税费——应交增值税（销售税额） 360 000
③ 结转出售此项固定资产的利得：
借：固定资产清理 2 000 000
　贷：资产处置损益 2 000 000

例9-13 卓立有限责任公司12月共发生营业外收入180 000元，期末转入"本年利润"。

借：营业外收入 180 000
　贷：本年利润 180 000

任务实施

活动一　讨论工业企业以销售产品所得的货款作为主营业务收入，确认时记入"主营业务收入"，那么销售产品在其他不同行业的不同企业中是否也一定记入"主营业务收入"？

活动二　讨论对于货物已销售但尚未收取的货款，计入"应收账款"，那么销售过程中出现的销售折扣和现金折扣的金额是否包含在应收账款中

活动三　讨论固定资产出售的净损益通过什么会计科目核算

活动四　分析收入、费用、利得及损失的账务处理

知识拓展

以上我们是以符合收入实现条件为主线来介绍的，如果出现不符合收入实现条件的，比如，某个老客户发生暂时资金周转困难（销售商品价款收回的可能性没有超过50%），为了维持长期建立的商业关系，我们仍坚持发货，此时需要进行的会计处理如下：借记"发出商品"，贷记"库存商品"。那么对于此类业务，如果发生销售退回时，我们进行的会计处理如下：借记"库存商品"，贷记"发出商品"。

课堂巩固

一、单选题

甲公司为增值税一般纳税人，2019年12月为了减少公司的库存，举行了一次促销活动，凡一次购买100件以上商品的，在售价100元/件的基础上给予单价10%的商业折扣。乙公司一次性购买了300件，那么甲公司确认主营业务收入的金额为（　　　）。

A. 30 000　　　　　B. 27 000　　　　　C. 35 100　　　　　D. 31 590

二、多选题

1. 收入按企业经营业务的主次不同，分为（　　　）。
   A. 主营业务收入　　　　　　　　　B. 转让资产的净收益
   C. 其他业务收入　　　　　　　　　D. 无法查明原因的现金盘盈
2. 以下属于其他业务收入核算内容的有（　　　）。
   A. 销售企业的多余原材料取得的收入　　B. 销售企业的主营产品取得的收入
   C. 出租固定资产取得的收入　　　　　D. 随同产品出售单独计价的包装物
3. 下列各项中，应该计入营业外收入的是（　　　）。
   A. 固定资产的盘盈利得　　　　　　B. 捐赠利得
   C. 非流动资产处置利得　　　　　　D. 债务重组利得

三、业务分析题

1. 甲企业对库存现金进行盘点后，发现盘盈200元，经批准转作当期损益。
2. 甲公司销售一批随同产品销售单独计价的包装物，售价为5万元，成本为3万元。
3. 甲公司于2019年6月19日向丙公司销售了一批商品，开出的增值税专用发票上注明的售价90万元，增值税税额为11.7万元，该批商品的成本为70万元。商品已发出，货款尚未收到。2019年6月23日，丙公司发现19日所购商品不符合合同规定的质量标准，要求甲公司在价格

上给予8%的销售折让。甲公司查明后，同意给予折让，并开具增值税专用发票（红字）。

问题：对上述业务进行相应的会计处理。

任务二　核算相关费用和损失

任务描述

一个企业生产出产品后，将其出售，以取得收益。每一项收入的取得必然有其相应的成本付出，那么根据不同的收入，我们该如何对应核算结转其相应的成本呢？如果一个企业只有生产工人，而没有管理人员的话，估计会是一盘散沙；如果没有销售人员的话，估计企业的产品将会堆积，造成企业的资金链断裂。那么这些管理人员和销售人员的日常支出，又应该如何核算呢？

亲爱的同学们，你怎么看？

知识储备

费用是指企业日常活动中形成的、会导致企业所有者权益的减少的、与所有者分配利润无关的经济利益的总流出。费用不仅包括与取得营业收入相配比的营业成本，还包括企业在销售过程中涉及的税金及附加，以及不能计入特定对象的成本，需要计入当期损益的管理费用、销售费用、财务费用。

一、营业成本核算

营业成本是指与营业收入直接相关的，在确认收入的同时已经结转商品或劳务的成本。具体包括主营业务成本和其他营业成本。

1. 主营业务成本

主营业务成本是指企业生产和销售与主营业务有关的产品或者服务所必须投入的成本。企业在确认销售商品、提供劳务等主营业务收入时，将已经销售商品、已经提供劳务的成本转入主营业务成本。发出存货成本的计算方法不同，结转时间也有所不同。企业应当设置"主营业务成本"账户，该账户属于损益类会计账户，借方登记销售收入实现的同时结转的相应成本，期末通过贷方转入"本年利润"，结转后期末无余额。

例9-14　卓立有限责任公司向甲公司销售了货物一批，开出的增值税专用发票上注明的价款为80 000元，增值税税额为10 400元。当日卓立有限责任公司将货物发出并取得甲公司的货款。该批货物的成本为50 000元。卓立有限责任公司的账务处理如下：

借：银行存款　　　　　　　　　　　　　　　　　　　　　　　　　90 400

　　贷：主营业务收入　　　　　　　　　　　　　　　　　　　　　80 000

　　　　应交税费——应交增值税（销项税额）　　　　　　　　　　10 400

借：主营业务成本　　　　　　　　　　　　　　　　　　　　　　　50 000

　　贷：库存商品　　　　　　　　　　　　　　　　　　　　　　　50 000

2. 其他业务成本

其他业务成本是指企业除主营业务活动以外的其他经营活动所发生的成本，如销售材料成本、出租包装物成本、出租固定资产折旧额、出租无形资产摊销额等。该账户属于损益类会计账户，借方登记销售收入实现的同时结转的相应成本，期末通过贷方转入"本年利润"，结转后期末无余额。

二、税金及附加核算

税金及附加是指企业在经营活动发生的消费税、城市维护建设税、资源税、教育费附加及房产税、土地使用税、车船使用税、印花税等相关税费。企业应当设置"税金及附加"账户，核算经营活动过程中发生的相关税费。该账户属于损益类会计账户，借方登记计算确定或者直接购买的相关税费，贷方登记转入"本年利润"的数额，结转后期末无余额。

例 9-15 卓立有限责任公司 2019 年 11 月需要实际缴纳的增值税为 27 000 元，消费税为 3 000 元，城建税税率为 7%，教育费附加为 3%。卓立有限责任公司的账务处理如下：

① 计算税金及附加：

11 月份应交的城建税 =（27 000+3 000）×7%=2 100（元）

11 月份应交的教育费附加 =（27 000+3 000）×3%=900（元）

借：税金及附加	3 000	
贷：应交税费——应交城建税		2 100
应交税费——应交教育费附加		900

② 实际缴纳时：

借：应交税费——应交城建税	2 100	
应交税费——应交教育费附加	900	
贷：银行存款		3 000

例 9-16 卓立有限责任公司 2019 年 1 月从税务局购买了印花税票，当即支付税款 2 000 元。

借：税金及附加	2 000	
贷：银行存款		2 000

三、管理费用核算

管理费用是指企业为组织和管理生产经营发生的各种费用，具体包括筹建期间的开办费、公司经费、行政管理部门负担的工会经费、职工教育经费、业务招待费、技术转让费、无形资产摊销、折旧费、咨询费、诉讼费、固定资产日常维修费用（生产车间和行政管理部门的日常维修）等。

企业应当设置"管理费用"账户，该账户借方登记发生的各项管理费用，贷方登记期末转入"本年利润"的数额，期末结转后无余额。

例 9-17 卓立有限责任公司筹建期间发生开办费 100 000 元。

借：管理费用	100 000	
贷：银行存款		100 000

例 9-18 行政管理部门在 2019 年 7 月份购买了一批办公用品，取得了对方开具的增值税专用发票，票面上注明的价款为 4 000 元，增值税税额 520 元。当月计提的固定资产折旧 8 000 元。

借：管理费用	12 000
应交税费——应交增值税（进项税额）	520
贷：银行存款	4 520
累计折旧	8 000

例 9-19 卓立有限责任公司 7 月份共发生管理费用 150 000 元，月末将其转入"本年利润"。

| 借：本年利润 | 150 000 |
| 贷：管理费用 | 150 000 |

四、销售费用核算

销售费用是指企业在销售货物或提供劳务的过程中发生的各种费用，具体包括企业在销售过程中负担的运输费用、包装费、保险费、广告费、展览费、装卸费、委托代销手续费、专设销售机构人员的工资、职工福利费、差旅费、折旧费、修理费、物料消耗、低值易耗品摊销以及其他经费以及销售部门固定资产的日常维修费。

企业应当设置"销售费用"账户，该账户借方登记发生的各项销售费用，贷方登记期末转入"本年利润"的数额，期末结转后无余额。

例 9-20 卓立有限责任公司 2018 年 7 月份发生了一笔广告宣传费，取得对方开具的增值税专用发票上注明的价款 50 000 元，增值税 3 000 元。卓立有限责任公司用银行存款支付此笔款项。

借：销售费用	50 000
应交税费——应交增值税（进项税额）	3 000
贷：银行存款	53 000

例 9-21 卓立有限责任公司在外地设有专设销售机构，当月销售人员工资为 60 000 元，折旧费为 4 000 元，其他相关费用为 10 000 元。

借：销售费用	74 000
贷：应付职工薪酬	60 000
累计折旧	4 000
银行存款	10 000

例 9-22 卓立有限责任公司 2018 年 7 月份发生销售费用 200 000 元，月末结转至"本年利润"。

| 借：本年利润 | 200 000 |
| 贷：销售费用 | 200 000 |

五、财务费用核算

财务费用指企业在生产经营过程中为筹集资金而发生的各项费用，具体包括利息支出（减利息收入）、汇兑净损失、金融机构手续费、现金折扣等。

企业应当设置"财务费用"账户，该账户借方登记发生的各项财务费用，贷方登记期末转入"本年利润"的数额，期末结转后无余额。

例 9-23 卓立有限责任公司 2019 年 1 月 1 日借入一笔半年期的短期借款 600 000 元，年利率为 5%，到期还本付息。

每月末预提利息时：

每月应承担的利息费用 =600 000×5%÷12=2 500（元）

借：财务费用   2 500

  贷：应付利息   2 500

六、损失

损失指由企业非日常活动所形成的、会导致所有者权益增加的、与所有者投入资本无关的经济利益的流入。具体包括直接计入所有者权益的损失和直接计入当期利润的损失。以上章节介绍了企业在日常活动发生的费用支出。那么对于企业非日常活动发生非流动资产毁损报废损失、公益性捐赠支出、盘亏损失、罚款支出、非货币性资产交换损失、债务重组损失等，即直接计入当期利润的损失。

企业非日常活动发生非流动资产毁损报废损失、公益性捐赠支出、盘亏损失、罚款支出、非货币性资产交换损失、债务重组损失等均通过"营业外支出"账户核算。该账户属于损益类会计账户，借方登记各项损失支出的发生额，贷方登记期末转入"本年利润"的数额，结转后无余额。对于非流动资产发生的出售或者抵债净损失的，需要记入"资产处置损益"科目核算。

例9-24 卓立有限责任公司2019年12月遭受台风袭击，发现盘亏库存商品5 000元，报经批准后转作营业外支出。

借：待处理财产损溢   5 000

  贷：库存商品   5 000

借：营业外支出   5 000

  贷：待处理财产损溢   5 000

例9-25 卓立有限责任公司2019年12月支付税收滞纳金3 000元。

借：营业外支出   3 000

  贷：银行存款   3 000

例9-26 卓立有限责任公司因遭受自然灾害，将毁损报废的设备进行处置，处置净损失10 000元。

借：营业外支出   10 000

  贷：固定资产清理   10 000

例9-27 卓立有限责任公司出售一台不需要的设备，处置净损失为20 000元。

借：资产处置损益   20 000

  贷：固定资产清理   20 000

例9-28 卓立有限责任公司12月共发生营业外支出80 000元，期末转入"本年利润"。

借：本年利润   80 000

  贷：营业外支出   80 000

任务实施

活动一 讨论"主营业务成本""其他业务成本"核算的具体内容

活动二 讨论企业的办公费是否都通过"管理费用"账户核算

活动三 讨论出售无形资产的净损益应该通过哪个账户核算

知识拓展

对于结转已销存货的成本时，需要注意，如果该存货已经提取过减值，那么应一并结转该减值。具体账务处理为：借记"主营业务成本"或"其他业务成本"，贷记"存货跌价准备""库存商品""原材料"等。

课堂巩固

一、多选题

1. 下列属于其他业务成本核算内容的是（　　　　）。
   A. 销售原材料的成本　　　　　　　B. 出租设备的折旧额
   C. 出租包装物的成本　　　　　　　D. 出租无形资产的摊销额
2. 下列业务需要通过"销售费用"核算的是（　　　　）。
   A. 广告费　　　　　　　　　　　　B. 开办费
   C. 销售机构设备折旧费　　　　　　D. 委托代销的手续费
3. 下列业务需要通过"管理费用"核算的是（　　　　）。
   A. 行政管理部门的办公费　　　　　B. 业务招待费
   C. 利息支出　　　　　　　　　　　D. 现金折扣
4. 下列各项中，应该计入营业外支出的是（　　　　）。
   A. 无形资产的出售净损失　　　　　B. 罚款支出
   C. 税收滞纳金　　　　　　　　　　D. 无法查明原因的现金短缺

二、业务分析题

请编制相关会计分录：

1. 甲公司出租企业的一项专利权，该专利每月需要摊销的成本为5 000元。
2. 甲公司从工商银行借入期限为6个月的到期还本付息借款，每月需要计提的利息费用为3 000元。
3. 甲公司2019年6月份，行政管理部门发生的费用如下：人员工资200 000元（下月初支付）、办公费5 000元（现金支付）、办公设备折旧费60 000元、水电费7 000元（银行存款支付）。
4. 甲公司向乙公司支付合同违约金5 000元。
5. 甲公司因自然灾害损失原材料一批，共计50 000元。经批准全部作为营业外支出。
6. 甲公司销售产品一批，确认销售收入的同时结转产品的成本，该批产品成本为20万元。

任务三　核算利润的形成和分配

任务描述

每个企业经营的最终目的都是赚取更多的利润，而会计的任务之一就是为企业核算是否达到了预期的利润目标。那么，我们该如何核算企业最终的经营成果，并合理分配企业的净利润呢？

知识储备

利润是企业在一定会计期间的经营成果，具体包括收入减费用后的净额以及直接计入当期利润的利得和损失等。在计算净利润的过程中，需要用到各个损益类账户的发生额。

一、营业利润

营业利润是指企业从事生产经营活动取得的利润，是企业利润的主要来源，其计算公式如下：

营业利润=营业收入（主营业务收入+其他业务收入）-营业成本（主营业务成本+其他业务成本）-税金及附加-管理费用-销售费用-财务费用-资产减值损失+公允价值变动收益（-公允价值变动损失）+投资收益（-投资损失）

资产减值损失是指企业计提的各种资产减值所形成的损失。

公允价值变动收益是指交易性金融资产等的公允价值变动形成的计入当期的利得，损失用"-"表示。

投资收益是指企业对外投资所取得的收益，损失用"-"表示。

二、利润总额

利润总额是企业在一定时期内通过生产经营活动所实现的最终财务成果，其计算公式为：

利润总额=营业利润+营业外收入-营业外支出

三、净利润和所得税费用

净利润是指企业当期利润总额扣除所得税费用后的余额，是公司的利润留成，一般也称为税后利润，其计算公式为：

净利润=利润总额-所得税费用

所得税费用是指对于企业的所得（利润总额）经过纳税调整后的一定比例计算的可以在利润总额中扣除的当期损益。允许扣除的所得税费用与当期向国家缴纳的所得税金额不一定相等，这是因为存在递延所得税项目。

企业应当设置"所得税费用"账户，该账户借方登记发生的所得税费用，贷方登记期末转入"本年利润"的数额，期末结转后无余额。根据计算出来的所得税费用，借记"所得税费用"，贷记"应交税费——应交所得税"。计算公式如下：

应纳所得税额=税前会计利润+纳税调整增加额-纳税调整减少额

税前会计利润一般指利润总额。

纳税调整增加额是指按会计准则计算的支出额超过税法规定标准的支出额及税法规定不允许扣除的金额。具体包括超过企业所得税相关规定标准的职工福利费（工资总额×14%）、工会经费（工资总额×2%）、职工教育经费（工资总额×2.5%）、公益性捐赠支出（利润总额×12%）、广告费和业务招待费（营业收入×15%）等，以及企业支出的罚款、税收滞纳金等。

纳税调整减少额指税法规定的免税项目（国债利息收入）和允许弥补的亏损等。

例 9-29 卓立有限责任公司 2019 年的利润总额（税前会计利润）为 100 万元，所得税率为 25%。全年工资总额为 50 万，职工福利费支出为 8 万元，工会经费支出为 9 000 元，职工教育经费为 1 万元。营业外支出中有 5 000 元的税收滞纳金。国债利息收入为 1.5 万元。假设卓立有限责任公司无其他纳税调整事项。卓立有限责任公司计算分析如下：

按税法规定卓立有限责任公司允许扣除的职工福利费为 7 万元，实际支出为 8 万元，需要纳税额调增 1 万元；允许扣除的工会经费和职工教育经费分别为 1 万元和 1.25 万元，实际支出均不超限，所以无须纳税调整。税收滞纳金不允许税前扣除，所以需要纳税调增 5 000 元。国债利息收入免交所得税，所以纳税调减 1.5 万元。

应纳税所得额 =100+1+0.5-1.5=100（万元）

当期应交所得税额 =100×25%=25（万元）

借：所得税费用   25

  贷：应交税费——应交所得税   25

净利润 =100-25=75（万元）

四、利润形成的账务处理

运用以上公式及计算过程，计算企业一个会计期间的经营成果，需要通过设置"本年利润"账户核算，该账户核算本期间实现的净利润或者净亏损。"本年利润"属于所有者权益类账户，借方登记转入的"主营业务成本""其他业务成本""税金及附加""管理费用""销售费用""财务费用""资产减值损失""营业外支出""所得税费用"等账户发生额；贷方登记转入的"主营业务收入""其他业务收入""营业务收入"等账户的发生额。各损益类会计账户结转后，"本年利润"如为贷方余额，表示当期实现的净利润；如为借方余额，表示当期发生的净亏损。年度终了，将"本年利润"账户的余额转入"利润分配"。

例 9-30 卓立有限责任公司 2018 年各损益类账户的发生额见表 9-1，2018 年度不存在纳税调整事项。

表 9-1 2018 年各损益类账户的发生额   单位：元

账户名称	借方发生额	贷方发生额
主营业务收入		500 000
其他业务收入		50 000
公允价值变动损益		20 000
投资收益		70 000
营业外收入		40 000
主营业务成本	350 000	
其他业务成本	30 000	
税金及附加	15 000	
销售费用	30 000	
管理费用	60 000	
财务费用	15 000	
营业外支出	20 000	

根据资料，卓立有限责任公司年末结转损益类账户余额如下：

借：主营业务收入 500 000

  其他业务收入 50 000

  公允价值变动损益 20 000

  投资收益 70 000

  营业外收入 40 000

  贷：本年利润 680 000

借：本年利润 520 000

  贷：主营业务成本 350 000

   其他业务成本 30 000

   税金及附加 15 000

   管理费用 60 000

   销售费用 30 000

   财务费用 15 000

   营业外支出 20 000

卓立有限责任公司的利润总额 =680 000-520 000=160 000（元）

应交所得税 =160 000×25%=40 000（元）

借：所得税费用 40 000

  贷：应交税费—— 应交所得税 40 000

借：本年利润 40 000

  贷：所得税费用 40 000

卓立有限责任公司当年实现的净利润 =160 000-40 000=120 000（元）

五、分配利润的核算

利润分配是指企业根据国家有关规定和企业章程、投资者协议等，按照下列顺序分配利润：

（一）计算可供分配利润

将本年净利润（或亏损）与年初未分配利润（或亏损）相加，计算出可供分配的利润。如果可供分配的利润为负数（即亏损），则不能进行后续分配；如果可供分配利润为正数（即累计盈利），则进行后续分配。

（二）计提盈余公积

盈余公积分为法定盈余公积和任意盈余公积。

对于法定盈余公积，根据《公司法》相关规定，按照当年净利润（减弥补以前年度亏损）的10%提取，法定盈余公积累计额达到注册资本的50%时可以不再提取。需要注意的是，如果以前年度有亏损，应先弥补亏损，弥补后仍为正数的，再提取盈余公积；如果以前年度有盈余，本年度的计提基数仅为本年的净利润。

对于任意盈余公积，则根据公司股东会或者股东大会的决议来确定。

（三）向投资者分配利润

企业应该通过"利润分配"账户，核算企业利润分配和历年分配（或弥补）后的未分配利润。该账户属于所有者权益类账户，其明细账户分别为"未分配利润""提取法定盈余公积""提取任意盈余公积""应付现金股利或者利润"等。年度终了，企业将全年的净利润或者净亏损，从"本年利润"账户的余额转入"利润分配——未分配利润"。利润分配程序终了后，将"利润分配"下设的其他明细账户余额转入"未分配利润"，结转后，"利润分配——未分配利润"如果是贷方余额，表示累计实现的利润总额，借方余额则表示未弥补的亏损。

例9-31 卓立有限责任公司无年初未分配利润，2019年度实现净利润120万元，本年度提取法定盈余公积12万元，宣告发放现金股利30万元。不考虑其他因素，卓立有限责任公司的账务处理如下：

① 结转实现的净利润时：

借：本年利润	1 200 000	
贷：利润分配——未分配利润		1 200 000

② 提取法定盈余公积时：

借：利润分配——提取法定盈余公积	120 000	
贷：盈余公积		120 000

③ 宣告发放现金股利时：

借：利润分配——应付股利	300 000	
贷：应付股利		300 000

④ 将"利润分配"账户所属明细账户余额结转至"未分配利润"

借：利润分配——未分配利润	420 000	
贷：利润分配——提取法定盈余公积		120 000
——应付股利		300 000

任务实施

活动一　分析影响企业营业利润的账户有哪些

活动二　分析影响企业利润总额的账户有哪些

活动三　分析影响企业净利润的账户有哪些

活动四　讨论利润形成及分配的账务处理

知识拓展

由于会计和税法的计算差别，所得税费用不仅包括当期所得税，还包括递延所得税。

对于年初"利润分配——未分配利润"的余额如果为借方的话，表示未弥补的亏损。企业可以用以后年度税前利润进行弥补，但弥补年限不得超过5年，比如2017年亏损100万，可以用2018年、2019年、2020年、2021年、2022年的税前利润进行弥补，超过5年的可以用税后利润弥补，也可用盈余公积弥补亏损。

课堂巩固

一、单选题

1. 甲公司2019年利润总额为400万，其中包括国债利息收入50万元，无其他纳税调整项目。该企业适用的所得税税率为25%，则甲公司当期应缴纳的所得税为（　　）万元。

A. 100　　　　　　B. 300　　　　　　C. 87.5　　　　　　D. 312.5

2. 甲公司年初的未分配利润为500万元，当年实现净利润500万元，按10%的比例提取法定盈余公积，按5%的比例提取任意盈余公积，并且宣告发放现金股利50万元。该公司年末未分配利润为（　　　）万元。

A. 1 000　　　　　　B. 375　　　　　　C. 875　　　　　　D. 925

二、多选题

1. 下列各项中，影响企业当期营业利润的是（　　　　）。

A. 主营业务收入　　B. 营业务收入　　　C. 投资收益　　　D. 税金及附加

2. 下列各项中，影响企业利润总额的有（　　　　）。

A. 所得税费用　　　B. 营业外支出　　　C. 主营业务成本　　D. 管理费用

三、业务分析题

1. 甲公司上一年末没有需要弥补的亏损，当年实现净利润800万元，按10%提取法定盈余公积，按5%提取任意盈余公积，并且宣告发放现金股利100万元。请做出甲公司的账务处理。

2. 甲公司2019年各损益类科目发生额如下：主营业务收入150万元、主营业务成本100万元、其他业务收入50万元、其他业务成本40万元、税金及附加8万元、管理费用10万元、财务费用5万元、投资收益30万元、公允价值变动损益10万元、营业外收入30万元、营业外支出20万（含税务局罚款3万元）。甲公司的适用的所得税税率25%。

根据资料，结转各损益类账户，计算该期应该缴纳的所得税，计算甲公司2019年净利润。

Project 10

项目十

核算生产成本

知识目标

1. 认识成本核算的要求和一般程序；
2. 学习生产成本的归集；
3. 掌握直接费用和间接费用的归集；
4. 掌握制造费用的归集和分配；
5. 掌握生产成本在完工产品和在产品之间的分配方法和账务处理；
6. 能够区别成本和费用，了解成本和费用的关系。

技能目标

1. 能按照核算要求进行成本核算；
2. 能正确运用核算程序核算成本；
3. 能够对产品的直接费用和间接费用归集分配。

素养目标

1. 深刻体会学习就像利润一样，要日积月累、厚积薄发、环环相扣，才能水到渠成；
2. 树立诚实、客观、公正的社会主义核心价值观和踏实奋斗的工匠精神。

项目导航

企业作为以营利为目的的单位，在限定的销售环境中为了更大程度地提升利润空间，增加竞争优势，我们需要对企业发生的各项费用进行合理的精细量化归集和分配，准确界定并计算产品成本。

通过本项目掌握主要产品成本核算的要求，一般程序、直接费用和间接费用的归集，制造费用的归集和分配，生产成本在完工产品和在产品之间的分配，最终准确计算不同产品的生产成本。

亲爱的同学们，你准备好了吗？

任务一　认识成本核算的要求和一般程序

任务描述

ABC公司为卓立有限责任公司下设的一个分公司。近年来由于市场竞争激烈，ABC公司原有的市场份额已经略有下降，为了寻找新的利润增长点，ABC公司董事会经过反复调研后，决定从公司的生产成本中寻找新的竞争力和提升利润率。ABC公司生产的甲、乙两种产品，由于原材料有共同之处，但产量、工序和成品率不同。在以前的产品成本核算中，为简化核算按产量进行分配，造成产品成本核算存在误差，已不能准确反映出产品的生产成本。

亲爱的同学们，ABC公司应该怎么办呢？

知识储备

一、产品成本核算概述

（一）产品成本

产品成本是指企业为了生产产品而发生的各项耗费，主要包括生产过程中所发生的原材料、燃料动力及职工薪酬等各项直接费用，以及不能直接计入需按一定标准分配计入的各种间接费用。

产品成本核算是对生产经营过程中实际发生的成本、费用进行归集、分配、计算，并进行相应的账务处理。

（二）成本与费用的关系

费用是企业在日常活动发生的、会导致所有者权益减少的、与向所有者分配利润无关的经济利益的总流出。产品成本是为生产某种产品而发生的各种耗费的总和，是对象化的费用。

两者的区别见表10-1。

表 10-1　产品成本和费用的区别

区别	费用	产品成本
范围不同	包括企业生产各种产品发生的各种耗费，既有当期的，也有以前期间发生的费用，既有完工产品的，也有未完工产品的	只包括为生产一定种类或数量的完工产品的费用，不包括未完工产品的生产费用和其他费用
归集的方式不同	着重于按会计期间进行归集	着重于按产品进行归集
计算依据不同	一般以生产过程中取得的各种原始凭证为计算依据	一般以成本计算单或成本汇总表及产品入库单等为计算依据

二、成本核算的要求

（一）严格执行《企业会计准则》规定的成本计量要求

成本是企业为生产产品、提供劳务而发生的各种经济资源的耗费。生产经营过程同时也是资产的耗费过程。例如，为生产产品需要耗费原材料、磨损固定资产、用现金向职工支付工资等职工薪酬。材料、固定资产和现金都是企业的资产。这些资产的耗费，在企业内部表现为由一种资产转变为另一种资产，是资产内部的相互转变，不会导致企业所有权益的减少，不是经济利益流出企业，因此不是企业的费用。

（二）做好各项基础工作

1. 做好定额的制定和修订工作

做好定额的制定和修订工作是成本管理和成本核算的前提。企业生产耗用的原材料、燃料、动力、人工和发生的其他费用，都应制定定额，不但能在生产费用发生之前加强审核和控制，而且为计算产品成本时对材料、人工等费用的分配提供分配标准。

2. 建立健全原始记录和材料物资的计量、收发、领退和盘点制度

原始记录是成本核算的原始依据，原始记录的正确与否直接影响着成本核算的质量。而原始记录的质量又建立在健全的材料物资的计量、收发、领退和盘点制度之上，因此严密的审批程序，严格的记录、计量和收发，是为成本核算提供可靠数据的保障。

（三）正确划分各种费用支出的界限

1. 正确划分收益性支出和资本性支出的界限

凡支出的效益仅局限于本会计期间（或一个营业周期）的，应当视为收益性支出；凡支出的效益涉及几个会计期间（或几个营业周期）的，应当视为资本性支出，如企业购建固定资产的支出，属于资本性支出，计入固定资产的取得成本。

2. 正确划分成本、期间费用和营业外支出的界限

成本是在购买材料、生产产品或提供劳务过程中发生的，并由产品或劳务负担的耗费。

期间费用指企业当期发生的必须从当期收入得到补偿的经济利益的总流出。期间费用不应由产品或劳务负担。销售费用、管理费用和财务费用，作为期间费用，直接计入当期损益，不计入产品成本。

非日常活动中发生的各种支出，如固定资产盘亏、毁损、报废清理等损失，以及由于非正常原因引起的财产损失，与生产经营没有直接关系，属于营业外支出，不应计入产品成本。

要防止混淆产品生产成本、期间费用和营业外支出的界限，借以调节各月产品成本和损益的行为。

3. 正确划分本期费用与以后期间费用的界限

企业必须按照权责发生制原则，将应计入产品成本的生产费用在本期和其他期间进行正确划分。本期支付，但属于本期及以后各期受益的成本费用，分摊计入本期和以后各期的产品成本；本期虽未支付，但本期受益的成本费用，应预提计入本期的成本费用。

4. 正确划分各种产品成本费用的界限

划清各期产品成本的依据是权责发生制和受益原则，某项耗费是否应计入本月存货成本以及应计入多少，取决于是否应由本月负担以及受益量的大小。某项耗费是否应计入本月产品成本，不取决于成本金额的大小，而决定于本月产品是否受益，只要是本月产品受益的耗用，就应在相关期内采用适当方法。

凡属于某种产品单独发生的，能够直接计入该种产品的费用，均应直接计入该种产品成本；凡属于几种产品共同发生，不能直接计入某种产品的费用，应采用适当的分配方法，按比例计入这几种产品的成本。

5. 正确划分本期完工产品与期末在产品成本的界限

月末计算产品成本时，如果某种产品已全部完工，那么该种产品的各项生产费用之和就是其完工产品成本；如果某种产品均未完工，那么，这种产品的各项生产费用之和，就是其月末在产品成本；如果某种产品既有完工产品，又有在产品，则应将这种产品的各项生产费用，采用适当的分配方法在完工产品与月末在产品之间分配，计算完工产品成本和月末在产品成本。上述费用划分的过程，也是产品成本的计算过程。

（四）根据生产特点和管理要求选择适当的成本计算方法

产品成本计算的关键是选择适当的产品成本计算方法。企业在进行成本核算时，应根据企业的具体情况，选择适合于本企业特点的成本计算方法进行成本核算。产品成本计算的方法必须根据产品的生产特点、管理要求及工艺过程等予以确定。

在同一个企业里，可以采用一种成本计算方法，也可以采用多种成本计算方法，即多种成本计算方法结合使用。目前，企业常用的产品成本计算方法有品种法、分批法、分步法、分类法、定额法、标准成本法等。成本计算方法一经选定，一般不得随意变更。

三、成本核算的一般程序

成本核算的一般程序，是指对企业在生产经营过程中发生的各项生产费用和期间费用，按照成本核算的要求，逐步进行归集和分配，最后计算出各种产品的生产成本和各项期间费用的过程。成本核算的一般程序如下：

（1）区分应计入产品成本的成本和不应计入产品成本的费用。

（2）将应计入产品成本的各项成本，区分为应当计入本月的产品成本与应当由其他月份产品负担的成本。

（3）将应计入本月产品成本的各项成本在各种产品之间进行归集和分配，计算出各种产品的成本。

（4）对既有完工产品又有在产品的产品，采用一定的方法在完工产品和期末在产品之间进行分配，计算出该种完工产品的总成本和单位成本。

四、产品成本核算对象

确定成本核算对象是成本核算的核心工作。成本核算对象是归集和分配生产费用的具体对象，是生产费用承担的客体。具体的成本核算对象应根据企业生产的特点和管理要求而定。

对制造业企业而言，大批量单步骤生产产品或管理上不要求提供有关生产步骤成本信息的，以产品品种为成本核算对象；小批单件生产产品的，以每批或每件产品为成本核算对象；多步骤连续加工产品且管理上要求提供有关生产步骤成本信息的，以每种产品及各生产步骤为成本核算对象；产品规格繁多的，可将产品结构、耗用原材料和工艺过程基本相同的各种产品，适当合并作为成本核算对象。

五、产品成本项目

为了具体反映计入产品生产成本的生产费用的各种经济用途还应将其进一步划分为若干个项目，即产品成本的项目。

根据生产特点和管理要求，制造企业一般可以设置以下几个成本项目：直接材料、直接人工、燃料及动力、制造费用。如果企业单独核算废品损失和停工损失，还可以另外增设相应的项目，见表10-2。

表10-2 产品成本项目

成本项目	含义
直接材料	直接材料是指企业在生产产品和提供劳务的过程中实际消耗的、直接用于产品生产、构成产品实体的原材料、辅助材料、备品配件、外购半成品、包装物、低值易耗品等
直接人工	直接人工是指企业在生产产品和提供劳务的过程中为获取直接从事产品生产的人员提供的服务而给予的各种形式的报酬以及其他相关支出
燃料及动力	燃料及动力是指直接用于产品生产的外购和自制的燃料和动力
制造费用	制造费用是指企业为生产产品和提供劳务而发生的各项间接费用，包括车间管理人员的工资和福利费、车间房屋建筑物和机器设备的折旧费、租赁费、办公费、水电费、机物料消耗、劳动保护费、季节性和修理期间的停工损失、信息系统维护费等

任务实施

活动一 分析产品成本计算的对象

活动二 分析影响产品成本的各项费用

活动三 讨论ABC公司为了更好地进行成本核算，在核算产品成本时应明确的要求和程序有哪些

活动四 分析并总结成本与费用之间的区别与联系

课堂巩固

一、单选题

某企业只生产和销售甲产品，2019年5月初，在产品成本为3.5万元，5月份发生如下费用：生产耗用材料6万元，生产工人工资2万元，行政管理部门人员工资1.5万元，制造费用1万元，月末在产品成本3万元，该企业5月份完工甲产品的生产成本为（　　）万元。

A. 11　　　　　　　B. 9.5　　　　　　　C. 9　　　　　　　D. 12.5

二、多选题

下列各项中，应计入产品生产成本的有（　　）。

A. 生产产品耗用的直接材料　　　　B. 生产产品耗用的燃料费

C. 生产产品耗用的动力费　　　　　D. 生产车间管理人员的职工薪酬

任务二　学习生产成本的核算

任务描述

ABC公司2019年12月份生产了甲产品10万件，乙产品20万件，其中当月发生共同消耗直接材料18吨，共计21.6万元，电费9万元，水费3万元，设备维修费1.5万元，运输车间发生费用6万元。

请思考：ABC公司直接材料、水电费、维修费等等如何在两种产品之间分配？

知识储备

产品成本是反映企业经营管理水平的一项综合性指标，企业生产过程中各项耗费是否得到有效控制，设备利用是否充分，以及劳动生产率的高低、产品质量的优劣，都可以通过产品成本这一指标表现出来。企业的成本核算过程，也是对产品成本的监督管理过程，因此，企业的成本核算要适应企业管理的要求。

一、产品成本归集和分配的基本原则

企业应当根据生产经营特点，以正常生产能力水平为基础，按照资源耗费方式确定合理的分配标准。具体可以体现为以下原则：

（1）受益性原则，即谁受益、谁负担，负担多少视受益程度而定。

（2）及时性原则，即要及时将各成本费用分配给受益对象，不应将本应在上期或下期分配的成本费用分配给本期。

（3）成本效益性原则，即成本分配所带来的效益要远大于分配的成本。

（4）基础性原则，即成本分配要以完整、准确的原始记录为依据。

（5）管理性原则，即成本分配要有助于企业加强成本管理。

企业不得以计划成本、标准成本、定额成本等代替实际成本。企业采用计划成本、标准成本、定额成本等类似成本进行直接材料日常核算的，期末，应当将所耗用直接材料的计划成本或定额成本等类似成本调整为实际成本。

二、成本核算的账户设置

"生产成本"账户核算企业进行工业性生产时发生的各项生产成本。借方核算企业发生的各项直接生产成本，各生产车间应负担的制造费用，辅助生产车间为基本生产车间、企业管理部门和其他部门提供的劳务和产品，期末按照一定的分配标准分配给各受益对象的金额；贷方核算企业已经生产完成并已验收入库的产成品以及入库的自制半成品；本账户的期末余额在借方，反映企业尚未加工完成的在产品的成本。

"生产成本"账户一般下设"基本生产成本"和"辅助生产成本"两个二级明细账。基本生产成本应当分别按照基本生产车间和成本核算对象（产品的品种、类别、订单、批别、生产阶段等）设置明细账，并按照规定的成本项目设置专栏。

"制造费用"账户核算企业生产车间为生产产品（或提供劳务）而发生的各项间接费用。借方核算应计入产品成本但不能直接计入的各项间接费用，包括生产车间发生的机物料消耗、管理人员的工资等职工薪酬、计提的固定资产折旧、支付的办公费用及水电费等、发生季节性的停工损失等；贷方核算期末将制造费用分配转入生产成本的金额。期末结转后本账户一般无余额。该账户可按不同的生产车间、部门和费用项目进行明细核算。

三、直接费用的归集和分配

（一）材料、燃料、动力的归集和分配

对于直接用于产品生产、构成产品实体的原材料，一般分产品领用，应根据领料凭证直接

记入相应产品成本的"直接材料"项目，借记"生产成本"，贷记"原材料"账户。

对于不能分产品领用的材料，分配记入各相关产品成本的"直接材料"项目。通常按照产品产量、生产工时等比例进行分配，也可以按定额比例分配。

（1）按实际分配率分配。

$$材料、燃料、动力费用分配率=\frac{材料、燃料、动力消耗总额}{分配标准（如产品重量、耗用的原材料、生产工时等）}$$

某种产品应负担的材料、燃料、动力费用=该产品的重量、耗用的原材料、生产工时等×材料、燃料、动力费用分配率

（2）按定额比例分配。

某种产品材料定额消耗量=该种产品实际产量×单位产品材料消耗定额

材料消耗量分配率=材料实际总消耗量÷各种产品材料定额消耗量之和

某种产品应分配的材料费用=该种产品的材料定额消耗量×材料消耗量分配率×材料单价

例10-1 2019年1月ABC公司为生产甲、乙两种产品领用某材料4 400千克，每千克20元。本月投产的甲产品为200件，乙产品为250件。甲产品的材料消耗定额为15千克，乙产品的材料消耗定额为10千克。

甲产品的材料定额消耗量 =200×15=3 000（千克）

B产品的材料定额消耗量 =250×10=2 500（千克）

材料消耗量分配率 =4400÷（3 000+2 500）=0.8

甲产品分配负担的材料费用 =3 000×0.8×20=48 000（元）

乙产品分配负担的材料费用 =2 500×0.8×20=40 000（元）

甲、乙两种产品材料费用合计 =48 000+40 000=88 000（元）

材料、燃料、动力费用的分配，一般通过材料、燃料、动力分配表进行。材料费用分配表见表10-3。

表10-3 材料费用分配表

2019年1月31日　　　　　　　　　　　　　　　　　单位：元

应借账户		成本项目	直接计入	分配计入（分配率0.8）	材料费用合计
基本生产成本	甲产品	直接材料	95 000	48 000	143 000
	乙产品	直接材料	87 000	40 000	127 000
	小计		182 000	88 000	270 000
辅助生产成本	机修车间	直接材料	15 000		15 000
	运输车间				
	小计		15 000		15 000
制造费用	基本车间	机物料	8 000		8 000
	机修车间	机物料	4 000		4 000
	运输车间	机物料	1 000		1 000
	小计		13 000		13 000
合计					298 000

根据材料费用分配表编制会计分录：

借：生产成本——基本生产成本（甲产品） 143 000

     ——基本生产成本（乙产品） 127 000

  生产成本——辅助生产成本 15 000

  制造费用 13 000

  贷：原材料 298 000

（二）职工薪酬的归集和分配

（1）职工薪酬是指企业在生产产品或提供劳务的过程中所发生的各种直接和间接人工费用的总和。对于职工薪酬的分配，在实务中通常有两种处理方法：

1）将直接进行产品生产的生产工人的职工薪酬，计入产品成本的"直接人工"成本项目。

2）对于不能直接计入产品成本的生产工人的职工薪酬，有以下处理方式：

① 按工时、产品产量、产值比例等方式进行合理分配，计入各有关产品成本的"直接人工"成本项目。相关的计算公式为

生产工资费用分配率=各种产品生产工资总额÷各种产品生产工时之和

某种产品应分配的生产工资=该种产品生产工时×生产工资费用分配率

② 如果取得各种产品的实际生产工时数据比较困难，而各种产品的单件工时定额比较准确，也可按产品的定额工时比例分配职工薪酬，相关计算公式如下：

某种产品耗用的定额工时=该种产品投产量×单位产品工时定额

生产工资费用分配率=各种产品生产工资总额÷各种产品定额工时之和

某种产品应分配的生产工资=该种产品定额工时×生产工资费用分配率

（2）职工薪酬归集的依据，见表10-4。

表10-4　职工薪酬归集的依据

职工薪酬种类	依据
计时工资	以考勤记录中的工作时间记录为依据
计件工资	以产量记录中的产品数量和质量记录为依据
计时工资和计件工资以外的各种奖金、津贴、补贴等	按照国家和企业的有关规定计算

例10-2 ABC公司基本生产车间生产甲、乙两种产品，共支付生产工人工资为3600万元，按生产工时比例分配，甲产品的生产工时为600小时，乙产品的生产工时为300小时。

生产工资费用分配率=3600÷（600+300）=4

甲产品应分配的职工薪酬=600×4=2400（万元）

乙产品应分配的职工薪酬=300×4=1200（万元）

（3）职工薪酬的账务处理（根据受益对象）。职工薪酬的分配，应通过职工薪酬分配表进行。该表根据工资结算单和有关的分配标准等资料编制。

例10-3 接**例10-2**，根据上述材料编制的职工薪酬分配表，见表10-5。

表 10-5　职工薪酬分配表

2019 年 1 月 31 日　　　　　　　　　单位: 万元

应借账户		成本项目	生产工人职工薪酬	其他人员职工薪酬	职工薪酬合计
基本生产成本	甲产品	直接人工	2 400		2 400
	乙产品	直接人工	1 200		1 200
	小计		3 600		3 600
辅助生产成本	辅助车间	直接人工		200	200
制造费用	基本车间	直接人工	8 000	1 800	1 800
	机修车间	直接人工	4 000	150	150
	小计		13 000	1 950	1 950
管理费用	行政管理部门	直接人工		800	800
销售费用	销售部门	直接人工		500	500
合计		直接人工			7 050

根据职工薪酬分配表编制分录:

借: 生产成本——基本生产成本 (甲产品)　　　　　　　　　　　24 000 000
　　　　　　　　——基本生产成本 (乙产品)　　　　　　　　　　12 000 000
　　生产成本——辅助生产成本　　　　　　　　　　　　　　　　2 000 000
　　制造费用　　　　　　　　　　　　　　　　　　　　　　　19 500 000
　　管理费用　　　　　　　　　　　　　　　　　　　　　　　　8 000 000
　　销售费用等　　　　　　　　　　　　　　　　　　　　　　　5 000 000
　　贷: 应付职工薪酬　　　　　　　　　　　　　　　　　　　　70 500 000

四、制造费用的归集和分配

(一) 制造费用的归集

制造费用是指企业为生产产品和提供劳务而发生的各项间接费用。制造费用包括车间物料消耗, 车间管理人员的薪酬, 车间管理用房屋和设备的折旧费、租赁费和保险费, 车间管理用具摊销, 车间管理用的照明费、水费、取暖费, 劳动保护费, 设计制图费, 试验检验费, 差旅费, 办公费, 季节性及修理期间停工损失等。但生产车间固定资产日常修理费计入管理费用。为了简化核算工作, 可将性质相同的费用合并设立相应的费用项目, 但是为了使各期成本、费用资料可比, 制造费用项目一经确定, 不应任意变更。

发生制造费用时, 应根据各种付款凭证和前述的材料费用分配表、工资薪酬分配表等, 借记 "制造费用" 账户, 贷记 "原材料" "应付职工薪酬" "累计折旧" "生产成本——辅助生产成本" "银行存款" 等账户。

(二) 制造费用的分配

月末选用合理的标准将归集后的制造费用进行分配, 计入该车间所生产的各种产品的成本中去。分配制造费用的方法很多, 主要有生产工人工时比例法、生产工人工资比例法、机器工时比例法, 也可以采用年度计划分配率法等, 见表10-6。

制造费用的分配应当按车间分别进行, 不应将各车间的制造费用汇总, 在企业范围内统一分配。企业应当根据制造费用的性质, 合理选择分配方法, 分配方法一经确定, 不得随意变更。如需变更, 应当在附注中予以说明。

表 10-6 制造费用的分配方法

分配方法	适用范围
生产工人工时比例法	是分配间接费用的常用标准之一，较为常用
生产工人工资比例法	各种产品生产的机械化程度相差不多的企业
机器工时比例法	产品生产的机械化程度较高的车间
年度计划分配率分配法	季节性生产企业

制造费用常用计算公式：

制造费用分配率＝制造费用总额÷各产品分配标准之和

某种产品应分配的制造费用＝该种产品分配标准×制造费用分配率

实际工作中，制造费用的分配往往通过编制制造费用分配表来进行。

例 10-4 2019 年 1 月，ABC 公司基本生产车间共发生制造费用 96 000 元，又知甲、乙两种产品的生产工时分别为 5 000 工时和 3 000 工时，编制制造费用分配表，见表 10-7。

表 10-7 制造费用分配表

2019 年 1 月

产品名称	分配标准（工时）	分配率	应分配金额
甲产品	5 000		60 000
乙产品	3 000		36 000
合　计	8 000	12	96 000

根据制造费用分配表，编制会计分录为：

借：生产成本——甲产品 　　　　　　　　　　　　　　　　　60 000

　　　　　　——乙产品 　　　　　　　　　　　　　　　　　36 000

　　贷：制造费用 　　　　　　　　　　　　　　　　　　　　96 000

任务实施

活动一　讨论各项直接生产成本的归集和分配

活动二　讨论各项间接生产成本的归集和分配

活动三　讨论ABC公司的直接材料、水电费、维修费等的归集和分配

课堂巩固

单选题

1. 某企业本月投产甲产品50件，乙产品100件，生产甲乙两种产品共耗用材料4 500千克，每千克20元，每件甲乙产品的材料消耗定额分别为50千克和15千克，按材料定额消耗量比例分配材料费用，甲产品分配的材料费用为（　　　）元。

　　A. 50 000　　　　　　B. 30 000　　　　　　C. 33 750　　　　　　D. 56 250

2. 某企业生产A、B两种产品的外购动力消耗定额分别为4工时和6.5工时。6月份生产A产品500件，B产品400件，共支付动力费11 040元。该企业按定额消耗量比例分配动力费，当月A产品应分配的动力费为（　　　）元。

　　A. 3 840　　　　　　B. 4 800　　　　　　C. 61 343　　　　　　D. 6 240

3. 某企业本月生产甲、乙产品分别耗用机器工时50 000小时、70 000小时，当月车间设备维修费96 000元（不考虑增值税），车间管理人员工资24 000元，该企业按照机器工时分配制造费用。不考虑其他因素，当月甲产品应分担的制造费用为（　　　）元。

A. 14 000　　　　　B. 10 000　　　　　C. 40 000　　　　　D. 50 000

任务三　学习生产成本在完工产品和在产品之间的分配

任务描述

通过生产成本各项费用的归集和分配，生产成本账户借方归集了生产过程中发生的各项成本，虽然这些成本都是本月发生的生产成本，但并不全是本月完工产品的成本。如果月末有在产品，企业还需将此在在产品和完工产品之间进行分配。

亲爱的同学们，你知道如何分配吗？

知识储备

在产品是指没有完成全部生产过程、不能作为商品销售的产品，包括正在车间加工中的在产品（包括正在返修的不良品）和已经完成一个或几个生产步骤但还需继续加工的半成品（包括未经验收入库的产品和等待返修的不良品）两部分。

对外销售的自制半成品不属于在产品。对某个车间或生产步骤而言，在产品只包括该车间或该生产步骤正在加工中的那部分在产品。

一、完工产品和在产品之间费用的分配

月末，企业生产的产品有三种情况：

（1）如果产品已全部完工，产品成本明细账中归集的本月生产成本（如果有月初在产品，包括月初在产品成本），全部计入该完工产品的成本。

（2）如果当月该产品全部尚未完工，产品成本明细账中归集的本月生产成本（如果有月初在产品，包括月初在产品成本），全部计入该在产品的成本。

（3）如果既有完工产品又有在产品，需要将本月发生的生产成本，加上月初在产品成本，在本月完工产品和月末在产品之间进行分配，以计算本月完工产品成本。

月初在产品成本、本月发生成本、本月完工产品成本和月末在产品成本之间的关系可以表示为

月初在产品成本+本月发生成本=本月完工产品成本+月末在产品成本

根据上述关系，结合生产特点，企业应当根据在产品的数量、各月在产品的数量变化、各项成本的比重，以及定额管理基础的好坏等具体条件，采用适当的分配方法将生产成本在完工产品和在产品之间进行分配。常用的分配方法有不计算在产品成本法、在产品按固定成本计价法、在产品按所耗直接材料成本计价法、约当产量法、在产品按定额成本计价法、定额比例法等。

例 **10-5** ABC公司4月份只生产甲产品。月初在产品成本为3.5万元，4月份发生了如下费用：生产耗用材料6万元，生产工人工资2万元，行政管理部门人员工资1.5万元，制造费用1万元，

月末在产品成本 3 万元，则

该企业 4 月份完工甲产品的生产成本 =3.5+6+2+1-3=9.5（万元）

（一）不计算在产品成本法

不计算在产品成本法比较简单，相关内容见表10-8。

表 10-8　不计算在产品成本法的特点及计算

特点	若采用不计算在产品成本法，则月末不计算在产品成本。每月发生的成本，全部由完工产品负担，每月发生的成本之和即为每月完工产品成本
相关计算	本月完工产品成本 = 本月发生的生产成本
适用情形	适用于各月末在产品数量很小的产品

例 10-6　ABC 公司 2019 年 10 月份共生产甲产品 200 件，月末完工 195 件，未完工 5 件，共发生费用如下：直接材料 65 000 元，直接人工 23 500 元，制造费用 8 025 元。若不考虑月末在产品成本，计算完工产品总成本和单位成本。

完工产品总成本 =65 000+23 500+8 025=96 525（元）

完工产品单位成本 =96 525÷195=495（元 / 件）

（二）在产品按固定成本计算法

在产品按固定成本计算法的特点及相关内容见表10-9。

表 10-9　在产品按固定成本计算法

特点	若采用在产品按固定成本计算法，则各月末在产品的成本固定不变；某种产品本月发生的生产成本就是本月完工产品的成本 提示：年末，在产品成本不应再按固定不变的金额计价，否则会使按固定金额计价的在产品成本与其实际成本有较大差异，应当根据实际盘点的在产品数量，具体计算在产品成本
相关计算	本月完工产品成本=本月发生的生产成本
适用情形	适用于月末在产品数量较多，但各月变化不大的产品或月末在产品数量很小的产品

例 10-7　接**例** 10-6，若月末在产品成本固定为直接材料 300 元，直接人工 120 元，制造费用 40 元，计算完工产品总成本和单位成本。

因为在产品成本固定，期初在产品成本等于期末在产品成本。

完工产品总成本 =65 000+23 500+8 025=96 525（元）

完工产品单位成本 =96 525÷195=495（元 / 件）

（三）在产品按所耗直接材料成本计价法

在产品按所耗直接材料成本计价法的相关内容见表10-10。

表 10-10　在产品按所耗直接材料成本计价法的特点及计算

特点	采用在产品按所耗直接材料成本计价法，月末在产品只计算其所耗用直接材料成本，不计算直接人工等加工费用 产品的直接材料成本（月初在产品的直接材料成本与本月发生的直接材料成本之和）需要在完工产品与月末在产品之间进行分配；生产产品本月发生的加工成本全部由完工产品成本负担
相关计算	完工产品成本=月初在产品的直接材料+本期生产成本-期末在产品的直接材料
适用情形	适用于各月末在产品数量较多，各月在产品数量变化也较大，直接材料成本在生产成本中所占比重较大且材料在生产开始时一次就全部投入的产品

例 10-8　ABC 公司在 2019 年 10 月份共生产乙产品 1 000 件，月末完工 850 件，未完工 150 件，共发生费用如下：月初在产品的直接材料成本为 40 000 元，本月发生的直接材料成本为 210 000 元，直接人工 23 500 元，制造费用 8 025 元。请计算完工产品成本。

直接材料分配率 =（40 000+210 000）÷（850+150）=250

完工产品直接材料费用 =850×250=212 500（元）

月末在产品直接材料费用（月末在产品成本）=150×250=37 500（元）

完工产品成本 =212 500+23 500+8 025=244 025（元）

或　　　　　　　　=40 000+（210 000+23 500+8 025）−37 500=244 025（元）

（四）约当产量法

约当产量法是指将月末在产品数量按其完工程度折算为相当于完工产品的数量，即约当产量，然后将产品应负担的全部生产费用按照完工产品数量与在产品约当产量的比例进行分配，从而计算出月末在产品成本和完工产品成本。这种方法适用于月末在产品数量较大而且数量变化也较大，且产品成本中直接材料、直接人工、制造费用等加工成本比重相差不大的产品。其分配步骤如下。

第一步：计算月末在产品约当产量

月末在产品约当产量=月末在产品数量×完工程度（%）

第二步：计算费用分配率

$$费用分配率=\frac{生产费用总额}{完工产品产量+月末在产品约当产量}$$

第三步：计算完工产品成本和月末在产品成本

完工产品成本=完工产品数量×费用分配率

月末在产品成本=月末在产品约当产量×费用分配率

或　　　　　　月末在产品成本 = 生产费用总额 − 完工产品成本

若材料是在生产开始时一次投入的，在产品无论完工程度如何，都应和完工产品负担同样的材料成本，即原材料的完工程度为100%，此时，月末分配材料成本时在产品的约当产量就是在产品数量，其他加工成本则按实际完工程度计算约当产量。如果材料是随着生产过程陆续投入的，则应按照各工序投入的材料成本在全部材料成本中所占的比例计算在产品的约当产量，即按实际完工程度计算在产品的约当产量。若各工序在产品数量和单位工时定额相差不多，在产品的完工程度也可按50%计算。

例 10-9 卓立有限责任公司在 2019 年 10 月份共生产 A 款西服 200 件，月末完工 150 件，其余 50 件完工 80%，共发生费用如下：直接材料 65 000 元，直接人工 23 500 元，制造费用 8 025 元，材料是随着生产过程陆续投入的。请计算完工产品总成本和单位成本。

月末在产品约当产量 =50×80%=40（件）

直接材料费用分配率 =65 000÷（150+40）≈342.11

直接人工费用分配率 =23 500÷（150+40）≈123.68

制造费用分配率 =8 025÷（150+40）≈42.24

完工产品直接材料费用 =150×342.11=51 316.5（元）

月末在产品直接材料费用 =65 000−51 316.5=13 683.5（元）

完工产品直接人工费用 =150×123.68=18 552（元）

月末在产品直接人工费用 =23 500−18 552=4 948（元）

完工产品制造费用 =150×42.24=6 336（元）

月末在产品制造费用 =8 025−6 336=1 689（元）

完工产品总成本 =51 316.5+18 552+6 336=76 204.5（元）

完工产品单位成本 =76 204.5÷150=508.03（元 / 件）

例10-10　8 月份 ABC 公司的甲产品完工产品产量为 3 000 个，在产品数量为 400 个，完工程度按平均 50% 计算，材料在开始生产时一次投入，其他成本按月约当产量比例分配。甲产品本月月初在产品和本月耗用直接材料成本共计 1 360 000 元，直接人工成本 640 000 元，制造费用 960 000 元。

甲产品各项成本的分配计算如下：

由于材料在开始生产时一次投入，因此，分配材料时，月末在产品约当产量等于月末在产品数量

（1）直接材料成本的分配。

月末在产品约当产量 = 月末在产品数量 =400（个）

直接材料费用分配率 =1 360 000÷（3 000+400）=400

完工产品应负担的直接材料成本 =400×3 000=1 200 000（元）

在产品应负担的直接材料成本 =400×400=160 000（元）

（2）直接人工成本的分配。

直接人工成本和制造费用均应按约当产量进行分配，在产品 400 个折合约当产量 200 个（400×50%）。

月末在产品约当产量 =400×50%=200（个）

直接人工分配率 =640 000÷（3 000+200）= 200

完工产品应负担的直接人工成本 =200×3 000=600 000（元）

在产品应负担的直接人工成本 =200×200=40 000（元）

（3）制造费用的分配。

制造费用分配率 =960 000÷（3 000+200）= 300

完工产品应负担的制造费用 =300×3 000=900 000（元）

在产品应负担的制造费用 =300×200=60 000（元）

通过以上按约当产量法分配计算的结果，可以汇总甲产品完工产品成本和在产品成本。

甲产品本月完工产品成本 =1 200 000+600 000+900 000=2 700 000（元）

甲产品本月在产品成本 =160 000+40 000+60 000=260 000（元）

根据甲产品完工产品总成本编制完工产品入库的会计分录为：

借：库存商品——甲产品　　　　　　　　　　　　　　　　　　　　2 700 000

　　贷：生产成本——基本生产成本（甲产品）　　　　　　　　　　　　　　2 700 000

（五）在产品按定额成本计算法

在产品按单位定额成本计算法是按照预先制定的单位定额成本，计算月末在产品的定额成本，然后用生产费用总额减去月末在产品成本，倒挤出完工产品成本的一种方法。这种方法适用于定额管理基础较好，并且月末在产品数量变动不大的情况，否则月末在产品定额成本与实际成本之间的差异较大，会影响产品成本计算的正确性。其分配程序为：

第一步：计算月末在产品定额成本

月末在产品成本 = 月末在产品数量×在产品单位定额成本

第二步：计算完工产品成本

$$完工产品成本=月初在产品成本+本月生产费用-月末在产品成本$$

例10-11 ABC 公司生产甲产品，2019 年 10 月的月末在产品数为 300 件，单位在产品材料费用定额为 70 元，单位人工定额为 25 元，单位制造费用定额为 20 元，月初在产品成本为直接材料 59 600 元，直接人工 12 300 元，制造费用 9 250 元，本月生产费用为直接人工 8 950 元，制造费用 6 530 元，本月完工 500 件。计算完工产品的总成本和单位成本。

月末在产品成本 =300×（70+25+20）=34 500（元）

月初在产品成本 =59 600+12 300+9 250=81 150（元）

本月生产费用 =8 950+6 530=15 480（元）

完工产品总成本 =81 150+15 480-34 500=62 130（元）

完工产品单位成本 =62 130÷500=124.26（元/件）

（六）定额比例法

定额比例法是指按照完工产品和月末在产品的定额比例分配各项费用，计算完工产品成本和在产品成本。其中，直接材料费用按照直接材料定额消耗量或定额费用比例分配；直接人工等其他费用可按照定额工时比例分配。这种方法适用于定额管理基础比较好，能够制定比较准确、稳定的消耗定额或费用定额，并且月末在产品数量变动很大的企业。

例10-12 ABC 公司生产甲产品，月初在产品的直接材料费用为 32 000 元，直接人工费用为 2 500 元，制造费用为 1 600 元。本月实际发生的直接材料费用为 205 000 元，直接人工费为 25 000 元，制造费用为 16 000 元。完工产品 3 000 件，单件原材料费用定额为 50 元，单件工时定额为 4 小时。月末在产品 200 件，单件原材料费用定额为 40 元，工时定额为 2.5 元小时。

要求：采用定额比例法，计算完工产品成本与期末在产品的成本。

分配材料费用：

（1）完工产品材料定额费用 =3 000×50=150 000（元）

月末在产品材料定额费用 =200×40=8 000（元）

原材料费用分配率 =（32 000+205 000）÷（150 000+8 000）=1.5

完工产品应分配的材料费用 =150 000×1.5=225 000（元）

在产品应分配的材料费用 =8 000×1.5=12 000（元）

（2）分配人工费用：

完工产品定额工时 =3 000×4=12 000（小时）

月末在产品定额工时 =200×2.5=500（小时）

人工费用分配率 =（2 500+25 000）÷（12 000+500）=2.2（元/小时）

完工产品应分配的人工费用 =12 000×2.2=26 400（元）

在产品应分配的人工费用 =500×2.2=1 100（元）

（3）分配制造费用：

分配率 =（1 600+16 000）÷（12 000+500）=1.408（元/小时）

完工产品应分配的制造费用 =12 000×1.408=16 896（元）

在产品应分配的制造费用 =500×1.408=704（元）

（4）完工产品成本 =225 000+26 400+16 896=268 296（元）

在产品成本 =12 000+1 100+704=13 804（元）

二、完工产品成本的结转

企业根据自己的实际情况，选用适当的分配方法计算出月末完工产品成本，编制完工产品成本计算表。

例 10-13 根据**例 10-11** 编制完工产品成本计算表，见表 10-11。

表 10-11 完工产品成本计算表

2019 年 5 月   单位：元

项目	期初在产品成本	本月生产费用	月末在产品成本	完工产品总成本	完工产品单位成本
直接材料	59 600		21 000	38 600	77.2
直接人工	12 300	8 950	7 500	13 750	27.5
制造费用	9 250	6 530	6 000	9 780	19.56
合计	81 150	15 480	34 500	62 130	124.26

根据完工产品成本计算表，编制会计分录结转完工产品成本。

借：库存商品——甲产品　　　　　　　　　　　　　　62 130

　　贷：生产成本——基本生产成本——甲产品　　　　　　　　62 130

任务实施

活动一　讨论生产成本在完工产品和在产品之间如何分配

活动二　讨论对ABC公司生产的甲产品，我们可以采用哪些方法对其生产成本在完工产品和在产品之间进行分配

课堂巩固

单选题

1. 某企业只生产一种产品，采用约当产量法将生产费用在完工产品与在产品之间进行分配，材料在产品投产时一次投入，月初在产品直接材料成本为10万元，当月生产耗用材料的成本为50万元，当月完工产品30件，月末在产品30件，完工程度为60%，本月完工产品成本中直接材料成本为（　　）万元。

A. 30　　　　　　　B. 22.5　　　　　　　C. 37.5　　　　　　　D. 25

2. 如果企业各月月末在产品数量较多、各月在产品数量变化也较大，直接材料成本在生产成本中所占比重较大且材料在生产开始时一次就全部投入，月末可采用的在完工产品和在产品之间分配生产费用的方法是（　　）。

A. 定额比例法　　　　　　　　　　B. 约当产量法

C. 在产品按所耗直接材料成本计价法　　　D. 在产品按定额成本计价法

3. 某企业生产费用在完工产品和在产品之间采用约当产量法进行分配。该企业甲产品月初在产品和本月生产费用共计900 000元。本月甲产品完工400台，在产品100台且其平均完工程度为50%。不考虑其他因素，下列各项中计算结果正确的有（　　）。

A. 甲产品的完工产品成本为800 000元　　B. 甲产品的单位成本为2 250元

C. 甲产品在产品的约当产量为100台　　D. 甲产品的在产品成本为112 500元

任务四　学习运用品种法计算产品成本

任务描述

生产成本归集分配完毕后，应按成本核算对象编制成本计算单，计算各种产品的总成本和单位成本。那么企业在进行成本计算时，可以采用哪些方法呢？

亲爱的同学们，你知道吗？

知识储备

不同的企业由于生产的工艺过程、生产组织及成本管理要求等不同，其成本计算的方法也不一样。常用的成本计算方法主要有品种法、分批法和分步法。不同成本计算方法的区别主要表现在三个方面：一是成本计算对象不同；二是成本计算期不同；三是生产费用在完工产品和在产品之间的分配方法不同。本任务主要介绍品种法。

一、品种法

品种法是指以产品品种为成本计算对象，归集和分配生产成本，计算产品成本的一种方法。这种方法适用于单步骤、大量生产的企业。

品种法计算成本有以下三个主要特点。

（1）成本核算对象是产品品种。如果企业只生产一种产品，全部生产成本都是直接成本，可直接计入产品生产成本明细账的有关成本项目中。如果生产多种产品，间接生产成本要采用适当的方法，在各成本核算对象之间进行分配。

（2）一般定期（每月月末）计算产品成本。

（3）如果企业月末有在产品，要将生产成本在完工产品和在产品之间进行分配。

二、品种法成本核算的一般程序

（1）按产品品种设立成本明细账，根据各项费用的原始凭证及相关资料编制有关记账凭证并登记有关明细账，并编制各种费用分配表分配各种要素费用。

（2）根据上述各种费用分配表和其他有关材料，登记辅助生产明细账、基本生产明细账、制造费用明细账等。

（3）根据辅助生产明细账编制生产成本分配表，分配辅助生产成本。

（4）根据制造费用明细账编制制造费用分配表，在各种产品之间分配制造费用，并据以登记基本生产成本明细账。

（5）根据各产品基本生产明细账编制产品成本计算单，分配完工产品成本和在产品成本。

（6）编制产成品的成本汇总表，结转产成品成本。

三、品种法下产品成本计算的应用

（一）单一品种生产下的品种法

如果企业生产的产品是单一品种，可直接根据有关原始凭证及费用汇总表登记生产成本明细账，编制产品成本计算单即可计算该产品的总成本和单位成本。

（二）多品种生产下的品种法

如果企业同时生产两种或两种以上的产品，应按照品种法成本核算的一般程序设置生产成本明细账，将直接费用计入该产品生产成本明细账中，将间接费用按照恰当的分配方法进行分配，并编制各种费用分配表。

例 10-14 假设 ABC 公司为单步骤简单生产型企业，设有一个基本生产车间，大量生产甲、乙两种产品；另设有供电、机修两个辅助生产车间，为全厂提供产品和劳务。根据生产特点和管理要求，甲、乙两种产品采用品种法计算产品成本。

（1）ABC 公司 2019 年 11 月份的成本资料如下：

1）产品产量表（见表 10-12）。

表 10-12　产品产量表
2019 年 11 月　　　　　　　　　　　　单位：件

产品名称	月初在产品	本月投入	本月完工产品	月末在产品
甲产品	100	800	850	50
乙产品	80	700	750	30

A 产品实际生产工时为 10 000 小时；B 产品实际生产工时为 5 000 小时。A、B 两种产品的原材料都在生产开始时一次投入。加工费用发生比较均匀，月末在产品完工程度均为 50%，完工产品和在产品按约当产量比例法分配；辅助生产费用按直接分配法分配。

2）本月发生的生产费用。

①本月发出材料汇总表（见表 10-13）。

表 10-13　发出材料汇总表
2019 年 11 月　　　　　　　　　　　　金额单位：元

领料部门和用途	原材料	辅助材料	合计
基本生产车间			
甲产品耗用	90 000		90 000
乙产品耗用	72 000		72 000
甲、乙产品共同耗用		4 500	4 500
合计	162 000	4 500	166 500
基本车间一般耗用		3 600	3 600
供电车间耗用	1 000	600	1 600
机修车间耗用	2 000	300	2 300
厂部管理部门耗用		1 200	1 200
合计	165 000	10 200	175 200

②本月职工薪酬结算汇总表（见表 10-14）。

表 10-14　职工薪酬汇总表
2019 年 11 月　　　　　　　　　　　　金额单位：元

人员类别	应付职工薪酬
基本生产车间	
产品生产工人	450 000
车间管理人员	18 000
供电车间	9 000
机修车间	7 200
厂部管理人员	30 000
合计	514 200

③本月应计提固定资产折旧费 203 000 元，其中基本生产车间 9 000 元，供电车间 1 800 元，机修车间 4 500 元，厂部 5 000 元。

④本月应分摊财产保险费 3000 元，其中基本生产车间 1 100 元，供电车间 800 元，机修车间 600 元，厂部管理部门 500 元。

⑤本月以银行存款支付了费用 14 100 元，其中基本生产车间办公费 3 600 元，水费 2 800 元；供电车间水费 1 200 元；机修车间办公费 1 500 元；厂部管理部门办公费 4 000 元，水费 1 000 元。

（2）编制各项要素费用分配表，分配各项要素费用。

1）分配材料费用，甲、乙产品共同负担材料按当月投入产品数量比例分配见表 10-15。

表 10-15 材料费用分配表

2019 年 11 月   金额单位：元

应借账户			直接计入	分配金额			合计
总账账户	明细账户			投产量/件	分配率	分配金额	
生产成本	基本生产成本	甲产品	90 000	800		2 400	92 400
		乙产品	72 000	700		2 100	74 100
	小计		162 000	1 500	3	4 500	166 500
生产成本	辅助生产成本	供电车间	1 600				1 600
		机修车间	2 300				2 300
	小计		3 900				3 900
制造费用	基本生产车间		3 600				3 600
管理费用	修理费		1 200				1 200
合计			170 700		4 500		175 200

根据表 10-15 编制会计分录：

借：生产成本——基本生产成本（A 产品）   92 400
　　　　　　——基本生产成本（B 产品）   74 100
　　　　　　——辅助生产成本（供电车间）   1 600
　　　　　　——辅助生产成本（机修车间）   2 300
　　制造费用——基本生产车间   3 600
　　管理费用   1 200
　　贷：原材料   175 200

2）按 A、B 产品的实际生产工时比例分配职工薪酬费用，见表 10-16。

表 10-16 职工薪酬费用分配表

2019 年 11 月   金额单位：元

应借账户		生产工人工资			管理人员工资	合计
总账账户	明细账户	生产工时/小时	分配率	分配金额		
生产成本	基本生产成本（甲产品）	10 000		300 000		300 000
	基本生产成本（乙产品）	5 000		150 000		150 000
	小计	15 000	30	450 000		450 000
生产成本	辅助生产成本（供电车间）			9 000		9 000
	辅助生产成本（机修车间）			7 200		7 200
	小计			16 200		16 200
制造费用	基本生产车间				18 000	18 000
管理费用					30 000	30 000
合计				466 200	48 000	514 200

根据表 10-16 编制会计分录：

借：生产成本——基本生产成本（甲产品）　　　　　　　　300 000

　　　　——基本生产成本（乙产品）　　　　　　　　　150 000

　　　　——辅助生产成本（供电车间）　　　　　　　　　9 000

　　　　——辅助生产成本（机修车间）　　　　　　　　　7 200

　　制造费用——基本生产车间　　　　　　　　　　　　　18 000

　　管理费用　　　　　　　　　　　　　　　　　　　　　30 000

　　贷：应付职工薪酬——工资　　　　　　　　　　　　　　　514 200

3）分配固定资产折旧费用，见表 10-17。

表 10-17　固定资产折旧费用分配表

2019 年 11 月　　　　　　　　　　　　　　　　金额单位：元

车间、部门	会计账户	明细账户	分配金额
基本生产车间	制造费用	基本生产车间	9 000
供电车间	生产成本	辅助生产成本（供电车间）	1 800
机修车间	生产成本	辅助生产成本（机修车间）	4 500
厂部管理部门	管理费用		5 000
合计			20 300

根据表 10-17 编制会计分录：

借：制造费用——基本生产车间　　　　　　　　　　　　　9 000

　　生产成本——辅助生产成本（供电车间）　　　　　　　1 800

　　　　——辅助生产成本（机修车间）　　　　　　　　　4 500

　　管理费用　　　　　　　　　　　　　　　　　　　　　5 000

　　贷：累计折旧　　　　　　　　　　　　　　　　　　　　20 300

4）分配财产保险费，见表 10-18。

表 10-18　财产保险费分配表

2019 年 11 月　　　　　　　　　　　　　　　　金额单位：元

车间、部门	会计账户	明细账户	分配金额
基本生产车间	制造费用	基本生产车间	1 100
供电车间	生产成本	辅助生产成本（供电车间）	800
机修车间	生产成本	辅助生产成本（机修车间）	600
厂部管理部门	管理费用		500
合计			3 000

根据表 10-18 编制会计分录：

借：制造费用——基本生产车间　　　　　　　　　　　　　1 100

　　生产成本——辅助生产成本（供电车间）　　　　　　　800

　　　　——辅助生产成本（机修车间）　　　　　　　　　600

　　管理费用　　　　　　　　　　　　　　　　　　　　　500

　　贷：预付账款——财产保险费　　　　　　　　　　　　　3 000

5）其他费用分配，见表 10-19。

表 10-19　其他费用分配表

2019 年 11 月 　　　　　　　　　　　　　　　　金额单位：元

车间、部门	会计账户	明细账户	分配金额
基本生产车间	制造费用	基本生产车间	6 400
供电车间	生产成本	辅助生产成本（供电车间）	1 200
机修车间	生产成本	辅助生产成本（机修车间）	1 500
厂部管理部门	管理费用		5 000
合计			14 100

根据表 10-19 编制如下会计分录：

借：制造费用——基本生产车间 　　　　　　　　　　　　　　6 400
　　生产成本——辅助生产成本（供电车间）　　　　　　　　　 1 200
　　　　　　——辅助生产成本（机修车间）　　　　　　　　　 1 500
　　管理费用 　　　　　　　　　　　　　　　　　　　　　　5 000
　　贷：银行存款 　　　　　　　　　　　　　　　　　　　 14 100

（3）根据各项要素费用分配表登记有关辅助生产成本明细表、制造费用分配表、产品成本计算单，见表 10-20 至表 10-26 所示。

表 10-20　辅助生产成本明细账

车间名称：供电车间 　　　　　　　2019 年 11 月 　　　　　　　金额单位：元

月	日	摘要	材料费	职工薪酬	折旧费	保险费	其他	合计	转出
11	30	分配材料费	1 600					1 600	
11	30	分配人工费		9 000				9 000	
11	30	分配折旧费			1 800			1 800	
11	30	分配财产保险费				800		800	
11	30	分配其他费用					1 200	1 200	
11	30	本月转出							14 400
11	30	本月合计	1 600	9 000	1 800	800	1 200	14 400	14 400

表 10-21　辅助生产成本明细账

车间名称：机修车间 　　　　　　　2019 年 11 月 　　　　　　　金额单位：元

月	日	摘要	材料费	职工薪酬	折旧费	保险费	其他	合计	转出
11	30	分配材料费	2 300					2 300	
11	30	分配人工费		7 200				7 200	
11	30	分配折旧费			4 500			4 500	
11	30	分配财产保险费				600		600	
11	30	分配其他费用					1 500	1 500	
11	30	本月转出							16 100
11	30	本月合计	2 300	7 200	4 500	600	1 500	16 100	

表 10-22　辅助车间发生的费用及提供的劳务数量

2019 年 11 月　　　　　　　　金额单位：元

项目		机修车间	供电车间
辅助生产费用合计		16 100	14 400
提供的劳务数量		6 300 工时	100 000 度
各受益对象	机修车间		4 000
	供电车间	320	
	基本生产车间	5 880	93 000
	行政管理部门	100	3 000
	合计	6 300	100 000

表 10-23　辅助生产费用分配表（直接分配法）

2019 年 11 月　　　　　　　　金额单位：元

辅助生产车间	机修车间	供电车间	合计
待分配的辅助生产费用	16 100	14 400	30 500
对辅助生产车间以外的各受益部门提供劳务数量	5 980 工时	96 000 度	
辅助生产费用分配率	2.6923	0.15	
制造费用（基本生产车间）	15 830.72	13 950	29 780.72
管理费用	269.28	450	719.28
合计	16 100	14 400	30 500

按直接分配法分配辅助生产费用，编制相应的会计分录：

借：制造费用　　　　　　　　　　　　　　　　　　　　　29 780.72
　　管理费用　　　　　　　　　　　　　　　　　　　　　　719.28
　　贷：生产成本——辅助生产成本（机修车间）　　　　　16 100
　　　　　　　——辅助生产成本（供电车间）　　　　　　14 400

表 10-24　基本生产车间制造费用分配

2019 年 11 月　　　　　　　　金额单位：元

应借账户		实际生产工时 / 小时	分配率	分配金额
总账账户	明细账户			
生产成本	基本生产成本（A 产品）	10 000		45 254
	基本生产成本（B 产品）	5 000		22 626.72
合计		15 000	4.5254	67 880.72

根据表 10-24 编制如下会计分录

借：生产成本——基本生产成本（甲产品）　　　　　　　45 254
　　　　　　——基本生产成本（乙产品）　　　　　　　22 626.72
　　贷：制造费用——基本生产车间　　　　　　　　　　67 880.72

表10-25　产品成本计算单

产品名称：甲产品　　　　　　　　　2019年11月　　　　　　　　　　金额单位：元

月	日	摘要		产量/件	直接材料	直接人工	制造费用	合计
11	30	在产品费用		100	12 000	50 000	4 555	66 555
11	30	分配材料费			92 400			92 400
11	30	分配人工费				300 000		300 000
11	30	结转制造费用					45 254	45 254
11	30	本月生产费用小计			92 400	300 000	45 254	437 654
11	30	生产费用累计			104 400	350 000	49 809	504 209
11	30	本月投入		800				
11	30	产成品成本	单位成本	850	116	400	56.924 6	572.924 6
11	30		总成本		98 600	340 000	48 385.91	486 985.91
11	30	月末在产品数量		50	5 800	10 000	1 423.09	17 223.09
11	30	月末在产品约当量		25				

表10-26　产品成本计算单

产品名称：乙产品　　　　　　　　　2019年11月　　　　　　　　　　金额单位：元

月	日	摘要		产量/件	直接材料	直接人工	制造费用	合计
11	30	在产品费用		80	3 900	18 300	1 165	23 365
11	30	分配材料费			74 100			74 100
11	30	分配人工费				150 000		150 000
11	30	结转制造费用					22 626.72	22 626.72
11	30	本月生产费用小计			74 100	150 000	22 626.72	246 726.72
11	30	生产费用累计			78 000	168 300	23 791.72	270 091.72
11	30	本月投入		700				
11	30	产成品成本	单位成本	750	100	220	31.100 3	351.100 3
11	30		总成本		75 000	165 000	23 325.23	263 325.23
11	30	月末在产品数量		30	3 000	3 300	466.49	6 766.49
11	30	月末在产品约当量		15				

根据表10-25、表10-26编制如下会计分录：

借：库存商品——甲产品　　　　　　　　　　　　　　　　486 985.91

　　　　　　——乙产品　　　　　　　　　　　　　　　　263 325.23

　　贷：生产成本——基本生产成本（甲产品）　　　　　　　　486 985.91

　　　　　　　　——基本生产成本（乙产品）　　　　　　　　263 325.23

任务实施

活动一　分析正确计算产品成本的计算步骤

活动二　根据相关资料分别计算本月完工的甲、乙两种产品的成本

活动三　分析品种法的特点及优缺点

知识拓展

分批法是指以产品的批别作为产品成本核算对象，归集和分配生产成本，计算产品成本的一种方法。这种方法主要适用于单件、小批生产的企业，如造船、重型机器制造、精密仪器制造等，也可用于企业中的新产品试制或试验的生产、在建工程以及设备修理作业等。

分批法计算成本的主要特点是，成本核算对象是产品的批别，产品成本的计算是与生产任务通知单的签发和结束紧密配合的，成本计算期与产品生产周期基本一致，产品成本的计算是不定期的，不存在完工产品和在产品之间的成本分配问题。

分步法是指将生产过程中的各个加工步骤（分品种）作为成本核算对象，归集和分配生产成本，计算各步骤半成品和产成品成本的一种方法。这种方法适用于大量大批的多步骤生产，如冶金、纺织、机械制造等。

分步法计算成本的主要特点是，成本核算对象是各种产品的生产步骤，月末为计算完工产品成本，还需要将归集在生产成本明细账中的生产成本在完工产品和在产品之间进行分配。该方法除了按品种计算和结转产品成本外，还需要计算和结转产品的各步骤成本。

课堂巩固

ABC公司采用品种法计算产品成本。该公司生产甲、乙两种产品，制造费用按生产工人工资比例分配。月初有甲产品在产品40件，单位成本3 730元，其中直接材料20 000元，直接人工22 000元，制造费用8 200元。有乙产品在产品25件，总成本18 000元，其中直接材料10 000元，直接人工4 250元，制造费用3 750元。

本月发生下列相关业务：

1. 生产甲产品领用原材料80 000元，生产乙产品领用材料173 000元，车间一般耗用材料12 000元，行政管理部门耗用材料8 000元，销售机构耗用材料9 000元。

2. 生产甲产品耗用动力电费6 000元，生产乙产品耗用动力电费4 000元，车间一般耗用电费600元。

3. 生产甲产品耗用水费500元，生产乙产品耗用水费300元，车间一般耗用水费110元。

4. 月末分配工资，其中，甲产品生产工人工资110 000元，乙产品生产工人工资56 000元，车间管理人员工资14 000元，行政管理部门人员工资21 000元，销售机构人员工资11 000元。

5. 月末计提固定资产折旧，生产车间折旧50 000元，行政管理部门折旧10 000元，销售机构折旧8 000元。

6. 月末分配结转制造费用。

7. 本月甲产品完工254件，月末在产品30件。已知甲产品的月末在产品的定额为：直接材料18 000，直接人工19 200元，制造费用6 000元。乙产品300件，全部完工。

计算该企业当月完工产品总成本及单位成本。

项目十一

编制财务会计报告

知识目标

1. 了解财务报表的概念、内容；
2. 熟悉资产负债表、利润表的基本结构；
3. 熟练编制资产负债表、利润表。

技能目标

1. 具备准确编报四大主表、附注及相关附表的能力；
2. 能熟练收集会计报表编制的各种信息；
3. 能熟练计算会计报表项目，准确填报各个报表；
4. 能够准确对报表进行解读和分析，并利用报表信息准确判断企业的偿债能力和盈利能力等。

素养目标

1. 树立风险意识，敢于担当；
2. 关注报表信息质量，坚守会计职业道德，形成诚信为本、操守为重的职业素养；
3. 提升爱家报国、堪当大任的家国情怀。

项目导航

　　企业利润高，业绩就一定好吗？公司资产多，偿债能力就一定强吗？报表好看，但一旦"卸完妆"，各种指标惨不忍睹。如何看透报表真相，更好地将报表数据转化成能说明问题的关键指标，是每个财务人员职业发展的必修课。读懂财务报表，不仅能给管理人员做一场精彩的经营实况分析，而且能使企业在激烈的市场竞争中站稳脚跟。

　　报表使用者通过全面阅读和综合分析财务报表，不仅能了解过去和现在的状况，更能帮助企业决策者科学预测企业的发展趋势，从而作出相应的决策。所以每个企业都需要一套完整的结构化的报表体系。一套完整的财务报表至少应当包括哪些内容呢？我们又如何做到科学列报呢？

任务一　认识会计报表

任务描述

人们都说会计报表是企业向外传递会计信息的主要手段，也是衡量企业财务状况和经营成果的重要指标，是根据日常会计核算资料定期编制的。

那么会计要素是会计报表构成的基本单位吗？

一套完整的会计报表包括哪些内容？会计报表有哪些分类呢？

亲爱的同学们，你想了解吗？

知识储备

财务会计报告包括财务报表及其附注和其他应当在财务会计报告中披露的相关信息和资料。财务报表是财务会计报告的核心内容。

一、财务报表的概念及组成

财务报表是对企业财务状况、经营成果和现金流量的结构性表述，是企业对外提供的反映企业某一特定日期的财务状况和某一会计期间的经营成果、现金流量和所有者权益（或股东权益）变动等会计信息的文件。

企业编制财务报表的目的是向财务报表使用者提供与企业财务状况、经营成果和现金流量等有关会计信息，反映企业管理层受托责任的履行情况，有助于财务报表使用者作出正确有效的经济决策。财务报表使用者通常包括投资者、债权人、政府及其有关部门、企业管理者及职工、社会公众等。

一套完整的财务报表至少应当包括资产负债表、利润表、现金流量表、所有者权益变动表以及附注。

附注是对会计报表本身无法或难以充分表达的内容和项目所作的补充说明和详细解释，是对各财务报表中列示项目的文字描述或明细资料。

二、财务报表的种类

财务报表可以按照不同的标准进行分类。

（一）按财务报表编制期间的不同，可以分为年度财务报表和中期财务报表

年度财务报表，简称年报，又称年度决算报告，是指企业每年年末以一个完整会计年度为基础编报的财务报表，包括资产负债表、利润表、现金流量表和所有者权益变动表，于年度终了后4个月内对外提供。

中期财务报表是以短于一个完整会计年度的报告期间（即会计中期）为基础编制的财务报表，包括半年报、季报和月报等。半年度报表应于年度中期结束后60天内对外提供；季度报表应于季度终了后15天内对外提供；月度报表应于月度终了后6天内对外提供。中期财务报表至少

应当包括资产负债表、利润表、现金流量表和附注。

（二）按财务报表编报主体的不同分类，可分为个别财务报表和合并财务报表

个别财务报表是由企业自身编制，反映企业自身的财务状况、经营成果、现金流量和所有者权益变动等情况的报表。

合并财务报表是以母公司和子公司组成的企业集团为会计主体，根据母公司和所属子公司的财务报表，由母公司编制的综合反映企业集团财务状况、经营成果、现金流量和所有者权益变动等情况的财务报表。

（三）按反映的内容不同，可以分为静态财务报告和动态财务报告

静态报表是综合反映企业在某一特定时点所资产、负债和所有者权益状况的财务报表，如资产负债表。

动态报表是综合反映企业在一定时期内的经营成果或现金流量、所有者权益变动的报表。如利润表、现金流量表和所有者权益变动表。

任务实施

活动一　分析财务会计报告的含义

活动二　总结财务报表的构成

活动三　讨论财务报表的分类

知识拓展

财务报表的编制要求：真实可靠、内容完整、计算准确、报送及时。

财务报表的列报基础：持续经营。

关于项目在财务报表中是单独列报还是合并列报，应当依据重要性原则来判断。

课堂巩固

一、单选题

1. 下列不属于对外会计报表的是（　　　）。
   A. 资产负债表　　　　B. 利润表　　　　　C. 现金流量表　　　D. 产品生产成本表
2. 下列属于静态报表的是（　　　）。
   A. 资产负债表　　　　B. 利润表　　　　　C. 现金流量表　　　D. 产品生产成本表
3. 个别会计报表与合并会计报表是会计报表按照（　　　）进行的分类。
   A. 报送对象　　　　　　　　　　　　B. 反映的经济内容
   C. 编报主体　　　　　　　　　　　　D. 会计主体

二、多选题

下列关于财务报告的相关表述正确的有（　　　）。
   A. 向财务报告使用者提供与企业财务状况有关的会计信息
   B. 向财务报告使用者提供与经营成果有关的会计信息
   C. 向财务报告使用者提供与现金流量有关的会计信息
   D. 反映企业管理层受托责任履行情况，有助于财务会计报告使用者作出经济决策

任务二 学习编制资产负债表

任务描述

小明看着一张资产负债表，想到了一些小问题：

编制资产负债表的理论依据是什么？资产负债表的数据来源有哪些？这张资产负债表是什么结构的呢？资产负债表项目的填列方法有哪些？资产负债表中"预付款项"项目和"预收款项"项目如何填列呢？

亲爱的同学们，你能帮他解决这些问题吗？

知识储备

一、资产负债表概述

（一）资产负债表的概念

资产负债表是反映企业在某一特定日期（如月末、季末、半年末、年末）财务状况的报表，是企业经营活动的静态体现。资产负债表是以"资产=负债+所有者权益"为依据，依照一定的分类标准和一定的次序，将某一特定日期的资产、负债、所有者权益的具体项目予以适当的排列编制而成。资产负债表主要反映有关企业财务状况方面的信息，包括资产、负债和所有者权益三方面的内容。

（二）资产负债表的作用

（1）可以提供企业某一特定日期资产的总额及其结构，表明企业拥有或控制的资源及其分布情况。

（2）可以提供企业某一特定日期的负债总额及其结构，表明企业未来需要用多少资产或劳务清偿债务以及清偿时间。

（3）可以反映企业在某一特定日期的所有者权益，据以判断资本保值、增值的情况以及对负债的保障程度。

（4）可以提供进行财务分析的基本资料，可以表明企业的变现能力、偿债能力和资金周转能力以及生产经营能力，从而有助于报表使用者作出经济决策。

（三）资产负债表的结构

资产负债表的格式主要有账户式和报告式。我国的资产负债表采用账户式结构（见表11-1）。依据会计基本等式的平衡原理，资产负债表可分为左右两方，左方列示资产项目，按照资产的流动性由强到弱排列，分流动资产和非流动资产列示，反映全部资产的分布及存在形态。右方列示负债及所有者权益项目，一般按要求清偿时间的先后顺序排列，分流动负债、非流动负债和所有者权益列示，反映全部负债和所有者权益的内容及构成情况。资产各项目的合计等于负债和所有者权益各项目的合计，即资产负债表左方和右方平衡。同时，为了便于报表使用者比对、掌握和分析企业财务状况的变化及发展趋势，资产负债表提供"年初余额"和"期末余额"两栏。

表 11-1　**资产负债表**

会企 01 表

编制单位：　　　　　　　　　　　　　　年　月　日　　　　　　　　　　　单位：元

资产	年初余额	期末余额	负债和所有者权益（或股东权益）	年初余额	期末余额
流动资产：			流动负债：		
货币资金			短期借款		
交易性金融资产			交易性金融负债		
衍生金融资产			衍生金融负债		
应收票据及应收账款			应付票据及应付账款		
预付款项			预收款项		
其他应收款			合同负债		
存货			应付职工薪酬		
合同资产			应交税费		
持有待售资产			其他应付款		
一年内到期的非流动资产			持有待售负债		
其他流动资产			一年内到期的非流动负债		
流动资产合计			其他流动负债		
非流动资产：			流动负债合计		
债权投资			非流动负债：		
其他债权投资			长期借款		
长期应收款			应付债券		
长期股权投资			其中：优先股		
其他权益工具投资			永续债		
其他非流动金融资产			长期应付款		
投资性房地产			预计负债		
固定资产			递延收益		
在建工程			递延所得税负债		
生产性生物资产			其他非流动负债		
油气资产			非流动负债合计		
无形资产			负债合计		
开发支出			所有者权益（或股东权益）：		
商誉			实收资本（或股本）		
长期待摊费用			其他权益工具		
递延所得税资产			其中：优先股		
其他非流动资产			永续债		
非流动资产合计			资本公积		
			减：库存股		
			其他综合收益		
			盈余公积		
			未分配利润		
			所有者权益（或股东权益）合计		
资产合计			负债和所有者权益（或股东权益）合计		

二、资产负债表的编制

（一）资产负债表"年初余额"的填列

"年初余额"栏内的各项数字，应根据上年末资产负债表"期末余额"栏内所列的数字填列。如果本年度资产负债表规定的项目的名称和内容同上年度不一致，应对上年年末资产负债表相关项目的名称和数字按照本年度的规定进行调整，填入本年度报表的"年初余额"栏内。

（二）资产负债表"期末余额"的填列

"期末余额"是指某一资产负债表日的数字，即月末、季末、半年末或年末的数字，一般应根据资产、负债和所有者权益相关总账及明细账的期末余额情况填列。

"期末余额"栏各项目的填列方法主要有直接填列和分析计算填列两大类。

1. 根据总账期末余额直接填列

资产负债表的一些项目，可以根据相应总账账户的期末余额直接填列。如"短期借款""持有待售负债""资本公积""其他综合收益""盈余公积"等项目，应根据其总账的期末余额直接填列。

例11-1 卓立有限责任公司于2019年10月1日从银行借入一年期的借款100 000元，11月11日从其他金融机构借入临时周转借款50 000元，若短期借款无期初余额，本年亦无其他短期借款业务。这样，短期借款总账10月末余额为100 000元；由于没有发生其他业务，12月末余额为150 000元。在资产负债表中直接填列。

卓立有限责任公司2019年10月末资产负债表中"短期借款"项目金额为100 000元；

卓立有限责任公司2019年12月末资产负债表中"短期借款"项目金额为150 000元。

2. 分析计算填列

资产负债表项目中，除直接填列项目外，均需根据若干个相关账户的期末余额分析计算填列，具体包括以下五种不同的分析计算方法。

（1）根据若干相关总账账户余额加总计算填列，如"货币资金""其他应付款""未分配利润"等项目。

"货币资金"项目，需根据"库存现金""银行存款""其他货币资金"三个总账账户的期末余额加总计算填列。

"其他应付款"项目，应根据"应付利息""应付股利"和"其他应付款"科目的期末余额合计数填列。

"未分配利润"应根据"本年利润"和"利润分配"账户的期末余额分析计算填列。

年度终了，未分配利润应根据"利润分配"账户的期末贷方余额填列。"利润分配"账户如为借方余额，应以"–"号表示。

例11-2 卓立有限责任公司2019年12月31日结账后的"库存现金"账户余额为2 000元，"银行存款"账户余额为300 000元，"其他货币资金"账户余额为80 000元，则：

卓立有限责任公司2018年12月末资产负债表中"货币资金"项目金额为

$$2 000+300 000+80 000=382 000（元）$$

例11-3 卓立有限责任公司2019年11月30日结账后的"本年利润"账户贷方余额为5 000 000元，"利润分配"账户借方余额为400 000元，则

卓立有限责任公司2019年11月末资产负债表中"未分配利润"项目金额为

$$5 000 000-400 000=4 600 000（元）$$

例11-4 若**例11-3**中"利润分配"账户余额为贷方400 000元，其他条件不变，则

卓立有限责任公司 2019 年 11 月末资产负债表中 "未分配利润" 项目金额为

$$5\ 000\ 000+400\ 000=5\ 400\ 000（元）$$

（2）根据有关账户余额减去其备抵账户余额后的净额填列，如 "长期股权投资" "无形资产" "在建工程" 等项目。

"长期股权投资" 项目需要根据 "长期股权投资" 账户期末余额减去 "长期股权投资减值准备" 账户的期末余额后的净额填列。

"无形资产" 项目需根据 "无形资产" 账户的期末余额减去 "累计摊销" 和 "无形资产减值准备" 账户的期末余额后的净额填列。

"在建工程" 项目需要根据 "在建工程" 账户期末余额减去 "在建工程减值准备" 账户的期末余额后的净额填列，再加上 "工程物资" 账户的期末余额减去 "工程物资减值准备" 账户期末余额计算填列。

例 11-5 卓立有限责任公司 2019 年 11 月 30 日结账后的 "固定资产" 账户余额为 6 000 000 元，"累计折旧" 账户余额为 900 000 元，"固定资产减值准备" 账户余额为 200 000 元。

卓立有限责任公司 2019 年 11 月末资产负债表中 "固定资产" 项目金额为

$$6\ 000\ 000-900\ 000-200\ 000=4\ 900\ 000（元）$$

（3）根据明细账余额分析计算填列，如 "交易性金融资产" "应收票据及应收账款" "预付账款" "应付票据及应付账款" "预收款项" "研发支出" "一年内到期的非流动资产" "一年内到期的非流动负债" 等项目。

"应收票据及应收账款" 项目应根据 "应收账款" 和 "预收账款" 总账所属相关明细账的期末借方余额合计数减去与应收账款有关的坏账准备贷方余额，再加上 "应收票据" 账户期末余额计算填列。若 "应收账款" 总账所属明细账户期末有贷方余额的，应合并在资产负债表 "预收款项" 项目内填列。

"预收款项" 项目应根据 "应收账款" 和 "预收账款" 总账所属相关明细账的期末贷方余额合计数填列。如 "预收账款" 总账所属相关明细账户期末有借方余额的，应合并在资产负债表 "应收账款" 项目内填列。

"应付票据及应付账款" 项目，应根据 "应付票据" 科目的期末余额，以及 "应付账款" 和 "预付账款" 科目所属的相关明细科目的期末贷方余额合计数填列。如 "应付账款" 总账所属明细账户期末有借方余额的，应在资产负债表 "预付款项" 项目内填列。

"预付款项" 项目，应根据 "应付账款" 和 "预付账款" 总账所属相关明细账户的期末借方余额合计数填列。如 "预付账款" 总账所属明细账户期末有贷方余额的，应在资产负债表 "应付账款" 项目内填列。

"交易性金融资产" 项目，应根据 "交易性金融资产" 账户的相关明细科目期末余额分析填列。自资产负债表日起超过一年到期且预期持有超过一年的以公允价值计量且其变动计入当期损益的非流动金融资产的期末账面价值，在 "其他非流动金融资产" 行项目反映。

"研发支出" 项目，需要根据 "研发支出" 账户所属的 "资本化支出" 明细账的期末余额计算填列。

"一年内到期的非流动资产" 项目，反映企业将于一年内到期的非流动资产项目金额。该项目根据 "长期应收款" 等账户所属明细账中将于一年内到期的金额填列。

"一年内到期的非流动负债" 项目，反映企业非流动负债中将于资产负债表日后一年内到期部分的金额。该项目根据"长期借款"等账户所属明细账中将于一年内到期的金额填列。

📙 11-6 卓立有限责任公司 2019 年 11 月 30 日有关账户余额所属明细账余额见表 11-2。

表 11-2 有关账户余额明细表 单位：元

账户名称	明细科目借方余额	明细科目贷方余额
应收账款	2 600 000	100 000
预付账款	600 000	50 000
应付账款	400 000	2 000 000
预收账款	300 000	800 000
坏账准备		50 000

卓立有限责任公司 2019 年 11 月末资产负债表中相关项目金额为

"应收账款"项目金额：2 600 000+300 000−50 000=2 850 000（元）

"预付账款"项目金额：600 000+400 000=1 000 000（元）

"应付账款"项目金额：2 000 000+50 000=2 050 000（元）

"预收账款"项目金额：800 000+100 000=900 000（元）

（4）根据总账和明细账余额分析计算填列，如"长期借款"等项目。

"长期借款"项目，需根据"长期借款"总账账户余额扣除"长期借款"账户所属的明细账中将在一年内到期且企业不能自主地将清偿义务展期的长期借款后的金额计算填列。

"其他非流动资产"项目，应根据有关科目的期末余额减去将于一年内（含一年）收回的金额后的金额计算填列。

"其他非流动负债"项目，应根据有关科目的期末余额减去将于一年内（含一年）到期偿还的金额后的金额计算填列。

📙 11-7 卓立有限责任公司 2019 年 11 月 30 日有关借款的具体情况，见表 11-3。

表 11-3 有关借款期限及金额

借款起始日期	借款期限/年	金额
2019 年 1 月 1 日	3	3 000 000
2017 年 1 月 1 日	5	2 000 000
2016 年 6 月 1 日	4	1 000 000

卓立有限责任公司 2019 年 11 月末资产负债表中"长期借款"项目金额为：

$$3\ 000\ 000+2\ 000\ 000=5\ 000\ 000（元）$$

其中即将于一年内到期的长期借款 1 000 000 元填列在流动负债下的"一年内到期的非流动负债"项目中。

按照现行增值税制度规定，"应交税费"科目下的"应交增值税""未交增值税""待抵扣进项税额""待认证进项税额""增值税留抵税额"等明细科目期末借方余额应根据情况，在资产负债表中的"其他流动资产"或"其他非流动资产"项目列示；"应交税费——待转销项税额"等科目期末贷方余额应根据情况，在资产负债表中的"其他流动负债"或"其他非流动负债"项目列示；"应交税费"科目下的"未交增值税""简易计税""转让金融商品应交增值税""代扣代缴增值税"等科目期末贷方余额应在资产负债表中的"应交税费"项目列示。

（5）综合运用上述填列方法分析计算填列。

资产负债表中部分项目需要综合运用上述方法分析计算填列，如"存货""应收账款""其他应收款""固定资产""长期应付款"等项目。

"存货"项目，应根据"材料采购""原材料""材料成本差异""周转材料""生产成本""库存商品""发出商品""委托加工物资""委托代销商品"等账户的期末余额合计，减去"存货跌价准备"账户期末余额后的净额填列。

"应收账款"项目，应根据"应收账款"和"预收账款"总账所属各明细账户的期末借方余额合计数，减去"坏账准备"账户中有关应收账款计提的坏账准备期末余额后的金额填列。

"其他应收款"项目，应根据"应收利息""应收股利"和"其他应收款"科目的期末余额合计数，减去"坏账准备"科目中相关坏账准备期末余额后的金额填列。

"固定资产"项目需根据"固定资产"账户的期末余额减去"累计折旧"和"固定资产减值准备"账户的期末余额后的净额再加上"固定资产清理"账户的期末借方余额（贷方余额用"－"号）填列。

"长期应付款"项目，应根据"长期应付款"科目的期末余额，减去相关的"未确认融资费用"科目的期末余额后的金额，以及"专项应付款"科目的期末余额填列。

例 11-8 卓立有限责任公司 2019 年 12 月 31 日结账后的"原材料"账户借方余额为 200 000 元，"材料成本差异"账户贷方余额为 4 000 元，"生产成本"账户借方余额为 800 000 元，"库存商品"账户借方余额为 400 000 元，"工程物资"账户借方余额 900 000 元，"存货跌价准备"账户贷方余额 60 000 元，则

卓立有限责任公司 2019 年 12 月末资产负债表中"存货"项目金额为

200 000-4 000+800 000+400 000-60 000=1 336 000（元）

三、资产负债表编制示例

例 11-9 卓立有限责任公司 2019 年 1 月 1 日全部总账余额，见表 11-4。

表 11-4 卓立有限责任公司总账年初余额表

资产账户	年初余额		权益账户	年初余额	
	借方余额	贷方余额		借方余额	贷方余额
库存现金	38 500		短期贷款		1 500 000
银行存款	14 571 400		应付票据		100 000
应收票据	200 000		应付账款		2 700 000
应收账款	3 000 000		预收账款		150 000
预付账款	50 000		应付职工薪酬		300 000
坏账准备		90 000	应交税费		245 860
其他应收款	173 500		长期借款		1 000 000
在途物资	145 450		实收资本		20 000 000
库存商品	180 200		盈余公积		206 800
原材料	355 500		利润分配		1 141 890
固定资产	8 000 000				
累计折旧		780 000			
无形资产	1 800 000				
累计摊销		300 000			

卓立有限责任公司 2019 年 12 月 31 日全部总账及各明细账余额，见表 11-5。

表 11-5 卓立有限责任公司总账及明细账期末余额表

资产账户	总账及明细账期末余额		权益账户	总账及明细账期末余额	
	借方余额	贷方余额		借方余额	贷方余额
库存现金	18 000		短期借款		1 200 000
银行存款	5 235 000		应付票据		585 000
其他货币资金	27 000		应付账款		800 000
应收票据	400 000		F公司		1 400 000
应收账款	2 700 000		G公司	600 000	
A公司	1 800 000		预收账款		
B公司	2 400 000		应付职工薪酬		1 500 000
C公司		1 500 000	应付利息		278 500
预付账款	300 000		其他应付款		30 000
D公司	500 000		应交税费		228 200
E公司		200 000	长期借款		4 000 000
坏账准备		81 000			
其他应收款	20 000				
材料采购	35 000		实收资本		20 000 000
原材料	1 140 000		盈余公积		1 470 000
库存商品	1 572 000		利润分配		2 876 000
周转材料	78 000				
材料成本差异	4 700				
固定资产	19 868 000				
累计折旧		685 000			
在建工程	536 000				
无形资产	2 000 000				
累计摊销		200 000			

注：长期借款中1 500 000元于2020年6月30日到期。

卓立有限责任公司根据以上资料编制2019年12月31日的资产负债表，表11-6。

表 11-6 资产负债表（简表） 会企01表

编制单位：卓立有限责任公司　　　　　2019年12月31日　　　　　单位：元

资产	年初余额	期末余额	负债和所有者权益	年初余额	期末余额
流动资产：			流动负债：		
货币资金	14 609 900	5 280 000	短期借款	1 500 000	1 200 000
以公允价值计量且其变动计入当期损益的金融资产			应付票据及应付账款	2 800 000	2 185 000
应收票据及应收账款	3 110 000	4 519 000			
			预收款项	150 000	1 500 000
预付款项	50 000	1 100 000	应付职工薪酬	300 000	1 500 000
			应交税费	245 860	228 200
其他应收款	173 500	20 000	其他应付款		308 500
存货	681 150	2 829 700	一年内到期的非流动负债		1 500 000
一年内到期的非流动资产			流动负债合计	4 995 860	8 421 700
流动资产合计	18 624 550	13 748 700	非流动负债：		
非流动资产：			长期借款	1 000 000	2 500 000
持有至到期投资			其他非流动负债		
固定资产	7 220 000	19 183 000	非流动负债合计	1 000 000	2 500 000
在建工程		536 000	负债合计	5 995 860	10 921 700
无形资产	1 500 000	1 800 000	所有者权益：		
长期待摊费用			实收资本	20 000 000	20 000 000
其他非流动资产			盈余公积	206 800	1 470 000
非流动资产合计	8 720 000	21 519 000	未分配利润	1 141 890	2 876 000
			所有者权益合计	21 348 690	24 346 000
资产总计	27 344 550	35 267 700	负债和所有者权益总计	27 344 550	35 267 700

分析计算填列的项目如下:

"货币资金"项目期末金额 =18 000+5 235 000+27 000=5 280 000(元)

"存货"项目期末金额 =35 000+1 140 000+78 000+1 572 000+4 700=2 829 700(元)

"固定资产"项目期末金额 =19 868 000−685 000=19 183 000(元)

"无形资产"项目期末金额 =2 000 000−200 000=1 800 000(元)

"应收票据及应收账款"项目期末金额 =400 000+1 800 000+2 400 000−81 000=4 519 000(元)

"长期借款"项目期末金额 = 4 000 000−1 500 000=2 500 000(元)

"预付款项"项目期末金额 =500 000+600 000=1 100 000(元)

"预收款项"项目期末金额 =1 500 000(元)

"应付票据及应付账款"项目期末金额 =585 000+1 400 000+200 000=1 600 000(元)

"其他应付款"项目期末金额 =278 500+30 000=308 500(元)

任务实施

活动一　分析资产负债表的结构及其原理

活动二　讨论资产负债表各项目的计算和填列

活动三　汇总资产负债表各项目填列的方法及典型项目

知识拓展

资产负债表按结构不同可分为报告式资产负债表和账户式资产负债表两种。

报告式资产负债表是上下结构,上半部分列示资产,下半部分列示负债和所有者权益。具体排列形式又有两种:一是按"资产=负债+所有者权益"的原理排列;二是按"资产−负债=所有者权益"的原理排列。

账户式资产负债表中的资产各项目的合计等于负债和所有者权益各项目的合计,左右平衡,反映资产、负债、所有者权益之间的内在关系。

课堂巩固

一、单选题

1. 下列资产负债表项目中,应直接根据总账余额填列的是(　　　)。

    A. "货币资金"　　　　　　　　　　B. "短期借款"

    C. "存货"　　　　　　　　　　　　D. "应收账款"

2. "应收票据及应收账款"科目明细账贷方余额,应将其计入资产负债表的(　　　)项目。

    A. "应收账款"　　　　　　　　　　B. "预收款项"

    C. "应付账款"　　　　　　　　　　D. "预付款项"

3. 资产负债表中,根据有关总账期末余额直接填列的项目是(　　　)。

    A. "短期借款"　　　　　　　　　　B. "长期借款"

    C. "固定资产"　　　　　　　　　　D. "在建工程"

二、多选题

1. 资产负债表中的"应付票据及应付账款"项目应根据(　　　)填列。

A. 应付账款所属明细账借方余额合计数

B. 应付票据总账余额

C. 预付账款所属明细账贷方余额合计数

D. 应付账款所属明细账贷方余额合计数

E. 预付账款所属明细账借方余额合计数

2. 下列各项中，应计入资产负债表"应收票据及应收账款"项目的有（　　　　）。

A. "应收账款"科目所属明细科目的借方余额

B. "应收账款"科目所属明细科目的贷方余额

C. "预收账款"科目所属明细科目的借方余额

D. "预收账款"科目所属明细科目的贷方余额

三、业务分析题

某企业2019年12月31日结账后的有关账户余额，见表11-7。

表 11-7　有关账户余额　　　　　　　　　　单位：元

资产		余额方向	余额	负债及所有者权益		余额方向	余额
库存现金		借	2 100.00	短期借款		贷	249 800.00
银行存款		借	803 770.00	应付票据		贷	19 600.00
其他货币资金		借	91 560.00	应付账款	丙企业	贷	73 000.00
应收票据		借	114 140.00		丁企业	借	1 600.00
应收账款	甲公司	借	80 000.00	预收账款（C公司）		贷	14 700.00
	乙公司	贷	3 000.00	应付职工薪酬		贷	7 000.00
坏账准备		贷	2 000.00	应交税费		贷	6 000.00
预付账款	A公司	借	36 000.00	应付股利		贷	580.00
	B公司	借	160.00	长期借款		贷	340 000.00
在途物资		借	3 500.00	实收资本		贷	3 518 830.00
原材料		借	813 127.00	资本公积		贷	110 000.00
周转材料		借	117 600.00	盈余公积		贷	48 100.00
生产成本		借	265 485.00	利润分配（未分配利润）		贷	2 910.00
库存商品		借	75 600.00	本年利润		贷	30 000.00
固定资产		借	2 887 800.00				
累计折旧		贷	1 024 600.00				
无形资产		借	167 998.00				
累计摊销		贷	10 320.00				

注：长期借款中有20 000元一年内到期。

要求：根据上述资料填列表11-8资产负债表中相关项目的期末余额。

表 11-8　资产负债表

会企 01 表

编制单位：　　　　　　　　　　　　　　年　月　日　　　　　　　　　　单位：元

资产	年初余额	期末余额	负债和所有者权益（或股东权益）	年初余额	期末余额
流动资产：			流动负债：		
货币资金			短期借款		
交易性金融资产			交易性金融负债		
衍生金融资产			衍生金融负债		
应收票据及应收账款			应付票据及应付账款		
预付款项			预收款项		
其他应收款			合同负债		
存货			应付职工薪酬		
合同资产			应交税费		
持有待售资产			其他应付款		
一年内到期的非流动资产			持有待售负债		
其他流动资产			一年内到期的非流动负债		
流动资产合计			其他流动负债		
非流动资产：			流动负债合计		
债权投资			非流动负债：		
其他债权投资			长期借款		
长期应收款			应付债券		
长期股权投资			其中：优先股		
其他权益工具投资			永续债		
其他非流动金融资产			长期应付款		
投资性房地产			预计负债		
固定资产			递延收益		
在建工程			递延所得税负债		
生产性生物资产			其他非流动负债		
油气资产			非流动负债合计		
无形资产			负债合计		
开发支出			所有者权益（或股东权益）：		
商誉			实收资本（或股本）		
长期待摊费用			其他权益工具		
递延所得税资产			其中：优先股		
其他非流动资产			永续债		
非流动资产合计			资本公积		
			减：库存股		
			其他综合收益		
			盈余公积		
			未分配利润		
			所有者权益（或股东权益）合计		
资产合计			负债和所有者权益 　（或股东权益）合计		

任务三　学习编制利润表

任务描述

利润表看起来比资产负债表简单一些。不过小英还是提出了几个问题：

利润表的结构和资产负债表一样吗？利润表的数据来源和资产负债表的数据来源一样吗？为什么？利润表的计算分为几个步骤呢？利润表的可比数据如何列示呢？

亲爱的同学们，你能正确解答这几个问题吗？

知识储备

一、利润表概述

（一）利润表的概念

利润表是反映企业在一定会计期间的经营成果的报表。该表是按照各项收入、费用以及构成利润的各个项目分类分项编制而成的。利润表可以帮助报表使用者全面了解企业的经营成果。该表以"收入-费用=利润"为理论依据。

（二）利润表的作用

（1）通过利润表可以从总体上了解企业在某一会计期间的收入、费用及净利润（或亏损）的实现及构成情况，分析企业经营成果和获利能力。

（2）通过利润表提供的不同时期的比较数字（本期金额和上期金额），可以分析企业的获利能力及盈利增长趋势，了解投资者投入资本的保值增值情况。

（3）利润表便于会计报表使用者判断企业未来发展趋势，从而为其作出经济决策提供依据。

（三）利润表的结构

利润表的结构有单步式和多步式两种。我国企业的利润表采用多步式结构，通过对当期的收入、费用、利得和损失项目按性质加以归类，按利润形成的性质列示一些中间性指标，分步计算当期净损益，以便财务报表使用者理解企业经营成果的不同来源及过程。

利润表一般由表头、表体两部分组成。表头部分应列明报表名称、编制单位名称、编制期间、报表编号和计量单位等。表体部分是利润表的主体，列示了形成经营成果的各个项目和计算过程。

利润表提供"本期金额"和"上期金额"两栏，以便提供可比信息。以便报表使用者通过比较不同期间利润的实现情况，判断企业经营成果的未来发展趋势。利润表格式见表11-9。

表 11-9　利润表

会企 02 表

编制单位：　　　　　　　　　　　　　年　月　　　　　　　　　　　　　单位：元

项目	本期金额	上期金额
一、营业收入		
减：营业成本		
税金及附加		
销售费用		
管理费用		
财务费用		
资产减值损失		
加：公允价值变动收益（损失以"–"填列）		
投资收益（损失以"–"填列）		
其中：对联营企业和合营企业投资收益		
资产处置收益（损失以"–"填列）		
其他收益		
二、营业利润（亏损以"–"填列）		
加：营业外收入		
减：营业外支出		
其中：非流动资产处置损失		
三、利润总额（亏损以"–"填列）		
减：所得税费用		
四、净利润（净亏损以"–"填列）		
五、其他综合收益的税后净额		
六、综合收益总额		
七、每股收益		
（一）基本每股收益		
（二）稀释每股收益		

二、利润表的编制方法

1. 填列方法

利润表"上期金额"根据上年度同期报表的"本期金额"填列，如果上年度利润表与本年度利润表的项目名称和内容不相一致，应对上年度利润表项目的名称、数字按本年度的规定进行调整，再填入报表的"上期金额"栏。

2. 编制步骤

（1）以营业收入为基础，减去营业成本、税金及附加、销售费用、管理费用、财务费用、资产减值损失，加上公允价值变动收益（减去公允价值变动损失）和投资收益（减去投资损失）等，计算出营业利润。

（2）以营业利润为基础，加上营业外收入，减去营业外支出，计算出利润总额。

（3）以利润总额为基础，减去所得税费用，计算出净利润（或净亏损）。

（4）以净利润（或净亏损）和其他综合收益为基础，计算出综合收益总额。

（5）以净利润（或净亏损）为基础，计算出每股收益。

3. 损益类账户的填列

报表中各项目的内容除"基本每股收益"和"稀释每股收益"项目外，应当按照各损益类账户的发生额分析填列。

（1）"营业收入"项目，应根据"主营业务收入"和"其他业务收入"账户的发生额分析填列。

（2）"营业成本"项目，应根据"主营业务成本"和"其他业务成本"账户的发生额分析填列。

（3）其他各项目均应按各相应账户的发生额分析填列。

（4）"营业利润""利润总额""净利润"等项目，应直接根据报表项目计算填列。

例 11-10 卓立有限责任公司 2019 年 10 月"主营业务收入"账户发生额明细如下：甲产品销售收入 100 万元，乙产品销售收入 180 万元，"其他业务收入"账户发生额合计 50 万元。"营业外收入"账户发生额为 20 万元，则该公司 10 月份利润表中"营业收入"项目的"本期金额"的列报金额为

$$100+180+50=330（万元）$$

例 11-11 卓立有限责任公司 2019 年度"应交税费——应交增值税"明细账的发生额如下：增值税进项税额合计 90 万元，销项税额合计 190 万元。"税金及附加"账户的发生额如下：城市维护建设税 5 万元，教育费附加 3 万元，房产税 4 万元，城镇土地使用税 1 万元。则 2019 年度利润表中"税金及附加"项目的"本期金额"的列报金额为

$$50\,000+30\,000+40\,000+10\,000=130\,000（元）$$

三、利润表编制示例

例 11-12 卓立有限责任公司 2019 年有关损益类账户的累计发生额资料，见表 11-10。

表 11-10 损益类账户发生额

账户名称	借方发生额	贷方发生额
主营业务收入		960 000
主营业务成本	770 000	
其他业务收入		83 000
其他业务成本	74 615	
税金及附加	7 128	
销售费用	2 300	
管理费用	12 340	
财务费用	1 220	
投资收益		200 000
营业外收入		500
营业外支出	2 000	
资产减值损失	1 258	
所得税费用	93 159.75	

根据上述资料编制的 2019 年度的利润表，见表 11-11。

表 11-11　利润表　　　　　　　　　会企 02 表

编制单位：卓立有限责任公司　　　　　2019年　月　　　　　　　单位：元

项目	本期金额	上期金额
一、营业收入	1 043 000	
减：营业成本	844 615	
税金及附加	7 128	
销售费用	2 300	
管理费用	12 340	
财务费用	1 220	
资产减值损失	1 258	
加：公允价值变动收益（损失以"–"填列）		
投资收益（损失以"–"填列）	200 000	
其中：对联营企业和合营企业投资收益		
资产处置收益（损失以"–"填列）		
其他收益		
二、营业利润（亏损以"–"填列）	374 139	
加：营业外收入	500	
减：营业外支出	2 000	
其中：非流动资产处置损失		
三、利润总额（亏损以"–"填列）	372 639	
减：所得税费用	93 159.75	
四、净利润（净亏损以"–"填列）	279 479.25	

任务实施

活动一　讨论利润表的结构及数据来源

活动二　讨论利润表的编制基础及各项目之间的关系

活动三　分析利润表的编制方法，根据资料编制利润表

知识拓展

单步式利润表是将当期所有的收入列在一起，再将所有的费用列在一起，两者相减得出当期净损益。

课堂巩固

一、单选题

1. 下列各项中，不影响营业利润的项目有（　　）。
   - A. 已销商品销售成本
   - B. 原材料销售收入
   - C. 出售固定资产净收益
   - D. 转让交易性金融资产净收益

2. 与计算营业利润有关的项目是（　　）。
   - A. 管理费用　　　B. 营业外收支净额　　C. 所得税费用　　D. 利润总额

二、多选题

1. 下列各项中，影响企业营业利润的有（　　）。
   - A. 出售原材料损失
   - B. 计提无形资产减值准备

C. 公益性捐赠支出　　　　　　　　　　D. 出售固定资产净损失

2. 利润表中"税金及附加"项目包括的税金是（　　　　）。

A. 增值税　　　　　B. 所得税　　　　　C. 消费税　　　　　D. 资源税

三、业务分析题

某股份有限公司损益类科目2019年度累计发生额见表11-12，利润表见表11-13。

表 11-12　损益类账户累计发生额

2019年度　　　　　　　　　　　　　　　　　　　　　　　　　　　单位：元

科目名称	借方发生额	贷方发生额
主营业务收入		1 250 000
主营业务成本	750 000	
其他业务收入		100 000
其他业务成本	40 000	
税金及附加	2 000	
销售费用	20 000	
管理费用	157 100	
财务费用	41 500	500
资产减值损失	30 900	
投资收益		31 500
营业外收入		50 000
营业外支出	19 700	
所得税费用	95 300	

要求：根据资料编制利润表。

表 11-13　利润表　　　　　　　　会企 02 表

编制单位：　　　　　　　　　年　月　　　　　　　　　　　单位：元

项目	本期金额	上期金额
一、营业收入		
减：营业成本		
税金及附加		
销售费用		
管理费用		
财务费用		
资产减值损失		
加：公允价值变动收益（损失以"–"填列）		
投资收益（损失以"–"填列）		
其中：对联营企业和合营企业投资收益		
资产处置收益（损失以"–"填列）		
其他收益		
二、营业利润（亏损以"–"填列）		
加：营业外收入		
减：营业外支出		
其中：非流动资产处置损失		
三、利润总额（亏损以"–"填列）		
减：所得税费用		
四、净利润（净亏损以"–"填列）		

参 考 文 献

[1] 财政部会计资格评价中心. 初级会计实务[M]. 北京：经济科学出版社，2017.

[2] 中国注册会计师协会. 会计[M]. 北京：中国财政经济出版社，2018.

[3] 中华人民共和国财政部. 企业会计准则[M]. 北京：经济科学出版社，2017.

[4] 中华人民共和国财政部. 企业会计准则应用指南[M]. 上海：立信会计出版社，2017.

[5] 中华人民共和国财政部会计司. 关于印发《增值税会计处理规定》的通知：财会[2016]22号[EB/OL]. （2016-12-03）[2018-07-01]. http://kjs.mof.gov.cn/zhengwuxinxi/zhengcefabu/201612/t20161212_2479869.html.

[6] 中国法律法规信息库. 国务院关于废止《中华人民共和国营业税暂行条例》和修改《中华人民共和国增值税暂行条例》的决定：国务院令第691号[EB/OL]. （2017-11-19）[2018-07-01]. http://law.npc.gov.cn/FLFG/flfgByID.action?flfgID=37073280&zlsxid=02.

[7] 中华人民共和国财政部会计司. 关于修订印发一般企业财务报表格式的通知：财会[2017]30号[EB/OL]. （2017-12-25）[2018-07-01]. http://kjs.mof.gov.cn/zhengwuxinxi/zhengcefabu/201712/t20171229_2790889.html.

[8] 国家税务总局. 关于增值税发票管理若干事项的公告：国家税务总局公告2017年第45号[EB/OL]. （2017-12-18）[2018-07-01]. http://www.chinatax.gov.cn/n810341/n810755/c2978671/content.html.

[9] 国家税务总局. 关于《国家税务总局关于增值税发票管理若干事项的公告》的解读[EB/OL]. （2017-12-22）[2018-07-01]. http://www.chinatax.gov.cn/n810341/n810760/c2978604/content.html.

[10] 国家税务总局. 关于《国家税务总局关于增值税一般纳税人登记管理若干事项的公告》的解读[EB/OL]. （2018-01-29）[2018-07-01]. http://www.chinatax.gov.cn/n810341/n810760/c3260280/content.html.

[11] 中华人民共和国财政部税政司. 关于调整增值税税率的通知：财税〔2018〕32号[EB/OL]. （2018-04-04）[2018-07-01]. http://szs.mof.gov.cn/zhengwuxinxi/zhengcefabu/201804/t20180404_2862283.html.